초원을 나는 닭:

중국 네이멍구 초원
사막화 방지의 생태정치

서울대학교 아시아연구소총서 모노그래프시리즈 14

초원을 나는 닭

중국 네이멍구 초원 사막화 방지의 생태정치

초판 1쇄 발행 2023년 4월 5일

지은이 이선화

펴낸곳 서울대학교출판문화원
주소 08826 서울 관악구 관악로 1
도서주문 02-889-4424, 02-880-7995
홈페이지 www.snupress.com
페이스북 @snupress1947
인스타그램 @snupress
이메일 snubook@snu.ac.kr
출판등록 제15-3호

ISBN 978-89-521-3071-6 94380
978-89-521-1413-6 (세트)

이 연구는 2016년도 서울대학교 아시아연구소 박사학위논문상의 지원을 받아 수행되었음.

서울대학교 아시아연구소총서
모노그래프시리즈 14

초원을 나는 닭

중국 네이멍구 초원
사막화 방지의 생태정치

이선화 지음

서울대학교출판문화원

Flying Chickens on the Grasslands

The Eco-Politics of Grassland Restoration in Inner Mongolia, China

Seonhwa Lee

Seoul National University Press

머리말

이 책은 중국 사막화 방지 프로젝트를 현장에서 기록한 민족지다. 필자는 현지조사를 위해 네이멍구 훈산다커 사지의 한 마을에서 1년을 지냈다. 처음 이 지역을 방문했을 때 황사 바람을 온몸으로 맞았다. 입안에는 모래가 가득했으며, 머리카락 사이에는 모래가 박혀 뭉쳐 있었다. 적은 양이나마 비라도 내리면 입고 있는 검은색 점퍼가 황색 얼룩으로 가득했다. 그곳은 사막도 아니고 초원도 아니었다. 관목들이 모래땅 사이에 띄엄띄엄 서 있는 황무지였다. '황막초원', 즉 황폐한 사막 같은 초원이라는 모순적인 이름이 그곳을 일컫는 중국식 지리학 용어였다.

그런 그곳에도 사람들이 살고 있었다. 필자가 살았던 바인후수 마을은 몽골족이 70% 이상, 한족이 20%를 차지하고 있었다. 다른 네이멍구 지역처럼 몽골족은 빈약해진 초원에서 양, 소, 말 등을 목축하며 살아간다. 그런데 필자를 바인후수 마을에 머물게 한 것은 몽골족도, 양·소·말도, 황사비와 황막초원도 아닌 바로 '닭'이었다. 그곳에는 수많은 닭이 초원 위에서 한가로이 거닐거나 제법 높게 날아올랐다. 황막초원, 몽골족 그리고 닭이 만드는 낯선 풍경은 이곳을 황사의 진원지로만 보려 했던 필자의 관점에서 완전히 벗어난 것이었다. 왜 이곳에 닭이 있으며, 몽골족은 소·양·말이 아닌 닭을 '방목'할까? 이 책은 바로 이러한 낯선 풍경에 대한 질문으로 시작한다.

중국에서는 1990년대 후반 이후 네이멍구 사막화 문제의 심각성을 인식해 사막화를 방지하고 초원을 관리할 다양한 초원정책을 시행해 왔다. 퇴경환림, 퇴경환초, 보호구역 지정, 금목, 생태이민 등이 주요 내용이었다. 필자가 거주한 바인후수 마을의 몽골족 목축민들은 당시 금목(禁牧)정책의 대상이었다. 그래서 몽골족은 대대로 기르던 소와 양을 초원에 방목하지 못하게 될 위기에 놓였다. 당연히 이들은 경제적 어려움에 직면했다.

2001년부터 네이멍구에서 생태 연구기지를 운영해 온 중국과학원 식물연구소의 생태학자는 이러한 현지 주민들의 경제적 곤란을 해결하면서도 사막화를 방지할 혁신적인 제안을 했다. 초원에서 닭을 방목하는 '초원목계(草原牧鷄)' 프로젝트였다. 이 프로젝트의 핵심은 초원에서 닭을 사육하는 것이 초원식생을 덜 퇴화시키면서 정부의 금목정책에도 위반되지 않는다는 점이다. 목축민들은 소나 양 같은 몸집이 큰 가축을 방목하지 않는 대신 닭 방목으로 경제적 이익을 추구할 수 있다는 것이다. 초원목계 프로젝트는 그동안 타협이 불가능한 것처럼 보였던 초원, 몽골족 목축민, 중국 정부, 과학자의 이해관계를 모두 만족시키려는 시도라고 할 수 있다.

이 책은 이와 같이 중국 초원지역에서 실시된 목금(牧禽)실험과 시범사업의 과정을 민족지 방법으로 기술한 것이다. 특히 과학지식의 생산, 초원 식생의 회복, 목축민의 생활양식 변화, 도시민의 소비윤리 형성이 초원의 닭을 매개로 함께 전개되는 과정을 기술했다. 그리고 닭을 매개로 하는 황막초원 생태계의 생성을 분석했다. 필자는 이를 '생태정치(eco-politics)'의 관점에서 인간과 비인간을 포함하는 다양한 행위자가 서로 다른 이해관계를 타협·조정·논쟁·협력하는 과정으로 설명하고자 했다.

이 책을 읽는 분들에게 다음과 같은 두 가시를 약속한다. 먼저, 독자들은 닭을 따라가면서 세계를 발견할 것이다. 정확히 말하면, 닭을 길들이는 과정에서 하나의 세계, 즉 새로운 생태계가 출현하는 모습을 지켜볼 것이다. 생태계의 생성 과정이 필자가 말하고자 하는 생태정치이다. 여기서 세계는 세계관과 같은 관념이 아니라 초원비계(草原飛鷄)를 길들이는 데 동원된 실천이다. 실천 속의 세계이다. 그리고 세속적 세계이다(worldy world). 기후변화와 대량멸종으로 인류세는 점차 현실이 되고 있다. 인류세에서 생태정치는 이제 기존의 생태계를 보존하거나 회복하는 문제에만 머물지 못하게 한다. 이미 그러한 세계는 관념 속에 머물 뿐이다. 현실세계에서는 실천 속에서 문제를 진단하고 대안을 제시하는 수많은 실험이 진행되고 있다. 인류세의 문제들은 이런 세속적 실험들로 조금이나마 예견되고 예방될 텐데 초원목계도 그중 하나이다.

다음으로, 이 책을 읽는 분들은 다른 종과 품위 있는 관계를 맺을 기회를 얻게 될 것이다. 이 책은 다산 정약용이 말한 계경(鷄經)의 민족지 버전이라고 할 수 있다. 단순히 닭을 기르는 방법을 기술하는 것을 넘어 초원의 사막화 방지와 몽골족의 경제적 이익, 과학지식의 생산, 소비윤리로 확장된 계경이다. 몽골족의 경제적 이익을 추구한다는 점에서 '이(利)'를 다루며, 초원과 대기로 이루어진 생태의 협치(協治)를 추구한다는 점에서 '의(義)'를 다룬다. 그래서 이 책은 다산이 아들에게 강조했던 '품위 있게 닭을 기르는 법'에 대한 현대판 계경이라고 할 수 있다. 모쪼록 독자들이 필자와 함께 닭이 품위 있게 길들여지는 과정을 지켜보며 새로운 세계의 가능성을 발견하는 즐거움을 느끼기를 바란다.

2023년 1월 인천에서

차례

표 차례

그림 차례

제1장

초원생태계에 닥친 위기

1. 네이멍구 초원에서 날아온 모래폭풍

1993년 5월 5일, 중국 네이멍구자치구(內蒙古自治區)와 인접한 간쑤성(甘肅省)의 한 도시에 난데없이 커다란 모래폭풍이 일었다. 그 여파로 전쟁이 일어난 듯 황폐한 현장에는 시체 100여 구가 늘어져 있었고, 시민들은 충격 어린 목소리로 '핵폭탄'이 터지는 줄 알았다고 증언했다.[1] 2010년 간쑤성 바이인시(白銀市)에서 발생한 모래폭풍은 한반도를 넘어 북미 지역에까지 영향을 미쳤다. 2013년 4월, 중앙기상대는 네이멍구자치구 서부와 간쑤성 서부, 랴오닝성(遼寧省)에 이르는 지역에 다시 모래폭풍남색주의보를 발령했다. 우리에게 이른바 '황사'라는 이름으로 알려진 모래폭풍의 진원지인 중국 네이멍구를 비롯한 서북지역에서는 도대체 무슨 일이 벌어지고 있을까? 그리고 시시때때로 국경을 넘어 숱한 사람을 망연자실하게 만드는 이 현상은 인간의 힘으로는 어쩔 수 없는 '자연의 위력'을 보여주는 것일까?

중국 당국의 공식적인 보고에 따르면, 중국 내에서 사막화된 토지

1 「93년 中 모래폭풍 대참사, 한반도로 '전선' 이동 중: 사막화 진전과 피해」, 『문화일보』(2007. 10. 1), http://www.munhwa.com/news/view.html?no=20071001010332320710 01

의 전체 면적은 173만 9,700제곱킬로미터로 전국 30개 성, 시, 자치구의 889개 현, 구에 분포되어 있다. 사막화가 진행되는 지역은 대부분 서북쪽과 동북쪽에 위치한 건조·반건조 기후의 초원지대로, 특히 네이멍구는 전체 초원 면적 8,800만 헥타르 중 52.6%가 사막화(沙漠化)되었으며, 35.2%가 사화(沙化)[2]되고 있다. 국토면적의 18%를 차지하는 토지의 사막화는 4억에 가까운 주민들의 생산 활동과 생활에 영향을 주었으며 국가적으로 연간 500억 위안 이상의 경제적 손실을 입혔다.[3] 특히 1990년대 후반부터 중국 정부는 사막화를 국가 경제사회발전의 중요한 제약 요건으로 인식하기 시작했고, 사막화를 방지할 정책들을 시행하기에 이르렀다.

사막화를 방지하고 황사를 줄이려는 노력에는 중국 정부를 비롯하여 비정부기구(NGO), 과학자 집단, 현지의 목축민들과 같이 국내외에서 많은 행위자가 관여하고 있다. 먼저, 중국 정부는 네이멍구 지역을 사막화 방지를 위한 임업 및 생태건설 사업의 요지로 지정하여 베이징-톈진황사발원지관리공정(京津風沙源治理工程), 삼북방호림공정(三北防護林工程) 등 6대 사막화 방지 생태공정과 더불어 퇴경환림(退耕還林), 퇴경환초(退耕還草), 보호구역(保護區), 금목(禁牧), 생태이민(生態移民) 등과 같은 정책을 시행해 왔다. 중국 국내의 환경 NGO뿐 아니라 황사의 영향권 아래에 놓인 동아시아의 한국과 일본의 정부와 환경

2 중국에서 사막화와 관련된 용어는 사막화(沙漠化), 황막화(荒漠化), 사화(沙化) 등 세 가지로 나뉘는데, 이러한 개념 구분은 우리가 통칭 사막화(desertification)라고 부르는 용어와 구분된다. 황막화는 우리가 사막화라고 부르는 개념과 가장 가까운 용어이지만, 습윤 건조지대까지 포괄한다는 점에서 차이를 보이며, 사화는 기후 구분과 관련이 없이 토지 퇴화 방지와 실행 작업을 중요시한다는 점에서 차이를 보인다(이강원, 2007a: 31).

3 「中 사막화 면적 전체 국토의 18%」, 『한국경제』(2007. 3. 27), https://www.hankyung.com/international/article/2007032762618

NGO 역시 생태를 보존하기 위한 정치적 압력을 행사함과 동시에 사막화를 방지하기 위한 초국가적 지원과 협력을 하고 있다.

다음으로, 과학자들은 초원생태계를 보존하고 사막화를 방지하기 위한 과학지식을 생산하고, 이러한 지식을 바탕으로 정부정책에 깊숙이 관여하고 있다. 사막화로 직접 영향을 받는 행위자들은 초원에서 사는 목축민들이다. 사막화와 사막화 방지 정책 아래 목축민들은 경제적 어려움에 놓이게 되었고, 그들의 생활양식을 바꾸지 않고는 살아갈 수 없는 상황이 되었다. 또한, 사막화는 초원 식생의 퇴화를 의미하며, 초원에서 풀과 나무를 먹고사는 소나 양과 같은 가축들과도 직결되는 문제이다. 이와 같이 사막화는 생태변화의 문제일 뿐만 아니라 그곳에 사는 인간과 동식물의 생존과 생활에도 매우 중요한 문제이다. 따라서 사막화라는 생태문제를 논의할 때는 연관된 다양한 행위자를 동시에 고려해야 한다.

지금까지 생태인류학 연구들은 생태문제에 대해 크게 두 가지 접근 방식을 취해 왔다. 우선 문화생태학적 접근은 '자연에 대한 인간의 적응'에 초점을 둠으로써 자연-인간의 관계를 보여주는 데는 일면 성공했다. 하지만 궁극적으로 인간 세계 바깥에 존재하는 보편적이고 불변하는 자연을 상정하고 그에 적응해야 하는 수동적 인간의 모습을 전제했다는 점에서 한계가 있다. 그 이후 등장한 정치생태학적 접근에서는 문화생태학의 수동적 인간에 대한 개념상을 비판하고, 생태문제의 정치·경제적 분석과 제3세계 농민과 원주민의 역할을 부각했다. 그럼에도 결과적으로는 생태문제를 자연이 배제된 채 단순히 정치·경제적이고 사회적인 문제로 환원해 버렸다는 한계가 있다.

필자는 기존 생태인류학의 접근 방식으로는 최근 중국 서북부 지역에서 나타나는 사막화 방지를 둘러싼 현상을 제대로 다룰 수 없다는 점에 주목한다. 중국에서 나타나는 이러한 생태문제들은 반드시 정치적인 것만도 또 자연적인 것만도 아니다. 생태 논쟁 속에 근거로 사용되는 과학적 지식은 시대적으로 불변하는 절대성을 지닌 진리라기보다는 이해관계에 따라서 조정되거나 타협되는 영역이다. 또한 생태문제에 노출된 원주민들이 항상 정치·경제적 체제와 사회구조의 피해자인 것만도 아니다. 오히려 현지 주민들의 구체적인 필요와 목적에 관련된 생태문제는 특정 지역의 맥락 속에서 다양한 믿음과 이해관계의 집단들이 경합하고 타협하는 과정을 수반하고 있다. 그리고 이때 논쟁에 관여하는 행위자 집단은 인간과 비인간을 모두 포함한다. 필자는 기존의 문화생태학과 정치생태학적 접근의 한계를 인지하고, 이를 극복하기 위한 생태정치(eco-politics)[4] 개념을 새로이 제시하고, 그와 관련된 구체적 질문을 하려고 한다.

우리가 생태를 논의할 때 언급되는 에코(eco)의 개념과 범주는 무엇인가? 생태학(ecology)의 에코는 경제(economy)의 에코와 어원이 같다. 에코의 어원은 'oikos'로 거주지나 서식지를 말하며, 인간의 경제(economy)와 자연의 생태계(eco-system) 모두를 의미함을 발견할 수 있다. 이렇게 에코의 어원을 따라가 보면, 기존에 우리가 엄격하게 구분하던 인간과 자연, 경제와 생태의 구분이 흐려진다. 따라서 기존의 관점에서처

4 에코(eco)의 어원은 그리스어의 oikos에서 온 것으로 habitat, 즉 집, 서식지 또는 거주지의 의미를 지니고 있다. 인간 활동을 설명하는 데 쓰이는 경제(economy)나 경제학(economics)에서 '에코'는 서식지의 과학(habitat science)을 의미하는 생태학(ecology)의 에코와 그 어원이 같다(Latour, 2004: 131-132). 이 글에서는 에코정치(eco-politics)를 생태정치로 번역했는데, 위와 같은 어원의 문제를 고려해서 생태정치에 'eco-politics'라는 원어를 병기했다. 따라서 여기서 생태정치는 인간과 비인간을 포함한 많은 존재에 대한 생태학을 의미한다. 이는 좁게는 민족지 사례에서 생태적 이슈와 경제적 이슈가 밀접한 관련을 맺고 돌아감을 보여줄 뿐만 아니라, 나아가서는 생태와 경제, 보존과 개발을 모두 아우르는 광범위한 함의를 보여주려는 것이다.

럼 생태와 경제, 인간과 자연을 이분법적으로 보지 않고, 이들 모두에 대칭적으로 접근함으로써 생태문제를 논하며 먼저 '에코'를 재정의하고자 한다.

에코를 다시 정의하는 것은 에코를 구성하는 이해관계 당사자들(stakeholders)을 다시 모을 가능성을 열어주는 것을 의미한다.[5] 에코의 재정의로 생태계를 구성하는 이해관계 당사자들뿐만 아니라 경제에 참여하는 이해관계 당사자들까지도 생태정치 아래에서 포괄된다. 또한 이해관계 당사자들을 다시 모으는 과정에서 예측하지 못한 새로운 행위자를 발견할 수도 있다. 여기서 생태정치는 에코에 참여하는 행위자의 목록과 범위를 보여주는 것이다.

그리고 생태정치는 이렇게 새롭게 포함된 이해관계 당사자들의 관계를 재배치하는 시도이며, 이러한 관계의 재배치로 새로운 삶의 양식과 생태계가 만들어지는 과정이다.

필자는 인간과 비인간을 포함하는 다양한 행위자가 공통의 생태문제로 연결된 네트워크 속에서 서로 관계를 맺고 타협, 조정, 논쟁, 협력하는 과정을 민족지적으로 보여줌으로써 궁극적으로 '생태정치(eco-politics)'라는 새로운 생태인류학의 개념을 제시하고자 한다.

네이멍구 초원의 한 마을에서 시행된 '초원목계(草原牧鷄)' 프로젝트는 필자가 주장하고자 하는 생태정치를 잘 설명해 주는 사례가 될 것이다.

중국 북방의 대표적 사지(沙地)인 훈산다커 사지(渾善達克沙地)에서는 초원 및 사막화 연구를 지속적으로 수행해 온 중국과학원 식물연구

5 *Reassembling the Social*에서 라투르는 자연과 사회의 범주로 이분되어 있던 다양한 행위자를 다시 모으는 연구를 '연합학(associology)'이라고 제시한 바 있다(Latour, 2005).

소(中國科學院 植物研究所, Institute of Botany, The Chinese Academy of Sciences)의 생태 연구기지가 2002년부터 운영되고 있다. 사막화 진전을 우려하는 정부의 금목정책으로 이 지역의 목축민들은 더 이상 소와 양을 초원에 방목하지 못하게 되어 경제적 어려움에 직면하게 되었다. 이러한 현지 주민들의 경제적 곤란을 해결하기 위해 중국과학원 과학자들은 '초원목계 프로젝트'—초원에서의 닭 방목—를 제안했다. 이 프로젝트의 핵심은 초원에서 닭을 사육하는 것이 소나 양 같은 몸집이 큰 가축을 방목하는 것보다 식생을 덜 퇴화시키면서도 정부의 금목정책에 위배되지 않는 한도에서 목축민들의 경제적 이익을 추구할 수 있다는 것이다. 초원목계 프로젝트는 그동안 타협이 불가능한 것처럼 보였던 과학자, 정부, 목축민들의 이해관계를 모두 만족시키기 위한 창의적인 시도였다.

초원목계 프로젝트는 중국의 특수한 지역적·정치적 상황 속에서 나타난 하나의 사업에 불과할 수도 있지만, 적어도 이 프로젝트에 대한 인류학적 탐구는 기존의 생태인류학 연구가 지닌 자연 중심 혹은 목축민(native) 중심이라는 이분법적 연구의 한계를 벗어날 수 있게 해준다는 점에서 무엇보다 의의가 있다. 즉, 초원목계 프로젝트는 사막화 문제에 대응하는 초원정책의 맥락 속에서 과학자들의 진지한 고민과 함께 시작된 사업이라는 점에서 정치사회 문제의 영역에서만이 아니라, 과학적 지식의 영역에서 폭넓게 논의될 수 있는 생태문제이다.

이런 연구의 목적은 사막화 위기에 처한 중국 네이멍구 초원지역에서 황사와 사막화를 방지하기 위한 초원생태의 구성 과정이 몽골족, 과학자, 닭, 가축들, 초원 등 행위자들 간의 '이해관계의 번역'[6]으로 어

6 번역(translation)은 "다른 이들이 말하는 것과 원하는 것, 왜 그들이 하는 방식으로 행동하고 그들이 서로 어떻게 연합하는지를 자신의 고유한 언어로 표

떻게 이루어지는지를 기술하는 것이다. 특히 초원의 사막화를 방지하기 위해 도입된 닭이 초원생태계의 새로운 행위자로 과학기술, 생태경제, 소수민족의 생활양식, 환경윤리의 재구성 과정에서 맡게 되는 역할에 초점을 맞추었다. 즉, 사막화를 방지하는 과정에서 새로운 행위자들, 즉 초원목계의 닭, 닭을 방목하는 몽골족, 닭을 구입하는 도시의 소비자, 초원목계의 생태계를 연구하는 연구자 집단, 이를 문서화해서 다른 지역에 소개하거나 제도화하는 미디어와 정부가 출현하고 초원목계의 네트워크가 구축되는 과정을 기술한 것이라 할 수 있다.

특히, 필자는 사막화를 방지하는 새로운 행위자의 등장과 삶의 방식 출현에 주목한다. 초원에서 방목되는 닭은 닭장 속의 닭과 달리 사막화를 방지하는 행위성을 부여받는다. 닭을 기르는 몽골족은 양과 소를 방목하는 몽골족 '목축민(牧畜民)'과 달리 사막화 방지에 참여하는 '목금민(牧禽民)'이라는 새로운 정체성과 생활양식을 지닌 행위자 집단으로 등장한다. 도시로 이동해 온 초원의 닭과 달걀을 구입하는 소비자들은 사막화 방지와 기후온난화 방지에 참여하는 '윤리적 소비자'의 생활양식을 추구하게 된다. 이처럼 이 글은 기존의 행위자나 집단의 범주에 속한 행위자들을 확인하고 이들의 정체성을 기술하는 것을 넘어

현하는 것이다"(칼롱, 2010(1986): 93). 라투르는 이러한 번역 전략을 다음과 같이 바꾸어 말했다. "당신은 당신의 목적에 곧바로 도달할 수 없다. 만약, 나의 방식을 따른다면, 당신은 더 빨리 그 목적에 도달할 것이다. 즉, 나의 방법은 지름길이 될 것이다"(Latour, 1987: 111). 홍성욱은 번역이 권력 획득의 주요한 방법 중 하나임을 지적했다. "한 행위자는 다양한 행위자들이 이미 유지하던 네트워크를 끊어버리고 자신의 네트워크로 유혹해서 다른 요소들과 결합하며, 떨어져 나가려는 것을 막고 이종적인 연결망을 하나의 행위자처럼 보이게 한다. 이 과정이 성공적으로 이루어지면 이를 수행한 소수의 행위자는 네트워크에 동원된 다수의 행위자를 대변하는 권리를 갖게 되며, 이전에 비해 더 큰 권력을 획득하게 된다"(홍성욱, 2010: 25).

서 발현하고 있는 삶의 양식과 새로운 행위자 집단의 등장을 기술하는 것을 목적으로 한다. 따라서 초원목계에 대한 민족지를 기술하는 행위 자체가 초원목계 프로젝트를 민족지의 독자들에게까지 번역해서 이동시키는 실천에 참여하는 작업이기도 하다.

이 글은 세 가지 질문으로 시작된다.

첫째, 중국 네이멍구 초원의 몽골족 마을이 처해 있는 다양한 맥락 속에서, 사막화를 방지하기 위해 제안된 초원목계 프로젝트에 관여하는 행위자들은 구체적으로 어떠한 존재들이며, 그들은 각각 어떠한 정치적 갈등과 과학적 논쟁에 참여하는가?

둘째, 초원비계라는 새로운 실체가 연구·개발·사육되어 시장에 등장하기까지 앞서 언급한 행위자들 간의 세세한 갈등, 논쟁, 타협, 협력 과정의 면모는 어떠한가? 그 과정에서 생태문제를 둘러싼 정치적 논쟁과 과학지식 생산이 가지는 함의는 무엇인가?

셋째, 과학지식의 생산을 추적하는 이 글은 그 자체로 특정한 과학지식의 생산에 관여하는 실천적 활동일 수 있다. 그러면 인류학자는 초원의 생태정치(eco-politics)를 실천하는 과정에서 이를 어떻게 추적·기술·이론화할 수 있는가?

2. 생태정치를 바라보는 이론들[7]

이 글에서 '생태정치'는 인간과 비인간을 포함한 다양한 존재로 이루어진 생태의 구성 과정을 의미한다. 이는 좁게는 민속지 사례에서 생

7 이 절의 일부는 2023년 2월 「비평형의 생태인류학」(『횡난인문학』 13: 1-51)이라는 제목으로 발표된 바 있다.

태적 이슈와 경제적 이슈가 밀접한 관련을 맺고 돌아감을 보여줄 뿐만 아니라, 나아가서는 생태와 경제, 보존과 개발을 모두 아우르는 이론적 함의를 보여주려는 것이다. 자연과 사회, 생태학과 경제학, 보존과 개발 간의 이분법을 해체하고 인간과 비인간의 다양한 연합 방식으로 돌파구를 마련하는 연구 경향이 생태인류학에 활기를 불어넣고 있다. 특히 초원과 사막을 포함하는 생태의 변화가 가속화하는 지역에서 기존 생태계에는 포함되지 않았던 다양한 행위자가 생태의 행위자로 등장하는 현상에 주목하고 있다. 아래에서는 먼저 생태인류학에서 새롭게 제시되고 있는 '복잡성', '비평형', '리질리언스'와 같은 개념들을 제시한다. 다음으로, 초원의 사막화와 관련해서 생태 논의가 어떤 방식으로 연관되어 있는지를 살펴본다.

1) 복잡성의 생태인류학

① 자연/문화 이분법을 넘어서

초기 생태인류학은 '생태환경에 대한 인간의 적응'(Vayda and Rappaport, 1968)을 기술하는 데 중점을 두었다. 당시 인류학자들은 환경과 인간의 관계를 분석하면서 변화보다는 안정을, 복잡체계보다는 단순체계를 전제했으며, 로컬 생태계를 유지하기 위한 문화적 실천과 믿음의 역할을 조사했다. 이러한 문화생태학적 접근은 토착 원주민 집단이 자원을 범주화하여 통제하고 환경을 보존하는 전통적인 방식을 가지고 있다는 사실을 밝혀냈다는 데 의의가 있다. 그러나 서로 밀접한 연관을 맺고 있는 현대의 글로벌한 환경 변화를 폐쇄적 순환구조로 설명하기에는 역부족이라는 점에서 정치생태학자들의 비판을 받았다.

정치생태학적 접근은 토착민과 그들을 둘러싼 생태를 비정치적 접근으로는 설명할 수 없다며 문화생태학적 주장을 비판하면서 등장했다. 정치생태학적 접근은 생태문제를 '자원에 대한 접근과 통제의 권력'(Blaikie and Brookfield, 1987: 17)의 문제로 인식했다. 그리고 환경 비용과 혜택 분배의 불평등과 같은 사회경제적 권력 과정의 정치성을 드러내는 데 초점을 맞추었다. 이러한 정치생태학적 연구들은 제3세계 국가의 농민이나 토착민의 열악한 지위와 환경파괴가 세계체제와 정치·경제적 구조와 어떤 관련이 있는지를 밝히는 데 주력했다. 그럼으로써 생태체계에 대한 우리의 생각이 정치·경제과정을 통해 한정되고 조정된다는 것을 보여주었다(로빈스, 2008(2004): 44).

문화생태학적 접근에서는 보편적 자연을 가정하고, 그에 적응하는 인간의 문화들을 표현하거나 문화들이 보편적 자연에 의미를 부여하는 모습을 기술했다. 반면, 정치생태학적 접근에서는 궁극적으로 생태문제를 정치·경제적이고 사회적인 문제로 환원했다는 점에서 물리적이고 생물학적인 측면의 양상들이 잘 드러나지 않는 경향이 있다. 일견 문화생태학과 정치생태학의 접근은 서로 대립하는 듯이 보인다. 하지만 문화생태학은 보편적 자연을 전제하고 문화적 특수성을 민족지 기술의 대상으로 삼았지만 과학자들이 규정하는 자연에 대해서는 언급하지 않는다. 한편, 정치생태학은 생태를 정치·경제적 이해관계의 문제로 환원해서, 자연을 사회문화적 결과물로 대체했다고 할 수 있다. 두 접근법의 공통점은 과학자들이 구성하는 자연에 대해서 어떠한 민족지적 기술도 불가능하다는 것이다. 전자의 시각에서 자연은 사회문화 구성의 배경일 뿐이며 인류학자가 참여관찰과 면담으로 기술해 낼 수 있는 대상에서 벗어난다. 후자의 시각에서 기후변화와 사막화는 정치·경제적 이해관계의 산물이다. 자연과학자들 역시 하나의 이해관계에 따라 지식을 생산하는 정치적 행위자로 환원된다. 결국, 두 시각은 자연과 문화의 이분법을 가정한 채 논의를 진행해 왔다. 전자에서는 자연을 당연시했고 후자에서는 자연을 제거했다. 전자는 문화를 자연에 덧붙였고, 후자는 문화로 자연을 대체했다. 제3의 접근은 이 양극단을 벗어나서 자연/문화 이분법 자체에 문제를 제기하면서 등장했다.

자연/문화 이분법은 근대주의적 인식론의 주요 토대였으며, 인류학에서도 연구의 주요한 분석 틀일 뿐만 아니라 학문적 정체성을 드러내는 역할을 담당했다. 하지만 일군의 인류학자들은 민족지적 연구로 자연/문화의 범주가 원주민들의 행위를 서구 근대의 시각에 가둘 수 있다는 점을 드러내며 인류학에 자리 잡은 자연/문화 범주에 문제를 제기했다(오명석, 2012a; Descola and Palsson, 1996).[8]

데스콜라(Descola, 1994)가 연구한 아마존 고지대의 아추아지바로 인디언 사회에서는 식물은 여성의 친족이고 동물은 남성의 인척이다. 식물과 동물은 사회 속에서 함께 생활하고, 사회적 행위의 규칙에 따라 인간과 관계를 맺을 수 있다. 말레이시아 열대우림의 체옹 사회에서는 인간, 식물, 동물, 영혼이 동등하게 의식을 부여받는다(Howell, 1996). 솔로몬제도의 원주민들은 동식물과 무생물을 인간 사회와 구별하지 않았다(Hviding, 1996). 비서구 사회의 원주민들은 자연/문화의 대조적 이분법 대신에 비유적인 방식으로 생태계를 설명했다.

서구적 관점에서도 자연은 문화와 항상 대조적인 것은 아니다. 자연은 인간이 없는 공간이나 사물 또는 인간과 구분되어 비인간으로 범주화된다. 하지만 인간은 자연의 부분이며, 인간의 활동과 결과는 자연법칙에 종속된다고도 여겨진다. 즉 서구적 관점에서도 자연과 문화의 관계는 모순을 드러낸다(Milton, 1997: 489). 자연/문화 이분법의 틀 밖에서 비서구 사회를 이해하려는 이와 같은 노력은 인간과 비인간을 서로

8 오명석(2010: 34, 2012a: 188)은 이미 모스와 같은 초기 인류학에서의 원시사회 연구에서 자연/문화, 마음/몸의 근대 서구 이원론에 대한 비판이 제기되었는데도, 인류학자들의 분석도구로 수용되지 않았음을 지적했다.

분리된 기준으로 받아들이는 서구의 가치관을 재고하게 만들었다.

인류학에서의 민족지적 시도뿐만 아니라 이론적 측면에서도 후기 구조주의자들은 근대성의 이분법적 담론의 해체를 주장했다. 에스코바(Escobar, 1999)는 '반본질주의 정치생태학(antiessentialist political ecology)'을 주창했다. 그는 자연/문화 이원론을 피하기 위해 문화를 역사와 생물학 사이를 중개하는 능동적 행위자로 간주했다. 그는 자연을 유기적 자연, 자본주의적 자연, 기술적 자연으로 구분하고 각각이 특정한 형태의 지식을 바탕으로 적절하게 연구되어야 한다고 주장했다. 그에 따르면, 세 레짐은 실천 속에서 다양한 레벨에서 겹치고 얽혀 있기 때문에 중층적 연구가 필요하다고 주장했다. 그러나 이러한 구분 역시 이미 존재하는 본원적인 자연을 가정했다는 점에서 자연/문화 이분법을 반복하는 한계를 지닌다(Milton, 1999: 20-21).

파라줄리(Parajuli)의 생태적 종족성(ecological ethnicities) 개념도 자연/문화의 이분법에서 벗어나려는 시도였다. '생태(ecology)'와 '종족(ethnicity)'이라는 용어를 함께 사용했다는 것은 종족성들, 문화들, 정체성들, 과학들을 동일한 범주의 항목 아래 포함했다는 점에서 대칭적 시도를 했다고 볼 수 있다. 그에 따르면, 농민과 소외된 커뮤니티의 정체성은 자본의 활동에 불평등하게 연결되어 있다(Parajuli, 1998: 188). 그러나 그가 '생태계 사람들(ecosystem people)'이라 부르는 소외된 커뮤니디에 초점을 맞추었다는 점은 '우리, 근대'를 '과학'으로 간주하는 반면에 '전근대 생태계 사람들'인 그들을 '민족-과학들'로 간주한다는 점에서 기존의 자연/사회 이분법으로 돌아가고 있음을 보여준다(Ivakhiv, 2002: 400). 에스코바와 파라줄리와 같이 자연과 문화의 변증법을 주장한 많은 학자는 자연/문화의 이분법을 넘어서려는 시도는 하지만, 그 기본 가정에서 둘을 인식론적으로 구분한다는 점에서 한계를 지닌다. 결국 그들의 주장은 언어와 담론의 담지자로서 인간은 문화적으로 세계를 구성하는 반면, 비인간인 자연은 침묵하고 비담론적이며 수동적인 존재로 간주한다는 점에서 역시 동일한 이분법을 되풀이하고 있다(Ivakhiv, 2002: 390).

라투르는 자연과 문화라는 두 개념을 모두 포기할 것을 주장했다. 물질들에 문화적 해석을 내리거나 물질을 문화의 단순한 재현으로 환원하는 자연에 대한 기존의 접근으로는 '서구 근대'의 자연/문화 이분법에서 벗어날 수 없다고 강조했다(Latour, 2004: 48). 그에 따르면, 비서구 사회의 원주민들은 사회 질서와 자연 질서를 혼합한 적이 없으며, 그들 간의 구별에도 관심이 없었다. 인류학자들이 연구했던 원주민들은 사실 자연과 사회의 이분법을 인식하지 않았다. 그것을 인식한 것은 인류학자이다. 따라서 '자연과 문화를 하나로 혼합 또는 결합하는 것'과 '자연/문화의 범주를 인식하지 않는 것'은 완전히 다르다는 점을 짚고 넘어가야 한다(Latour, 2004: 20-22).

과학지식이 구성되는 실천을 연구한 학자들 역시 자연/문화 이분법의 구분은 더 유지될 수 없다는 점을 확인해 주었다. 라투르와 울가(Latour and Woolgar, 1979)는 과학적 사실에서 '사실'은 분석에서 전제가 아니라 실천의 결과이며, 논쟁 과정에서 획득된 것이라고 주장했다. 과학적 사실이 굳건하게 세워진 이후에는 그 뒤에서 이루어진 과정과 실천들이 블랙박스 속에 가려진 채 결과물만 겉으로 드러나게 된다. 따라서 우리가 보편적이라고 생각했던 과학(Science) 또는 자연(Nature)은 과학들(sciences)과 자연들(natures) 간의 논쟁 과정으로 대체되어야 한다고 주장했다.

노트나겔(Nothnagel, 1996)은 스위스에 있는 유럽입자물리연구소(CERN)의 복합기업 실험실을 연구했다. 그가 연구한 하이테크 과학은 과학이 '자연적으로 발생하는' 현상을 연구하는 것뿐만 아니라 복잡한 기술적 도구와 수학적 모델을 계산한 결과로 과학적 사실을 생산한다는 점을 밝혀냈다.

과학 실천의 장에서뿐만 아니라 현대 과학기술의 급속한 발전에 따라 발생하는 다양한 문제 역시 자연/문화 이분법의 경계를 흐리는 역할을 한다(Papagaroufali, 1996; Rapp, 1997). 바이오테크놀로지의 발전은 '비자연적' 방식으로 생명의 새로운 형태가 대량 생산되는 환경, 철학, 윤리적 논쟁을 증식하고 있다(Descola and Palsson, 1996: 8). 랩(Rapp, 1997)의 연구에서처럼 과학의 발달로 인간 재생산의 기술이 개발되면서 기존의 문화적 관념에서 부모·자식 간 관계나 경계 설정은 생물학적이고 유전적인 것만으로 또는 문화적인 것만으로는 설명되지 않는 혼종적 상황이 발생했다. 동물의 초유전적 조작, 이종이식(xenotransplantation)(Papagaroufali, 1996)은 인간과 비인간 간의 장기간에 성립된 경계를 흐리게 하며, 친족 유대의 사회적 재현을 잠식한다. 기술의 발전은 인간 중심적 편견을 없애며, 참조 단위는 총체적 인간이 아니라 유전암호와 분절적 몸의 부분들이 되었다(Descola and Palsson, 1996: 9).

요컨대, 위의 비서구 사회 연구와 과학의 실천 연구들은 모두 근대적 인식론으로 굳게 자리 잡았던 자연/문화의 이분법을 넘어서려는 시도들이었다. 따라서 생태적 문제는 자연만의 문제도, 인간 또는 문화만의 문제도 아니다. 이 둘을 구분하려는 순간 결국 발견하게 되는 것은 인간과 인간 아닌 것들이 뒤섞여 자연인 것인지 문화인 것인지를 구분할 수 없는 '혼종(hybrid)'(Latour, 1993)이다. 자연과 문화의 이분법에서 벗어나 다양한 행위자와 이슈들에 접근한다면 '서구 근대'의 인식론을 전제한 기존 연구와는 다른 관점에서 생태문제를 바라볼 것이다.

② 불확실성의 증가와 비평형 생태학

과학적 사실의 구성과 과학적 실천 연구는 과학지식의 절대성 또는 보편적인 자연의 토대를 무너뜨렸다. 이는 생태계와 관련한 지식 또는 환경보존을 위해 제시되는 과학적 지식이 실제로는 구성 과정을 거쳤고 논쟁 결과 견고해졌으며, 그 사실이 새로운 논쟁으로 변경될 수 있다는 점을 보여준다.[9] 따라서 현시기 생태 위기는 정답이 정해진 사실의 문제라기보다는 변화하는 논쟁 과정 속에 있는 '관심의 문제(matters of concern)'(Latour, 2004: 22-25)가 되었다. 기후변화나 사막화 등 생태문제의 글로벌 리스크 계산이 과학적 방법으로 다룰 수 있는 범위를 벗어난다는 점이 점차 드러나고 있다. 이러한 리스크를 제도화된 기준으로는 측정, 계산, 통제할 수 없다는 통찰이 글로벌 위험사회 담론으로 나타났다. 즉, '현대사회가 스스로 산출한 불확실성을 어떻게 다루는가'가 생태문제의 중요한 화두로 자리 잡고 있다(벡, 2010(2007): 166).

이러한 불확실성과 예측 불가능성은 생태계를 바라보는 관점의 변화를 수반한다. 1970-1980년대 생태계를 바라보는 시각은 평형 생태학에서 비평형 생태학(non-equilibrium ecology)으로 변화했다. 기존의 생태학적 연구들은 자연의 균형을 가정하고 생태의 정적·균형적 관점을 주장했는데, 이는 시간과 공간에 따른 불확실성, 역동성, 다양성, 역사 등의 주요한 요소들을 분석에서 제외하는 결과를 가져왔다(Scoones, 1999: 480).

자연을 균형의 개념으로 접근하는 것은 서구 사상사에서 유래가 깊다. 자연은 방해받지 않고, 변화하지 않는 영구적 형태를 지니고 있다. 외부로부터 자연에 가해진 손상은 복구되어 이전 상태로 회복해야 한다. 생태학 초창기에는 생태계가 본래 안정적이어서 항상성 또는 자기 조절 작용을 갖추었다고 가정했다(Forsyth, 2003: 63). 생태학은 20세기 내내 평형 개념을 유지해 왔으며, 정적이고 항상적인 조절, 안정적

9 1970-1980년대 지구를 위협하던 프레온 가스와 오손층 파괴의 관계에 대한 논쟁도 이러한 맥락에서 이해할 수 있다.

인 균형점과 순환의 반복을 가정했다. 이러한 평형주의적 사고는 환경주의 운동에도 굳게 자리 잡고 있었다. 사회과학에서도 1980년대까지 여전히 균형과 안정, 동일성을 가진 자연에 대한 개념이 지배적이었다(Scoones, 1999: 481).

평형 생태학은 다음과 같은 구체적 주장들로 뒷받침되었다. 첫째, 생태학적 천이(遷移)는 안정된 상태에서 출발해서 점진적으로 그 생태계가 수용할 수 있는 범위의 절정에 도달한다는 주장이다(Botkin, 1990: 54). 어떻게 식생 군락이 절정(climax)을 향해서 변화하는지를 탐구하는 것이 중요하다. 둘째, 맬서스의 인구-성장 모델에 기초한 수용능력(carrying capacity)의 개념은 안정적인 생태계의 지표로 활용된다. 지역에서의 동물 개체 수 증가와 수용능력 간의 관계를 밝히는 것이 생태학자들의 과제가 된다. 생태계는 폐쇄적이고 정적인 체계로 복잡하지만 잘 통합되어 있고, 영양과 에너지 흐름이 존재하며, 종의 다양성과 지역 간의 안정적 관계를 유지한다. 따라서 안정적 절정을 강조하는 천이 이론은 목장이나 숲을 관리하는 지침이 되었다. 수용능력 개념은 동물 개체의 최대 수용치를 계산하는 데 사용되었다. 체계에 대한 규제에 초점이 맞추어진 평형 생태학은 생물다양성 정책이 만들어지고 보호구역이 설계되는 기초를 제공했다(Scoones, 1999: 482).

생태적 평형 개념의 지속적이고 광범위한 반복에도 불구하고 비평형 생태학과 연관된 연구와 논의는 이러한 가정에 의문을 제기했다. 비평형 생태학은 일련의 시공간적 규모에서 생태계 내의 가변적이고 무질서한 변화를 강조하는 접근방식이다(Botkin, 1990; Ellis et al., 1993; Holling, 1973; Wiens, 1977; Zimmerer, 2000). 특히 비평형 생태학은 생태적 안정, 점진적 진화, '자연의 균형' 등 상식적으로 쓰였던 개념들이 더는 환경 변화와 생태계의 정확한 재현 도구로 활용될 수 없게 했다.

1970년대 초기에 들어서서 생태학자들은 생태계가 체계적으로 상호작용이 일어나는 평형 상태가 아니라는 점을 받아들이기 시작했다. 동시에 예측 가능한 패턴으로 생태계의 천이와 진화를 분석할 수 없다는 점도 받아들였다. 그 대신 생태학자들은 우연한 사건의 발생과 인구, 종의 예측 불가능한 영향을 외부성(externality) 개념을 들어 강조하기 시작했다. 굴드와 엘드리지(Gould and Eldredge, 1977)는 대규모의 임의적 사건들을 통해 생태계에 영향을 미치는 외부적 실체들이 기존 생태계 내의 평형적 조절기제보다 생태계에 더 많은 영향을 미쳤음을 주장했다.

홀링(Holling)은 생태계의 안정성과 리질리언스(resilience) 개념을 고찰하면서 생태학 연구가 평형 상태와 상호작용 연구에서 체계를 탄력적으로 유지하는 데 필요한 조건들에 대한 탐구로 옮겨갔음을 지적했다. 그는 외부의 혼란에 대한 생태계의 리질리언스는 생태계의 주요한 특성이며, 평형을 이룬 '자연스러운' 체계란 일시적 상태라고 주장했다(Holling, 1973: 2). 리질리언스에 기반한 접근에서는 생태계를 폐쇄된 소규모 체계로 보지 않는다. 그 대신 광범위한 맥락에서 일어나는 사건들과 생태계의 관계를 살펴본다. 여기서 외부성과 이형성(heterogeneity)이 생태계를 구성하는 주요한 개념으로 활용된다. 외부성과 이형성은 생태문제를 해결하는 데 충분한 지식은 없다는 점 그리고 미래의 사건을 예측할 수 없다는 점을 전제한다. 결국 외부성과 이형성에 개방된 리질리언스 개념은 미래를 예측하는 정확성을 요구하지 않는다. 그보다는 예기치 못한 사건이 발생할지라도 그것을 완화하고 수용할 수 있는 체계를 고안하는 질적 능력에 관심을 기울인다(Holling, 1973: 19).

평형 생태학의 견지를 고수하는 램프리(Lamprey, 1983)는 아프리카 초원의 목축민들이 과도방목과 과도사육으로 생태계의 불안정을 초래하고 환경을 악화했다고 주장했다. 그러나 샌드퍼드(Sandford, 1983)는 강수량의 변이가 초원의 변화에 중요한 요인이라는 점을 발견했다. 강수량의 변화에 따라서 초원의 식생은 변화한다. 이에 따라서 목축민들은 방목과 사육 비율을 조절해 왔다. 샌드퍼드는 이러한 역동적인 목축 및 사육 전략이 강수량을 예측하기 어려운 조건에서 목축민들이 살아가는 데 더 적절하다는 점을 밝혔다.

이를 통해서 단위면적당 사육 가능한 가축 수를 나타내는 평형 생태학의 '수용능력' 개념은 비판받았다. 초원과 같은 건조지역의 생태계는 생물들의 평형적 상호작용보다 기후, 강수와 같은 외부적 요소에 큰 영향을 받는다는 점에서 비평형 생태로 규정되었다(Wiens, 1977). 이러한 논의의 결과 초원에서는 수용능력의 개념에 따른 생태계 관리나 생산정책이 실패할 수밖에 없다는 점이 밝혀졌다.[10]

외부성을 고려하는 생태학에서는 불, 폭풍, 홍수, 질병 등 다양한 생태 교란 요인의 중요성이 강조되기 시작한다(Forsyth, 2003: 63-4). 예를 들어, 화재로 야기된 생태계 교란은 평형 생태학에서는 퇴화(degradation)로 간주된다. 그러나 비평형 생태학에서는 이러한 교란(disturbance)이 생태계 내의 장기간 또는 공간적으로 광범위한 변화로 간주된다.

비평형 생태학은 평형 생태학의 논리에 근거한 대중 환경주의 운동의 주장을 비판적으로 재고하는 기회를 제공했다. 학자들은 생태적 균형 또는 평형의 개념이 '자연'은 어때야만 한다는 사회규범에서 기

10 관리 개념으로써 수용능력의 유효성은 방목의 생산성이 사육 비율과 인과관계가 있다는 가정에 기초한다. 이 가정에 따르면 과도한 방목은 퇴화를 촉진하며, 사육 비율을 줄이는 것은 목장의 개선을 불러온다. 그러나 아프리카 사하라 이남 지역에서의 경험적 연구 결과는 가뭄의 출현 등 강수량의 커다란 변이 같은 기후적 요인이 생산성에 많은 영향을 미친다는 점을 보여주었으며, 기후 요인과 사육 비율은 상호작용하고, 지속적인 영향보다는 일시적인 영향을 수행한다는 점에서 수용능력 개념을 반박했다(Bartels et al., 1993: 97-98).

인한다고 보았다(Forsyth, 2003: 64). '황야(wilderness)', '손상되지 않은 자연'과 같은 개념은 존재할 수 없는 변하지 않는 평형 상태를 제시한다는 점에서 비판받았다.

크로논은 '황야는 매우 심오한 인간의 창조물'(Cronon, 1996: 47)이라고 말했다. 그에 따르면 '황야'라는 말은 인간이 자연의 외부에 있다는 이원론적 시각을 구현한다. 그리고 근대 환경주의는 황야를 전제하는 낭만주의와 개척 이데올로기의 산물이다. 자연이 야생(wild)임을 가정할 경우 자연 속의 인간, 인간과 자연이 함께 있는 것을 상상할 수 없는 역설적 상황이 발생한다.

보트킨은 보존주의자들이 인간이 평형 상태에 있던 '자연'을 변화시킨 것에 대해 논의하는 시대는 지났으며, 안정과 평형을 위한 환경의 관리 레짐도 더는 유효하지 않다고 주장했다(Botkin 1990: 286). 이러한 변화들에도 불구하고, 보존 정책이 여전히 평형 지향적인 안정성과 균형에 대한 믿음에 근거해서 정책결정자, 정치가, 과학자, 행정가들에 의해 유지된다는 점을 비판할 수 있다(Zimmerer, 2000: 357).

③ 생태계의 복잡성

비평형 생태학은 생태계의 외부성, 이형성 그리고 이러한 특질들을 완화하는 리질리언스 개념을 제시해 기존의 이분법적이고 고정된 평형 생태학의 틀과 고정관념에 도전했다. 그러면 비평형 생태학에서 제시한 다양한 개념으로 우리는 실천 속에서 어떻게 생태문제를 기술할 수 있을까? 그 해답을 로와 몰(Law and Mol, 2002)이 제시한 '복잡성(complexity)'에서 찾아보려고 한다.

로와 몰은 복잡성의 필요성과 그 기술방식에 대해서 "'복잡한 것(complex)'은 아무렇게나 '뒤엉켜 있는 것(complicated)'과는 다르다"라는 점을 강조했다.[11] 로와 몰은 복잡성을 사라지게 하는 단일한 질서의 정립을 거부하고, 질서에 대한 개관(overview)이 아닌 질서들의 목록(list)을 제공해야 한다고 이야기한다. 다양한 사례는 고유성을 지니며, 사례들은 이론을 예증하려 환원되지 않아야 한다. 따라서 생태문제에 동원되는 질서들의 목록들(lists)은 자유롭게 추가될 수 있고, 전환 가능하고, 변환 가능하다. 그리고 이들은 기존의 범주에 따라 분류되기보다는 동등하게 '나열'되어야 하며, 증명되기보다는 '이야기'되어야 할 것들이다. 복잡성 연구는 단일한 질서 대신 복수의 질서들로, 즉 질서가 '질서들'로 바뀔 때 세계를 열린 채로 기술할 수 있으며, 단일한 세계가 아니라 중첩되고 공존하는 둘 또는 그 이상의 세계들 속에 살고 있다고 말한다. 이러한 관계에서 나오는 다중성(multiplicity)은 '하나 이상이지만 다수보다는 적은 것'(Law and Mol, 2002: 11)에 대한 이야기이다. 다중성은 단일한 순간에서의 공존에 대한 것으로, 우리가 중첩되고 공존하는 둘 또는 그 이상의 이웃하는 세계들과 살고 있다는 것을 발견하게 해준다. 다양한 양식의 질서, 논리, 스타일, 실천, 실재들은 서로 고립된 채 존재하지 않는다. 각각은 서로에 포함되거나 포괄되지 않지만 고립된 채 존재하지도 않으며, 서로를 간섭하고(Haraway, 1991), 부분적으로 연결(partial connections)(Strathern, 1991)되어 있다.

이미 이러한 복잡성과 다중성을 생태문제와 관련해서 기술한 민족지들이 있다(Lowe, 2006; Robbins, 2001; Thompson, 2002; Tsing, 2005; Verran, 2002).[12] 로위(Lowe, 2006)는 '자연적인 것'으로 보이는 생태문제

11 우리말에서 복잡하다(complicated)고 하면 흔히 온통 뒤죽박죽되어 혼란스러운 상태를 연상하는 경우가 많다. 그러나 여기에서 복잡하다(complex)는 것은 이와는 다른 의미로, 라틴어 *complexus*는 엮는다는 뜻의 그리스어 'pleko'에 '함께'라는 뜻의 접두사 'com-'이 붙어 생긴 말이다. 즉 함께 엮임으로써 혼란스러워 보이지만 질서정연한 상황이 복잡함을 뜻한다(윤영수·채승병, 2005: 19).

는 인간과 비인간의 네트워크를 바탕으로 구성된 결과물이라고 주장했다. 로위는 인도네시아 토진섬에서 마카크 원숭이가 토착종으로 구성되고, 생물다양성 보존을 인정받는 과정에서 비인간 행위자인 동물의 행위자성이 드러났음을 보여주었다. 로위가 생물다양성 논쟁에서 비인간 행위자 중에서도 동물에 초점을 맞추어 진행한 반면에, 칭(Tsing, 2005)은 '숲'을 구성하는 식물과 숲 생태계를 중심으로 하여 논지를 전개했다. 칭이 보기에 자연적인 경관으로 보이는 열대우림지대의 숲은 실제로는 인간의 생활 터전으로 오랫동안 인간과 상호작용이 일어난 공간이었다. 그녀는 자연경관을 고정적이고 비활성적인 것으로 보는 데서 벗어나 활동적인 행위자(lively actor)로 간주하고, 자연적인 동시에 사회적이며, 인간과 비인간의 실천이 상호작용하는 이동과 전환이 나타나는 곳으로 보아야 한다고 주장했다.

로빈스(Robbins, 2001)는 인도 건조지역의 숲 조성 계획 실행 과정에서 경관의 생태정치를 주장했다. 숲을 조성하려고 심은 외래종 관목(Prosopis juliflora)은 계획된 숲의 영역을 넘어 농경지를 침입했다. 로빈스는 자신의 연구사례에서 자연과 인공을 구획하려던 근대적 시도의 어긋남을 분석하며, "우리 경관은 근대적인 적이 없었다"[13](Robbins, 2001)라고 주장했다.

여기서 로위, 칭, 로빈스는 자연과 인간의 이분법에서 벗어나 이전에는 부각되지 않았던 비인간의 행위자성에 초점을 맞추어 생태문제

12 국내에서는 이강원의 논문이 일본 지진재해의 방재과학기술에서 상연의 복잡성을 다루었다(이강원, 2012, 2014).

13 로빈스는 라투르의 『우리는 결코 근대인이었던 적이 없다(*We Have Never Been Modern*)』라는 책 제목을 자신의 연구에 적용해 왜 우리의 경관은 근대적이었던 적이 없는지(why our landscapes have never been modern)를 이야기했다(Robbins, 2001).

를 풀어나가고 있다.

톰슨(Thompson, 2002)은 코끼리 보호구역의 구획 논쟁을 계기로 보존과 개발이라는 이분법적 논리로 생태문제를 설명할 수 없으며, 이해관계 당사자들의 주장은 단일한 것으로 쉽게 환원될 수 없다고 했다. 그는 이분법과 환원 대신에 생태 논쟁을 중심으로 서로 다른 질서들과 주장들이 뒤얽혀 있을 뿐만 아니라 부분적으로 연결된 것들을 분석해야 한다고 주장했다. 베란(Verran, 2002)은 앞에서 톰슨이 말한 서로 다른 질서들과 세계관들에 주목했다. 그는 원주민 중심 또는 과학자 중심의 기술에서 벗어나 호주 원주민의 생태관행인 불지르기(work, prescribed burning)에서 나타나는 두 집단의 세계관(cosmology)과 실천을 대칭적으로 기술하려고 했다. 이들 둘은 행위자들의 공약 불가능한 세계관들이 대립하지 않고 서로 공존할 가능성을 기술했다. 이 가능성은 생태문제 해결에서 강자와 약자를 나누지 않을뿐더러 서로를 이해하고 협의와 타협을 하는 과정에서 요청되는 것이다.

이러한 이론적 검토를 바탕으로, 필자는 초원에서 과학자들이 제안한 초원목계 프로젝트 — 초원에서의 닭 방목 — 로 발현되는(emergent) 새로운 생태계에 대해 기술하고자 한다. 필자는 초원목계의 생태계가 구성되는 과정을 자연/문화 이분법을 전제하고 분석하지 않는다. 그 대신 초원목계의 생태계를 구축하는 인간과 비인간 행위자 연합의 실천을 기술한다. 그리고 초원에 대한 기존의 목축 중심의 평형생태학적 접근에서 벗어나 새로운 비인간 행위자인 닭의 등장에 따른 관련 이해관계 당사자 배치의 변화를 기술한다. 그 과정에서 나타나는 비평형 생태계의 외부성과 이형성 역시 살펴본다. 이로써 우리는 초원목계의 생태계에서 발현되는 새로운 질서가 형성되는 과정을 만나볼 수 있다.

2) 초원과 사막화

인류학에서 초원과 유목민에 대한 초기 민족지적 연구는 주로 아프리카의 열대 사바나 지역에서 행해졌다(Evans-Prichard, 1940). 에반스-프리차드는 초원에서의 소 목축이 아프리카 누에르족 공동체의 언어, 의례, 사회과정과 관계, 시간과 공간의 개념과 구성방식 등과 같은 세계관과 생활 전반에 미치는 중대한 영향을 분석했다.

1970년대와 1980년대의 목축민 연구는 적응이라는 문화생태학 틀에 지배받았다. 특히 인류학자와 생태학자들은 어떻게 목축민들이 가뭄과 환경 변화에 반응하는지 이해하려 노력했다(Fratkin, 1997: 236). 따라서 목축과 관련한 생태적 연구는 '적응모델(adaptation model)'이라는 용어로 요약이 가능한데, 변경 토지(marginal land)에서 토지 사용에 대한 목축민의 유연성, 다양성, 이동성의 합리성을 보여주려고 했으며, 가축 수와 가내 노동력의 관계, 인구밀도, 가뭄, 가축 다양성과의 관계, 가축의 분배와 친족조직, 생산조직, 가내소득 등 다양한 측면에 주목했다(Fratkin, 1997: 236).

생태학, 경제학, 인류학을 포함하는 학제 간 연구가 아프리카 케냐 남부 투르카나 생태계를 대상으로 한 장기 프로젝트(Dyson-Hudson and McCabe, 1985; Little and Leslie, 1997)로 진행되었다. 그밖에 건조지역에 대한 유네스코의 통합 프로젝트(IAPL, Integrated Project in Arid Lands 1984; O'Leary, 1984), 에티오피아의 아프리카 국제 가축 센터 프로그램(Coppock, 1994), 몽골의 개발 연구 프로그램(Swift and Mearns, 1993) 등이 진행되었다.

이러한 프로젝트들은 하딘(Hardin, 1968)의 '공유지의 비극(tragedy of the commons)'에 이론적 토대를 두고 생태문제를 제기하면서 목축민들의 과도방목으로 목초지와 환경의 퇴화가 발생한 것으로 분석하는 경향을 보인다. 인구 및 경제적 수요의 증가에 따라 가축 수를 극대화하려는 개별 목축민들의 목축이 사막화를 촉진하는데, 잘못된 초원 관리가 사막지역의 확장을 야기하는 것으로 분석되었다(Fratkin, 1997; Lamprey, 1976).

하딘의 '공유지의 비극' 가설은 토지 사유화와 가축 생산의 상업화에 합리적 이유를 제공했다. 개발자들과 농업 연구자들은 인구증가에 따른 가축 생산성의 증가를 아프리카 빈곤의 주요한 문제로 보았다. 그들은 수자원 개발, 질병 통제, 방목지 개선 등에 자본을 투입하는 방식으로 문제를 해결하기보다는 수용능력 개념에 근거해 가축 수를 제한하자고 제안했다(Simpson and Evangelou, 1984). 심슨과 설리번(Simpson and Sullivan, 1984)은 목축과 관련된 합리적 토지 사용을 촉진하는 방법으로 토지의 사유화를 제안했다. 그러나 이러한 시도들은 대부분 성공을 거두지 못했는데, 초원생태계와 그 변화의 원리를 제대로 이해하지 못한 채 공유지의 비극 가설과 평형 생태학의 관념에 기초해서 정책을 집행했기 때문이다.

초원지역 사유화의 근거로 사용된 하딘의 공유지의 비극 가설은 여러 학자가 비판했다. 초원의 공유 소유 체계는 예상했던 것보다 더욱 정교한 방식으로 사용자들의 접근을 막고 남용자들을 규제할 수 있다. 그뿐만 아니라 잘못 관리되었을 때 바로잡을 수 있는 규칙을 보유하고 있었다. 민족지 사례들(Blaikie and Brookfield, 1987; Jodha, 1987)은 공동체들이 공유지를 관리하려는 효율적인 규칙들을 보유하고 실천해 왔음을 밝혔다. 그리고 토지의 사유화 과정에서 공동체의 규칙이 효력을 상실하면서 과도한 토지 착취가 이루어졌음을 보여주었다. 따라서 하딘의 '공유지의 비극'은 실제로 아무런 공동체의 규칙이 없는 곳에서 발생하는 '열린 접근의 비극(tragedy of open resources)'과 더욱 가깝다고 할 수 있다(Bromley and Cernea, 1989).[14]

평형 생태학에서 비평형 생태학으로 관점이 변화하는 것 역시 건조지역과 초원지역에서 토지 퇴화와 사막화가 발생하는 원인에 대한 복잡성을 증가시켰다. 초기의 생태학적 연구들이 가정한 것은 생태의 안정과 균형이었다. 수용능력 개념에 따르면, 특정한 지역에서 수용할 수 있는 가축의 수는 제한적이며, 이러한 수용능력을 넘어설 경우에 토지의 퇴화가 발생하는 것으로 보았다. 결국 평형 생태학에서도 하딘의 가정과 마찬가지로 환경 악화의 원인은 목축민의 과도한 방목이라는 결론에 도달했다.

비평형 생태학에 따르면, 특히 초원이 위치하는 건조·반건조 기후지역에서는 지역의 생태계 내부적 요소보다는 강수량, 가뭄 등의 불규칙한 외부적 조건의 영향을 받는다. 따라서 건조지역의 토지 퇴화 현상은 반드시 목축민들의 가축 사육으로 발생하는 것은 아닐 수 있다. 수용능력의 관점에서는 외부적 교란은 퇴화 형태처럼 보일 수 있지만, 리질리언스(Holling, 1973)의 개념으로 바라보았을 때, 실제로는 장기간 생태계 변화상의 광범위한 변화로 볼 수 있다는 것이다. 따라서 건조지역은 오히려 '안정적인' 생태체계와 비교했을 때 기후적 동요와 불안정에 잘 대처해 왔다(Abel and Blaikie, 1990; Little, 1996)고도 볼 수 있다. 따라서 건조지역 생태계는 문헌들이 기술하는 것처럼 연약하지 않으며, 본질적으로 리질리언스가 높다(Hare et al., 1977; Little, 1996).

갤빈(Galvin, 2009: 189)은 배타적 토지 소유는 건조·반건조 지역에서의 지속가능한 토지 사용에 역효과를 가져온다고 주장했다. 사적인 토지 소유는 목축 양식이 포함하고 있는 무한성, 일시성, 지속적인 사

14 오스트롬(Ostrom, 1990)은 공동체의 집합적 차원의 제도 체계와 변화과정에 대한 분석으로 공동체 내 공유자원이 지속적으로 관리·유지되는 유연성을 보여주었다.

회정치적 경합과 같은 특성을 제한할 뿐만 아니라 체계를 더욱 고정된 것으로 만든다고 보았다. 사람들은 토지소유권을 보장받았지만, 정주로 야기되는 이익의 잠재적 손실과 막대한 생활방식의 변화를 감수할 수밖에 없는 상황에 놓이게 된 것이다.

이와 같은 논의와 비판들에도 불구하고 많은 건조·반건조 지역 국가들에서 초원지역 사유화는 점진적으로 증가하고 있다(Fratkin, 1997). 사용할 수 있는 토지의 사유화는 정주화를 야기할 뿐만 아니라 목초지 확보의 감소로 가축 사육의 집약화 또는 생계의 다변화 등의 대안책이 필요하게 되었다. 따라서 목축민들은 그들의 경제활동을 농업, 임금노동, 사업에까지 다양화할 수밖에 없었다(Little et al., 2001).

특히 아프리카에서 일찍이 사유화 과정을 겪은 것과 달리 사회주의 국가였던 중국, 소련, 몽골에서는 1980-1990년대까지도 집체적 생산제도 속에서 집단적으로 목축이 이루어졌다(Fratkin, 1997: 248-250). 1980-1990년대 시기 이들 국가들에서는 탈사회주의·탈집체화의 과정을 거치면서 토지의 관리와 소유권의 변화가 생겼으며, 계획경제에서 시장경제로 편입하는 과정에서 목축민들과 목축 체계에도 변화가 일어났다.

중국에서는 개혁개방 이후 농촌에서 농지가 분배되었던 것과 마찬가지로, 초원지역에서는 초지가 분배되었다. 네이멍구에서는 1980년대에 개별가정에 가축과 토지를 분배했다. 가축은 집체의 공동 소유에서 개인 소유로 바뀌었으며, 원하는 대로 가축을 사고팔 수 있게 되었다. 그리고 토지가 개별가정에 분배되었음에도 여전히 관습적으로 공동으로 방목되던 초지는 1990년대에 이르러 분배된 토지에 철소방을 둘러 경계를 명확히 하고, 개인의 관리권을 확정하는 방향으로 나아갔다.

전통적인 유목생활에서 사회주의 집체적 생활로 전환한 사회주의 국가의 목축민과 목초지는 다시 한번 탈사회주의 시기의 급변하는 환경 속에 놓이게 되었다. 기후적 변동성이 큰 건조·반건조 초원지역에서 목축민들은 비교적 규모가 작은 유목으로 적응력을 유지해 왔다. 그러나 정주화(sedentarization)로 인한 이동성의 감소와 시장경제 참여에 따른 목축의 집약화(intensification)는 기후조건이 좋을 때는 생계 규모의 확장에 문제가 없었지만, 가뭄과 같은 예외적 상황에 탄력적으로 대처하기 어려운 생활방식임이 드러났다(McPeak and Little, 2005).

그뿐만 아니라 이와 같은 급격한 변화 속에서 목축민 사회의 분열(fragmentation)은 목축민들의 사회적 네트워크, 호혜적 권리와 의무의 실천방식의 변화 역시 가져왔다(Galvin, 2009: 191-2). 경제적 기준에 따라 계층분화가 일어나면서 목축민 사회에서 유지되었던 초지 사용에 대한 규범과 관습은 약화되고, 관습적 관계는 경제적 논리로 대체되었다. 친족이나 교우 관계 역시 호혜적 관계에서 반(半)경제적 관계로 변화하는 양상이 보이기도 하였다. 중국 네이멍구의 몽골족 목축민들 사이에서는 호혜적인 관계 속에서 유지되던 '가뭄 시 가축에게 목초를 공급하기 위해서 초지 상황에 따라 서로의 지역을 오가며 목초지를 이용하던 관습(走傲特)'은 많은 비용을 지불하고 토지를 임대하는 형태로 바뀌었으며, 위험을 감수하고 이전보다 더 먼 거리를 이동하더라도 부족한 초지를 빌리기 어려운 상황에 놓이는 일이 늘어나게 되었다(李文軍·張倩, 2009).

시장의 수요에 맞추어 사육하는 가축의 종이 단순화되거나 새로운 종이 도입됨에 따라(荀麗麗, 2009; Mearns, 2004) 목축민들의 생활양식과 초원의 관리 및 운영방식은 변화하게 되었다. 또한 목축의 집약적 운영과 개간을 통한 농경지의 증가는 인구증가와 더불어 한정된 초원 이용에 대한 압력과 갈등을 증가시켰다(Western, 2001).

중국에서는 중화인민공화국 성립 이래 중농정책을 펼쳐왔으며(Smil, 1987), 농민들의 목축지역 이주와 경작지의 확대는 초원 토지 이용 압력을 증가시키는 큰 요인으로 작용하였다(Jiang, 2006). 목축의 집약화 과정에서 부유한 목축민들은 부를 더욱 증가시켰다. 그러나 가난한 목축민들은 자신의 초지와 가축으로는 생계를 유지하기 어려워짐에 따라 다른 목축민들을 대신하여 가축을 관리하거나 도시로 이주하여 임금노동에 종사하게 되었다(Williams, 2002). 이러한 과정에서 기존의 사회주의 국가에서 제공되었던 목축민들에 대한 정부의 지원은 줄어들고, 자력으로 해결해야 할 것이 증가하였다. 중국 변방의 인구 과소 지역 목축민들은 의료, 교육 등의 사회 인프라와 관련된 혜택에서 소외되었다.

이상에서 탈사회주의 초원지역의 최근 변화는 정주화, 토지 운영 방식의 변화, 생활양식의 변화, 사회적 자본과 제도의 약화 등으로 정리될 수 있다. 목축지역의 사회적·환경적 체계의 변화와 기후변화, 건조지역 기후의 변이성은 복잡하게 연관되어 있다. 그래서 이 현상들은 다양한 행위자가 다중적인 스트레스들에 대응하는 과정에서 나타나는 것이기도 하다(Nelson et al., 2007). 소수민족인 몽골족이 거주하는 중국 네이멍구 초원지역에서도 예외는 아니다. 목축지의 공동 재산 체제는 공유지의 사유화로 붕괴되었다. 정주화는 목축의 계절적 이동의 감소를 야기하였고, 농업은 초원을 잠식하고 있다. 기후는 변화하고 그 변이성 역시 증가한다. 석탄을 비롯한 경제발전을 위한 자원의 개발은 초원의 식생을 파괴하고 있다. 게다가 목축경제는 지역경제를 넘어서 국민국가뿐만 아니라 글로벌한 변화를 반영하게 되었다(Williams, 2002). 또한 환경에 대한 인식이 증가하고, 사막화를 방지하기 위한 정부의 정책이 시행되면서, 초원에서 생계를 유지하는 목축민들의 생활양식, 경제, 사회에도 변화를 가져오게 되었다(이강원, 2005, 2007; 이선화, 2012; 王曉毅, 2009). 예측할 수 없는 가뭄과 같은 변동 폭이 큰 기후변이 속에서도 초원은 다시 푸른 싹을 피워내듯이, 이러한 변화 속에서도 초원에서 생활하는 몽골족 목축민들 역시 탄력적이고 적응적으로 생활해 나가고 있다. '초원목계'의 닭이 초원에 등장한 사건은 적응성을 보여주는 현상인 동시에 리질리언스를 더욱 높이려는 시도로 과학자들이 제안한 것이다.

3. 초원 네트워크 따라가기

초원의 생태와 사막화를 다루는 이 글은 사람, 사물, 은유, 이야기, 갈등 또는 논쟁을 추적하면서 시작된다. 필자가 '사막화'를 연구하기로 결정한 이후 처음으로 네이멍구를 방문한 것은 박사과정 1학기였던 2008년이었다. 대학생 40여 명과 함께 방중봉사단으로 네이멍구의 다라터기(達拉特旗) 지역을 방문하여 식수 활동을 했다. 그때 함께한 단체는 '한중미래숲'이라는 한국의 NGO였다. 당시에는 꽉 짜인 일정에 맞추어 나무를 심고 돌아왔다. 분위기를 파악하기 위해 마을을 둘러보거나 사람들을 만나 이야기를 나눌 기회는 거의 주어지지 않았다.

2년 정도 시간이 흐른 뒤 현지조사를 하려고 중국사회과학원의 방문학자로 가게 되었다. 2010년 3월부터 4월 사이에 사회과학원 인류학연구실 교수의 소개로, 사전정보가 거의 없이 기차를 타고 한 지역을 방문하게 되었다. 그곳은 바로 2년 전에 한중미래숲과 나무를 심었던 지역이었다. 2년 뒤 같은 시기, 같은 지역에서 필자는 일본 환경활동가와 목한기에 아르바이트로 식수를 하는 마을 주민들과 다시 나무를 심었다. 두 번의 여행으로 외부에서 온 사람이 사막화 방지에 대해 물으면 반복적으로 같은 곳으로 보내진다는 점을 알게 되었다. 그곳은 한국과 일본에서 온 여러 연구자와 방문자들이 사막화 방지 활동을 참관하는 '증인'으로 세워졌다.

이후 중국사회과학원 사회학자의 소개로 초원의 환경관리를 전공하는 대학원생들을 소개받았다. 이번에는 츠펑(赤峰)에 있는 현장을 그들과 함께 방문했다. 그들은 초원의 목축민들이 초원을 어떻게 이용하고 관리하는지에 관심을 가지고 연구를 진행하고 있었다. 앞의 식수 활동과 달리 연구자들이 연구하는 곳이라는 점에서 사막화 방지 연구 실천 상황을 직접 관찰할 기회였으나 설문조사에 의존하는 연구이다 보니 기간이 너무 짧았다.

각기 다른 행위자들을 따라간 위의 두 지역에서는 초원과 사막화를 둘러싼 논쟁의 다양성을 파악하기 어려웠다. 우선 두 지역 모두 과학자들의 연구와 실천을 지속적으로 관찰하기가 어려웠다. 주민 대부분이 한족이어서 목축을 기반으로 하는 몽골족의 생활양식 변화 모습과 몽골족/한족 종족 문제의 쟁점을 다루기도 어려웠다. 무엇보다 복잡한 논쟁을 잘 드러내면서 인간과 비인간의 역동적인 연합을 기술할 수 있는 장소를 발견하는 데 제한적이었다.

그래서 새롭게 사회과학원 인류학연구실 교수에게 소개를 받은 곳이 중국과학원 식물연구소였다. 식물연구소는 네이멍구 시린하오터(錫林浩特)에서 네이멍구초원생태연구기지(中國科學院內蒙古草原生態系統定位硏究站, The Chinese Science Institute, Inner Mongolia Grassland Ecosystem Research Station)를 운영하고 있다. 이곳은 과학자들 간의 이슈와 연구 활동의 실천을 볼 수 있다는 점에서는 매력적이었으나 1950년대 한족이 집단 이주한 지역으로 몽골족은 거의 살지 않았다. 그러나 중국 최대 초원연구기지에서 실시된 중국과 해외 과학자들의 실험은 필자의 관심을 끌기에 충분했다. 이곳에서 체류하는 동안 초원에 대한 많은 지식을 습득하고 과학적 모델과 논쟁을 이해하게 되었다. 2010년 7월부터 10월까지 약 석 달간 체류하는 동안 전형초원(典刑草原)[15]에서의 실험과 연구, 1950년대 이후 국가정책에 따라 이곳으로 이주해 온 이래 목축과 농업에 종사하고 있는 한족의 생활양식, 초원연구기지 설립 이후 발생한 토지 임대, 과학자와 실험에 참여한 지역주민들의 상호작용을 살펴보는 기회가 되었다. 이러한 경험은 이후 연구를 수행하는 데 도움이 되었으며, 본격적으로 진행될 현지조사 자료의 비교자료가 되었다.

과학자들은 비교적 초지가 잘 발달하고 목축이 여전히 활발한 전형초원보다 황막초원 지역이 사막화를 연구하기에 좋다고 조언해 주었다. 시린하오터 기지에 체류한 지 2개월여가 지난 2010년 9월에 중국과학원의 과학자는 필자의 연구주제에 더 적합하다고 생각되는 현지를 소개해 주었다. 그곳이 바로 본격적인 조사를 하게 된 중국과학원 식물연구소 훈산다커 사지(渾善達克沙地)의 생태 연구기지이다(그림 1-1). 이 기지는 시린하오터 기지와 함께 베이징에 본원을 둔 중국과학원 식물연구소의 네이멍구 실험기지 중 하나였다. 시린하오터 기지보다 규모는 작다. 훈산다커 사지의 변방에 있으며 분류상 황막초원에 해당하는데, 기지가 위치한 바인후수(白音胡舒) 마을은 몽골족 자연촌락으로, 대대로 소와 양을 목축하며 생활해 왔다.

필자는 훈산다커 사지의 바인후수 마을에서 과학자, 몽골족/한족, 황막초원의 풀과 나무, 소와 양과 같은 가축 등의 다양한 행위자가 함께 어우러져 나타남을 발견했다. 필자가 바인후수를 현지조사지로 결정하게 된 주요 요인은 기존에는 생각하지 못했던 아이디어, 즉 과학자

15 중국의 초원 유형은 대표적으로 황막초원(荒漠草原), 전형초원(典型草原), 습지초원(草甸草原)으로 나뉜다. 황막초원은 초원 중에서 가장 건조한 지역으로, 연강수량이 200밀리미터 정도이며, 건생(乾生)의 화본과(和本科) 식물과 관목으로 구성된다. 전형초원은 황막초원과 습지초원의 중간 정도 연강수량(250-450밀리미터)에 총생(叢生) 화본과 식물이 주를 이룬다. 습지초원은 연강수량(350-450밀리미터)이 가장 많은 편이며, 다년생 총생 화본과 식물이 주를 이룬다. 초원 유형이 후자로 갈수록 강수량이 증가하며, 풀의 높이가 높아진다.

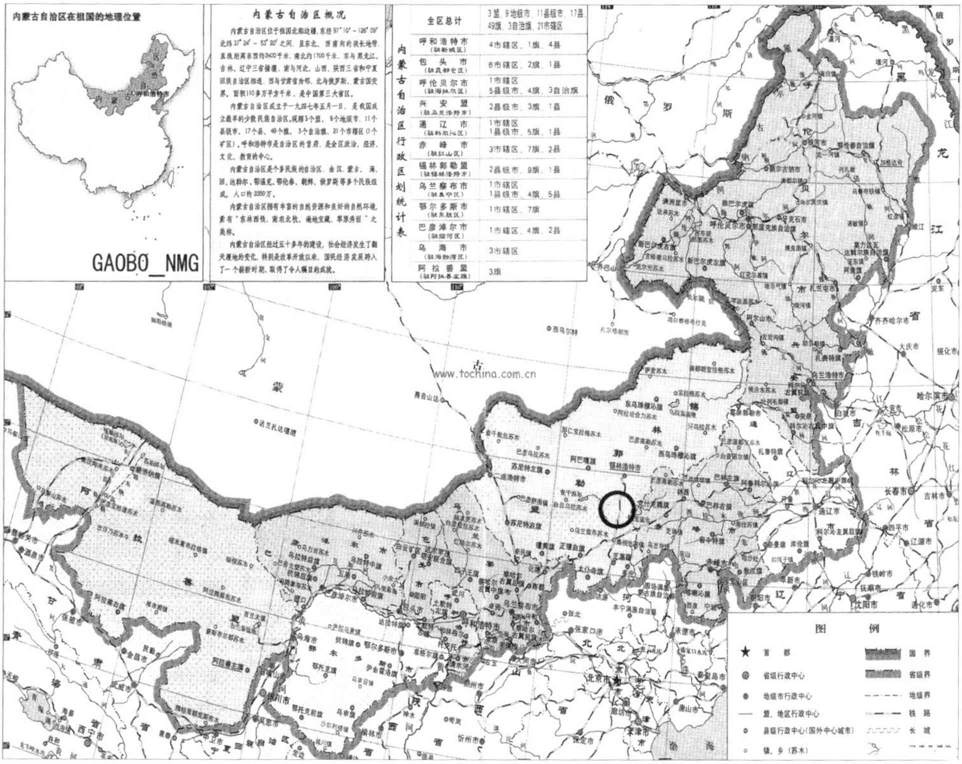

[그림 1-1] 네이멍구 전도

출처: http://www.onegreen.net/maps/m/neimenggu.html * 검은색 원 안이 연구지역

의 제안으로 사막화를 방지하기 위해 마을의 목축민들이 닭을 방목하는 실험시범사업을 진행했기 때문이다. 따라서 이곳에서 닭을 중심으로 위와 같은 다양한 행위자가 사막화 방지와 초원 회복을 위해 상호작용하는 모습을 역동적으로 파악할 수 있겠다고 생각했고, 이렇게 바인후수는 필자의 현지로 결정되었다.

필자의 핵심 현지는 이렇듯 여러 네트워크를 따라가는 과정에서 결정되었다. 현지에 다가가기까지는 2008년부터 2010년까지 2년이 걸렸다. 옮겨 다닌 장소 역시 한중미래숲을 통해 갔던 다라터기, 일본 환경활동가를 따라간 또 한 번의 다라터기, 중국사회과학원 사회학자의 소개로 대학원생들을 따라간 츠펑, 중국과학원 과학자의 소개로 3개월간 머문 시린하오터, 마지막으로 훈산다커 사지의 바인후수에 이른다.

이상의 이동에서 다음과 같은 연구 목적과 부합하는 곳을 만나게 된 것이다.

이 글은 사막화 위기에 처한 중국 네이멍구 초원지역에서 사막화를 방지하기 위해 몽골족, 과학자, 닭, 가축들, 초원 등의 행위자들이 서로의 이해관계를 번역함으로써 초원생태가 구성되는 과정을 기술하는 것을 목적으로 한다. 특히 초원 사막화를 방지하기 위해서 도입된 닭이 초원생태계의 새로운 행위자로 역할을 공고히 함으로써 과학기술, 생태경제, 소수민족의 생활양식, 환경윤리 등이 재구성되는 과정에 초점을 맞추었다.

위의 질문에 대답하기 위해 2008년 3월 말-4월 초, 2010년 3-4월의 2개월 예비조사를 거쳐 2010년 6월부터 2012년 1월 사이 약 17개월간, 2016년 8월, 2018년 7월 베이징 중국과학원 식물연구소, 네이멍구 시린궈러맹(錫林郭勒盟) 정란기(正藍旗)에 위치한 중국과학원 식물연구소의 훈산다커 사지 생태 연구기지 그리고 연구기지가 위치한 바인후수 마을을 중심으로 현지조사를 진행했다.

중국과학원 식물연구소는 중국 서북부 지역의 초원과 사막화 연구로 특화된 자연과학 연구기관으로, 네이멍구를 비롯한 북방 건조지역에 10여 개의 야외 실험기지를 운영하며, 중국에서 초원 과학기술 지식 및 정책 제안에 있어 핵심 역할을 담당하고 있다. 중국과학원 식물연구소의 네이멍구 초원연구기지 중 하나인 훈산다커 사지 생태 연구기지는 초원과 사막화에 대한 식물학, 동물학, 기상학, 생태학 등 다방면의 초원 현지 실험 연구를 진행하고 있다. '훈산다커 사지'라는 기지명의 수식어에서도 드러나듯이, 기지는 황막초원 유형을 대표하는 훈산다커 사지의 변방 지역에 있는 까닭에 황막초원의 특성을 밝히는 다양한 연구가 이루어지고 있다.

연구기지가 위치한 시린궈러맹 정란기의 바인후수 마을은 네이멍구 동북쪽에 위치한 후룬베이얼(呼倫貝爾)과 함께 대표적인 순(純) 목축 지역이다(Sneath, 2000: 1). 마을 사람들은 대부분 소나 양을 기르는 목축에 종사한다.

현지조사를 진행하던 2010년, 마을 인구수는 105호, 342명으로, 그중에 한족은 11호, 53명으로 나타났다. 몽골족이 약 85%이며, 한족은 나머지를 구성하고 있다. 마을 사람들은 몽골어와 중국어를 동시에 사용한다. 마을의 청장년층은 중국어를 구사하지만, 연장자인 70대 이상 노인들은 중국어를 알아듣지만 잘 말하지 못하는 경우도 있다. 몽골족이 마을 사람들 중 다수를 이루기 때문에 이 마을의 한족들은 대부분 몽골어를 구사할 수 있지만, 외지에서 온 한족 며느리들은 몽골어를 잘 알아듣지 못하거나 조금밖에 구사하지 못한다. 일상생활에서 사람들은 대부분 몽골어에 기반을 두고 중국어가 섞인 형태로 대화를 나눈다.

필자는 몽골어로는 간단한 의사소통만 가능했기에 주로 중국어를 사용해서 현지조사를 진행했다. 여기에 필요한 면담의 질문과 대답은 중국어로 했으며, 나이 든 사람들을 만나서 이야기할 때는 젊은 사람들에게 통역을 요청하기도 했다. 참여관찰의 많은 부분에 연구기지의 한족 연구원들과 몽골족 마을 사람들이 함께 있어서 중국어가 사용되는 현장이었으며, 참여관찰의 나머지를 구성하는 몽골족 마을 사람들 간의 상호작용은 부족한 몽골어 실력과 젊은 몽골족 마을 사람들의 통역 그리고 인류학자의 눈치와 반복되는 질문을 바탕으로 관찰하고 기록했다.[16]

중국과학원 식물연구소의 훈산다커 사지 생태 연구기지는 2002년 바인후수 마을에 세워졌다. 중국의 황막초원 지역은 다른 초원에 비해 기후와 토양·식생 조건이 열악한 초원과 사막의 과도기적 상태의 유형으로 사막화가 일어나기 쉬운 자연적 조건을 가지고 있다. 중국과학원 식물연구소는 2001년 바인후수 마을에서 사막화를 방지하기 위해 실시한 보호구역의 제정과 시행에 직접 관여한 이래 이 지역에서 실험과 연구를 지속해 왔다.

생태 연구기지에서 다양한 프로젝트를 진행하고 실험활동을 하면서 과학자들과 마을 주민들의 상호작용이 지난 10여 년간 지속적으로 이루어져 왔다. 따라서 과학자들은 바인후수 마을의 자연적 조건을 상세히 파악했을 뿐 아니라 초원정책의 변화에 따른 목축민들의 어려움을 가까이에서 접할 수 있었다. 이러한 이해를 바탕으로, 2009년 중국과학원 식물연구소의 과학자들은 초원의 사막화를 방지하면서도 목축민들의 경제적 어려움을 해결하는 방편으로 초원에서 닭을 방목하는 실험시범사업을 제안하고 또 실시하게 되었다.

이 글은 인류학의 주된 방법인 민족지적 접근을 따르지만 특정 집단이나 한 지역을 연구대상으로 제한하지 않았다는 점에서 기존에 수행된 대부분 인류학 연구와 구별된다. 필자는 이 글에서 제기되는 질문들에 대한 좀 더 적절하고 풍부한 대답을 찾기 위해 한 집단이나 장소에 머무르기보다는 초원의 생태와 사막화 관련 행위자들과 논쟁 지점을 따라가는 '다현지 민족지(multi-sited ethnography)'(Marcus, 1995)를 수행했다.

필자는 초원목계, 즉 닭을 매개로 하여 초원과 사막화를 둘러싼 모든 행위자와 논쟁이 엮이는 지점들을 보여주기 위해 닭의 동선을 따라 다양한 행위자, 논쟁들, 현지들을 이동하며 연구를 진행했다. 베이

16 이중 언어 사용 지역에서 한 언어를 중심으로 현지조사를 진행했다는 점은 이 글의 한계임을 밝힌다.

징 중국과학원 과학자들의 프로젝트 제안서에서 출발하여 네이멍구의 기지와 목축마을에서 진행된 실험, 시범사업의 실행과정을 거쳐 닭 사육이 완료되어 네이멍구에서 베이징으로 운송되어 판매점에서 가공을 거쳐 소비자들에게 판매되는 과정을 살펴보았다. 또한 시범사업의 결과물이 실험·분석을 거쳐 학술지에 게재되고 동료 과학자들에게 발표되는 것은 물론 정부 초원정책에 반영되기까지 닭을 따라 다양한 장소에서 수많은 행위자와 논쟁을 조사했다.

먼저, 필자가 과학자들을 따라서 초원에 접근하는 과정은 단순히 '따라가는' 것에 머물지는 않았다. 각각의 지점에서 여러 행위자와 불일치하거나 대립되는 의견을 조율하면서 현지를 이루는 지점들의 수를 늘려나가야 했다.

네이멍구의 과학실험기지에서 과학자들을 따라다니면서 그들의 실험을 관찰하고 그들의 연구에 대해 물었을 때 왜 인류학자가 이러한 것들이 궁금하냐는 질문을 받았다. 그리고 "목축민 몇 명의 설문조사 결과가 필요한가요? 질문지를 주면 내가 실험하러 나갈 때 실험구역(樣地) 앞에 사는 마을 사람들에게 받아다 주겠습니다"라고 대답하기도 했다. 과학자들이 흔히 생각하는 인문사회과학 연구자는 설문조사로 목축지역의 경제적 여건을 조사하는 사람이었던 것이다.

과학자와 인류학자의 시각 차이는 통계수치를 요구하는 과정에서도 드러났다. 프로젝트 책임자이며 네이멍구 시린궈러맹 정란기의 부기장(副旗長)을 지낸 바 있는 리융겅(李永更) 연구원은 필자의 편의를 위해 원하는 통계자료를 자신이 대신 기(旗) 정부를 방문했을 때 받아다 주겠다고 했다. 필자는 그동안 생각해 두었던 통계자료 목록을 만들어 과학자에게 메일로 보냈다. 그런데 과학자는 내가 보낸 정리가 되지 않은 목록으로는 자료를 구해줄 수 없다며 다시 필요한 자료를 일목요연하게 정리해 달라고 요구했다. 리융겅과 이메일을 주고받으면서 필요한 자료를 협상해 가던 중 다음과 같은 답장을 받았다.

> "感覺很多地方操作性比較差(많은 부분에서 조작성이 비교적 떨어진다고 느껴집니다)."

과학자는 정리된 표에 행에는 원하는 통계수치의 제목을 쓰고, 열에는 원하는 시기에 해당하는 연도를 기입해서 한눈에 알아보고 수치를 기록하도록 요구했다. 그리고 원하는 통계자료 수치의 항목에는 그에 맞는 단위(예를 들어 명, 킬로그램, 헥타르 등과 같은)를 기재할 것을 요구했다.

과학자의 요구에 맞추기 위해 평소에 만들어보지 않았던 표를 새로 만드는 작업을 하느라 몇 날 며칠 고민했다. 과학자와 표 수정본의 요구사항을 지적하는 이메일이 오고 갔지만 과학자의 의도와 말뜻이 이해되지 않았다. 정리도 안 된 표를 가지고 고심하다 그의 학생인 또 다른 예비 과학자에게 도움을 요청하여 수차례 토론을 거친 후에야 비로소 표를 완성할 수 있었다. 그리고 이 표는 과학자의 '오케이' 사인을 받을 수 있었다.

과학자를 통해 초원목계에 이르는 접근 과정은 '위로의 연구(studying up)'(이강원 외, 2013)에서 자주 언급되는 접근의 어려움과도 연관된다. 특히, 필자가 작성한 표와 과학자가 작성한 표의 차이는 두 연구 집단 간 초원과 관련된 여러 행위자를 어떻게 바라보는지에 대한 관점 차이를 부각시켰다. 필자가 직면한 것은 필자 관점에 문제를 제기하는 과학자의 '반대(objection)'(임소연 외, 2013)였다. 반대에 직면한 필자는 표를 만드는 과정에서 과학자와 이메일을 주고받고, 직접 찾아가 이야기를 나누고, 대학원생의 도움을 받아 인류학자가 원하는 내용과 과학자가 원하는 형식에 맞는 표를 맞추어 갈 수 있었다. 결국, 과학자와 필자가 협상하며 함께 만들어낸 이 표는 초원에서 현지 연구를 하는 데 중요한 길잡이가 되었다.

이 과정은 조사 당시에는 번거로운 일로만 느껴졌지만 과학자들의 실험과정, 자료, 논문을 분석하면서 어떻게 표가 만들어지고 그 안의 수치들이 채워지는지를 직접 글을 작성하는 과정에서 이해하게 되었다.

이렇게 학문적 배경이 서로 다른 과학자와 인류학자의 만남으로 시작된 연구는 네이멍구 훈산다커 사지에 위치한 생태 연구기지를 중심으로 하여 이루어졌다. 필자는 네이멍구의 초원 위에서 과학자, 기술원, 목축민들이 함께 진행해 나가는 실험시범사업에 참여해 관찰했을 뿐만 아니라, 과학자들이 초원에서 진행한 실험과 처리과정 역시 직접 참여하고 기록했다. 또한 베이징에서 있었던 실험 결과의 정리, 도출, 토론, 출판, 학술대회에 참여해 의견을 교환했으며, 프로젝트·연구기지 운영과 직접 관계된 과학자들과도 심층 면담을 진행했다. 여름에는 실험과 시범사업이 진행되는 네이멍구 연구기지를 중심으로, 겨울에는 과학지식의 생산과 학술대회 교류가 활발한 베이징의 연구센터를 중심으로 조사했다.

필자는 프로젝트 안팎에서 참여하는 마을 목축민들에게 일어난 변화에 대해서도 면담과 참여관찰을 실시했다. 먼저, 바인후수 마을 목축민들은 프로젝트 이전에 어떤 방식으로 목축을 하고 생활을 해왔는지 기본적인 조사를 했다. 특히 사막화 방지와 초원 보존정책의 변화에 따라 겪게 된 목축민들 삶의 변화를 중심으로 조사를 진행했다. 그리고 초원목계가 도입되는 과정, 도입된 이후 마을 사람들에게 나타난 변화상을 중심으로 살펴보았다.

또한 마을 목축민의 목축, 풀베기와 쌓기 등과 같은 생계활동, 나담과 같은 축제와 결혼식 등의 의례활동에 참여했으며, 목축민들과 함께 생활하면서 공식적·비공식적인 대화나 면담을 진행했다. 마을 주민들 가운데 서기와 촌장을 포함하여 30여 가구를 직접 방문하여 생활을 살피고 심층 면담을 했다.

네이멍구에서는 마을 목축민들의 생계와 생활, 닭 방목과 실험시범사업의 과학지식, 양계의 생산 부문을 중심으로 조사했다면, 베이징에서는 초원비계의 운송과 판매 그리고 소비 부문에 대한 조사와 중국과학원 식물연구소 본원의 실험과 학술대회, 출판을 중심으로 조사를 진행했다.

닭을 사육해 도살이 끝난 10월 이후에는 네이멍구에서 베이징으로 이동하여 판매점을 중심으로 가공과정, 판매회사 운영, 소비자와 광고 등 생산과 소비가 연결되는 지점을 중점적으로 연구했다. 이 과정에서 판매책임자, 판매직원과 함께 가공·판매과정에 참여하고, 소비자를 면담했으며, 닭이 유기농 인증을 받고 상품으로 다양한 곳에 판매되기까지 과정을 분석했다.

그에 더해 중국과학원의 학술발표, 연구논문, 생태 프로젝트 제안서와 결과보고서, 정부 초원정책 제안서 등과 같은 문헌자료를 분석했다. 수도이자 학술연구의 중심지인 베이징에서는 중국과학원 식물연구소 연례학술대회, 초원 지상/지하생태계 학술대회, 기후변화와 초원생태계 학술대회 등 초원과 관련된 다양한 학술대회에 참여했으며, 지난 30여 년의 연구성과를 볼 수 있는 각종 학회지에 게재된 연구논문들을 살펴보았다. 연구논문들은 단순히 결과물의 차용에 그치지 않고, 네이멍구 실험기지의 실험장소 선택, 실험설계 및 진행, 표본 채취, 처리, 측정에 이르기까지 실험과정에서 표, 도표, 그래프와 같은 수치화와 분석과정이 어떻게 논문에 반영되는지 과학지식 생산과정까지 살펴보았다.

그뿐만 아니라 과학자들이 '초업특구(草業特區) 건설계획'과 같은 정부 초원정책에 어떠한 과학적 연구 및 초원목계 프로젝트와 같은 실험시범사업의 성과를 반영하여 제안하는지도 살펴보았다. 여기서는 2001년과 2005년에 네이멍구에서 진행된 국가 규모의 초원 복원프로젝트의 작업 제안서, 진행과정, 결과보고서까지도 포함한다. 이와 더불어 중앙정부와 네이멍구 지방정부 단위의 초원정책 변화를 살펴보기 위해 목축국과 농업국에서 발행된 정책자료 역시 분석대상에 포함시켰다.

4. 어떤 내용을 다루나

제2장 '네이멍구 초원에 닥친 위기와 사막화 논쟁'에서는 사막화 논쟁 과정과 중국 초원정책의 변천 속에서 사막화를 방지하기 위한 이해관계 당사자들의 구성이 정책의 변화에 따라 어떻게 달라졌는지를 조사지 마을의 사례에서 구체적으로 살펴본다.

네이멍구 황막초원의 경관과 사막화를 둘러싼 이해관계 당사자들은 중국의 사막화 원인에 대한 논쟁의 전개에 따라 그 부류와 수를 달리해 왔다. 논쟁에 관련된 이해관계 당사자들은 인간 집단뿐 아니라 다양한 사물 집단도 포함해서 사막화가 자연적 원인 또는 사회적 원인 그 어느 쪽만으로 설명될 수 없는 복잡한 성격을 지녔음이 드러난다. 필자는 네이멍구 훈산다커 사지에 있는 연구지 마을을 중심으로 지난 10여 년간 실시된 사막화 방지를 위한 제안과 실천을 검토함으로써 초원의 위기, 즉 사막화를 구성하는 행위자나 집단이 어떻게 변화되었는지를 구체적으로 되짚어본다. 그럼으로써 어떻게 중국과학원 생태학자들이 제안한 초원목계 프로젝트가 기존의 사막화 방지 정책들의 한계를 넘어서 궁극적으로 위기에 처한 초원의 행위자들에게 해결의 실마리를 제시하는지를 기술한다.

제3장 '실험시범기지를 만들다'에서는 초원목계 프로젝트가 실험시범기지의 형성으로 실행되는 과정을 보여준다. 생태학자들은 초원에 통제된 환경을 구축하고 닭을 방목해서 기르는 실험으로 가금이 가축을 대신할 때 초원생태계에 나타나는 초원의 변화에 대한 연구를 진행해 왔다. 이어서 생태학자들은 몽골족 목축민들에게 닭의 사육방법과 기술을 교육한 이후 실험환경에서 벗어나 대규모 시범 사육사업을 실시하기에 이르렀다. 닭 사육 시범사업과정에서 과학자와 기술원, 목축민 그리고 닭, 초원은 예상치 못한 난관과 마주하게 되고 그에 대한 해결책을 제시한다. 이 과정에서 몽골족들은 소를 사육하는 습관에서 벗어나 닭을 사육하는 삶의 방식을 습득하게 되는데, 초원에서의 닭 사육이 몽골족들의 생활양식 변화로 연관되는 과정을 살펴볼 수 있다. 사계절과 하루를 기준으로 전통적으로는 소와 양의 목축에 익숙한 몽골족들은 닭을 기르기 위해 '소시계'에서 '닭시계'로 자신들의 시공간 패턴을 변형시켜야 했다. 이 장에서 필자는 몽골족들이 시행착오 속에서 어떻게 타협하며 변화해 나가는지를 분석한다.

제4장 '생태 모델의 모범적 전시장'에서는 이해관계 당사자들, 특히 생태학자들과 몽골족들 간 이해관계의 충돌과 갈등에도 불구하고 궁극적으로 생태 모델을 전시하기 위해 협상과 타협으로 공동의 이득을 추구할 수 있다는 점을 보여준다. 또한 초원목계 프로젝트가 생태 모델로 등장하게 되는 순간을 기술한다. 다음으로, 중국 모델이론의 변천 속에서 '생태 모델'의 위치를 가늠해 본다. 마지막으로, 과학자와 목축민은 이해관계의 대립 속에서 어떻게 타협했으며 그 과정에서 과학자와 목축민이 생태 모델을 유지하고 변형하는 데 어떻게 협력했는지 살펴본다. 이렇게 해서 부분적으로 또는 일시적으로나마 합의된 것으로 재현되는 생태 모델이 어떻게 미디어의 네트워크를 따라 다른 지역

으로 이동하게 되었는지를 살펴본다.

제5장 '이산화탄소를 줄이고 수익을 늘려라'에서는 사막화 방지와 초원목계 프로젝트의 과학지식 생산과 실천을 기술한다. 초원은 실험구역에서 채취, 측정과 같은 실험활동으로 이동이 가능한 형태로 변형된다. 봉인된 표본이나 수치로 변형된 초원은 실험실에서 논문의 표와 그래프로 재현되고, 비교 가능한 형태로 형식화된다. 이어서 생태학자의 연구는 다른 연구실에서 나온 참고문헌과 동맹해서 초원목계 프로젝트의 실현 가능성에 대한 주장을 강화하는 데 동원된다. 이 과정에서 생태학자들이 그려내는 이상적인 초원생태계의 그림으로서 새로운 세계상(cosmograms)이 제시되고 있다. 이 세계상은 초원목계 프로젝트 실행의 청사진 위치에 자리 잡게 된다.

제6장 '초원목계의 생태계'에서는 초원목계를 통해 어떻게 초원뿐 아니라 도시적 삶의 양식 자체가 변화될 수 있는지를 보여준다. 생태학자는 과학적 성과를 학술대회에서 발표하고 논문으로 출판함으로써 초원목계의 생태계를 학술 공동체에서 인정되는 지식으로 정식화한다. 논문과 보고서에서 생태학자들은 초원목계가 사막화 방지와 초원의 경제적 편익 창출에 효과가 있다는 점을 주장한다.

이러한 주장을 인정받아 초원목계는 중국과학원 차기 5개년 정부 대규모 프로젝트의 주요한 과제인 '초업특구 건설계획'의 모범 사례로 제시되었다. 네이멍구와 베이징에서는 초업특구를 시행하기 위한 다방면의 토론회와 공청회가 진행되었다. 기존의 경제발전과 생태보존 사이에서 지속적인 갈등을 겪고 있는 중국 초원정책을 평가하고 제기된 갈등을 어떻게 해결하고 새로운 정책 제안으로 확장할지 그 실현 가능성과 과정을 기술한다. 다음으로, 초원비계의 생산-유통-소비 시스템의 정착과정을 분석한다. 초원비계는 네이멍구에서 사육과 도축이 이루어져 베이징 판매회사로 운송된 뒤 전국적으로 판매되는 유통구조를 가지게 되었다.

중국에서는 유기농 식품에 대한 미디어의 선전과 식품 안전 담론이 급격하게 확산하고 있다. 이러한 확산은 소비자들의 초원비계 수요 증가 요인으로 작용했다. 그리고 유기농 식품 시장의 혁신을 초래했다. 몽골족에게 닭 사육은 전반적 생활양식의 변화를 의미하는 것이며, 이는 과학자들의 의도나 계획과 달리 시행착오 속에서 얻어지는 실천적 지식이다. 그 결과 몽골족들은 초원 보존에 위배되지 않으면서 전통 목축의 열악한 판매구조에서 벗어나 고급시장을 겨냥한 유기농 닭과 달걀의 판매로 새로운 수익을 창출한다. 결국 초원목계 프로젝트를 실행하는 과정에서 무관해 보였던 초원과 도시가 긴밀한 동맹관계 속에서 사막화 방지에 기여하는 것이다.

제2장

네이멍구 초원에 닥친 위기와 사막화 논쟁

1. 네이멍구로 가다

1) 황막초원의 경관

승용차 운전석 옆자리에 앉은 필자는 앞 창문과 옆 창문으로 경관의 변화를 바라보고 있었다. 베이징의 복잡한 도심을 빠져나와 외곽지역을 지나 북쪽으로 향했다. 차를 타고 구불거리는 산등선을 따라 올라가다 보면 북방민족의 침입을 막기 위해 세웠다는 만리장성이 나오고, 구불구불한 고개들을 지나 계속 고속도로를 달린다. 농부들이 도로 옆 가로수 사이로 나타났다 사라지기를 반복한다. 길가에는 과일을 직접 팔려고 나온 농민들의 좌판이 늘어서 있어서 과일이 비싼 네이멍구에 도착하기 전에 두 손 가득 과일을 산다. 허베이성(河北省)과 네이멍구 경계 도시를 지나면서 나무들은 점점 키가 작아지고, 평평한 고원을 달리는 차 밖의 공기는 선선해진다. 도로변 가로수로 심어진 키 작은 관목 뒤로 넓은 초원이 나타난다. 고속도로 주변의 푸른 초원 위에는 띄엄띄

* 이 장의 일부는 2012년 12월 「중국 내몽고 초원의 위기와 사막화 논쟁: 초원목계(草原牧鷄)가 등장하기까지」(『대한지리학회지』 47(6): 836-852)라는 제목으로 발표된 바 있다.

엄 몇몇 집이 보이고 양떼가 풀을 뜯고 있다. 소떼가 주인을 따라 이동하기도 하고, 말떼가 무리 지어 달리기도 한다.

긴 겨울을 지난 초원은 늦봄이 되어서야 새싹이 돋고 풀들이 되살아난다. 늦봄부터 돋아나는 새싹은 6월과 7월에는 푸른 벌판을 이루고 다양한 꽃이 초원 곳곳을 아름답게 수놓는다. 푸른 초원에서는 가축들이 풀을 뜯거나 쉬는 모습을 곳곳에서 볼 수 있다. 녹색의 절정이 무르익을 무렵인 늦여름 8월의 초원에는 풀을 베는 목축민들을 어디서나 쉽게 발견할 수 있다. 겨울에 가축들이 먹을 건초를 비축해 두어야 하기 때문이다. 풀 베는 기계가 지나간 자리에 놓인 풀무더기들은 초원 곳곳에서 트랙터에 실리기를 기다린다. 사람들은 집집마다 서로 도와 갈퀴를 이용해 트랙터로 풀을 실어 집으로 나르는데, 풀들은 건초 묶는 기계가 초원을 가로지르며 더미로 묶어놓아 편리하게 실을 수 있다. 이맘때쯤이면 도시에 나갔던 가족들도 돌아와 풀을 베고 나르는데, 길가에서는 풀을 한가득 싣고 가는 트랙터를 심심치 않게 발견할 수 있다.

가을이 되면 풀들은 이미 뒤뜰에 산처럼 높게 쌓여 있고, 초원은 풀이 깎여나간 흔적만 남았으며, 풀들은 누렇게 변해간다. 풀을 베고 난 곳곳에서는 가축들이 풀을 뜯고 있다. 초원의 겨울은 금방 찾아온다. 10월이면 거센 바람과 함께 영하의 날씨가 시작되고 눈이 오기도 한다. 큰눈이 내리면 녹지 않고 계속 쌓이면서 온 전지는 흰 눈으로 덮인다. 그렇게 기나긴 초원의 겨울은 눈과 함께 지속된다. 봄이 시작되면 눈이 녹는 곳이 생기고 가축들이 눈 사이를 비집고 새순을 찾아 나서기도 한다. 그러나 이 시기는 아직 풀이 나기 전 모래바람이 많이 부는 황사의 계절이다. 오히려 겨울보다 봄에 거센 바람이 많이 부는데, 이 바람은 네이멍구 전역뿐만 아니라 바람이 지나가는 베이징 등의 대도시를 거쳐 한국과 일본에까지 이른다.

2) 초원을 거니는 닭

베이징-후허하오터(呼和浩特)를 연결하는 고속도로의 옆길로 빠져나와 시린궈러맹(錫林郭勒盟)으로 진입하는 국도로 접어들었다. 점점 목적지에 가까워졌다. 국도변에는 건조지역에서 주로 볼 수 있는 키 작은 관목이 나타나기 시작하고, 푸른 초원들 저 너머에는 모래언덕(沙丘)도 보인다. 마을로 들어가려면 비포장도로를 지나야 한다. 면적에 비해 인구밀도가 낮은 네이멍구의 목축지역에서 마을로 들어가는 몇 킬로미터가 포장되었기를 기대하기란 어려운 일이다. 도로 양쪽으로는 철조망이 계속 이어지는데, 이는 집집마다 가지고 있는 초지를 구분하기 위해 둘러친 것이다. 철조망 안에서 소나 양과 같은 가축들은 풀을 뜯거나 쉬고 있다.

늦은 오후 마을로 들어가는 차를 타고 지나가다 보면, 길을 따라 젖소들이 주인과 함께 줄을 지어 우유기지를 향해 가는 모습을 볼 수 있다. 아침저녁으로 하루 두 번 젖을 짜기 위해 짧게는 몇백 미터에서 길게는 몇 킬로미터까지 초지와 기지를 왕복한다.

마을 어귀를 지나면 저 멀리에서 초원을 거니는 닭 무리가 보인다. 언뜻 초원과는 어울려 보이지 않는 닭들은 유유히 초원에서 풀을 뜯고, 모이를 먹고, 물도 마신다. 날이 어둑어둑해지면 닭들은 스스로 보금자리인 닭장으로 돌아간다. 닭을 돌보는 목축민들은 닭이 모두 닭장으로 돌아간 뒤 초지를 한 바퀴 돌고는 닭장 문을 닫는다. 그렇게 밤은 찾아온다.

다음 날 새벽 닭이 우는 소리에 잠에서 깬다. 목축민들은 새벽에 일어나 닭장 문을 열고 닭들을 초원에 풀어놓는다. 간밤에 배가 고팠을 닭을 위해 옥수수 사료와 물을 주고, 닭이 간밤에 낳은 달걀을 찾아 아침에 먹으려고 삶는다. 오후에는 다시 한번 사료와 물을 주고, 어둑해져 닭들이 닭장으로 돌아가면 야생동물의 공격을 막기 위해 닭장 문을 닫는다. 이렇게 닭을 기르는 일과가 마무리된다.

3) 바인후수 마을은 어떤 곳?

바인후수는 행정구역상으로는 중국 네이멍구자치구 시린궈러맹 정란기(正藍旗) 북쪽에 위치한 싸인후두가쑤무(賽音呼都嘎蘇木)에 속하는 가차(嘎查)이다.[1] 훈산다커 사지의 남쪽 경계에 위치하며, 온대 건조 대륙계절풍 황막초원 기후로, 연평균 기온은 1.5도이고, 연평균 강수량은 365.1밀리미터이다(苗旭, 2013: 7). 여러 종의 관목[고리버들(紅柳), 황류(黃柳)], 백양나무, 자작나무, 양초(羊草), 뢰초(賴草) 등이 주요 식생을 구성한다(苗旭, 2013: 7).[2]

1 중국 네이멍구자치구의 행정구역은 다음과 같다. 맹(盟)은 네이멍구 지방 자치구 정부에서 설치한 지소(派出機構)이다. 그 아래에는 현, 기, 시가 포함된다. '기(旗)'는 중국 행정단위인 '현(縣)'에, '쑤무(蘇木)'는 '향(鄉)'에, '가차(嘎查)'는 '촌(村)'에 가깝다.

2 바인후수 마을 초지에서 발견되는 식물 목록의 일부(苗旭, 2013: 12-13).

일련번호	중국어 이름	학명
1	濕車前	*Plantago cornuti*
2	斜莖黃芪	*Astragalus adsurgens*
3	苜蓿	*Medicago lupulina*
4	披針葉黃華	*Thermopsis lanceolata*
5	冰草	*Agropyrom cristatum*
6	拂子茅	*Calamagrosis epigejos*
7	羊草	*Leymus chinensis*
8	紫穗狗尾草	*Setaria viridis var. purpurascens*
9	星星草	*Puccinellia tenuiflora*
10	賴草	*Leymus secalinus*
11	糙隱子草	*Cleistogenes squarrosa*
12	蘆葦	*Phragmites australis*
13	早熟禾	*Poa annua*
14	垂盆草	*Sedum sarmentosum*
15	狗娃花	*Heteropappus hispidus*
16	黑沙蒿	*Artemisia ordosica*

바인후수의 전체 면적 81.3제곱킬로미터 중 초지 면적은 113,000무(畝)[3]이며, 1인당 초지 면적은 360무[4](겨울목초지 230무, 여름목초지 130무)이다(馬京·金海, 2004: 2). 바인후수 마을은 집체 시기를 거쳐 1985년 가축이 개별가정에 분배되었다. 당시에 한 사람은 평균적으로 소 6마리(120위안/마리), 양 13마리(15-20위안/마리)를 분배받았으며, 가구당 말 한 마리(150위안), 낙타 한 마리(150위안)씩을 분배받았다고 한다.[5] 여름방목지와 겨울방목지를 오가면서 유목을 하던 마을 사람들은 가축 분배 이후 겨울방목지에 흙집 또는 벽돌집[6]을 짓고 정착하여 생활하게 되었다. 1991년에는 초지가 개별가정에 분배되었다. 초지는 1991년을 기준으로 분배되었기 때문에 1991년 이후 태어난 사람들에게는 초지가 추가로 분배되지 않았다.

이미 1991년에 가축과 초지 분배가 완료되었는데도 마을의 초지

17	裂葉蒿	*Artemisia tanacetifolia*
18	艾蒿	*Artemisia argyi*
19	苦苣菜	*Sonchus oleraceus*
20	蒲公英	*Taraxacum officinale*
21	抱莖苦蕒菜	*Ixeris sonchifolia*
22	灰綠藜	*Chenopodium glacilima*
23	尖頭葉藜	*Chenopodium acuminatum*
24	西伯利亞蓼	*Polygonum sibiricum*
25	水葫蘆苗	*Halerpestes sarmentosa*
26	二裂委陵菜	*Potentilla bifurca*
27	地榆	*Radix Sanguisorbae*
28	苔草	*Carex duriuscula*
29	馬藺	*Iris lactea Pall. var*

3 1무=0.0006667제곱킬로미터, 113,000무=75.3제곱킬로미터.

4 360무=0.24제곱킬로미터.

5 15년간 분납하는 것이 조건이었다고 한다.

6 흙집 또는 벽돌집은 기본적으로 방 1개, 거실 1개, 작은 부엌 1개로 구성된다. 추운 겨울을 나기 위해서 남쪽으로 큰 창이 나 있지만, 북쪽은 막혀 있어서 바람이 통하지 않는 구조로 되어 있다. 여유가 있는 사람들이나 가족 수가 늘어난 사람들은 기본 구조에 방을 하나 정도 추가하여 덧대는 형식으로 집 크기를 늘린다. 그리고 집 앞에는 우물과 축사가 자리하고 있다.

는 공동 방목을 했다. 마을 사람들은 정부에서 철조망 설치를 위한 지원금을 지급한 1997년이 되어서야 분배된 초지를 확정하는 철조망을 두르는 작업을 실시했다. 대부분 바인후수 사람들은 소, 양, 말 등과 같은 가축을 기르는 목축에 종사한다. 목축민들의 주요한 경제 소득은 가축 판매에서 나오며, 유제품을 가공하여 판매하기도 한다. 외지에 나가 일을 하는 사람들도 있다.

2010년 현지조사를 진행하던 당시 바인후수는 가구 105호, 인구 342명이었다.[7] 이 지역은 1950년대 후반까지는 몽골족만으로 이루어졌으나 1960년에서 1963년 사이에 시린궈러맹의 바오창현(寶昌縣)과 허베이성(河北省)에서 한족인 리우(劉), 왕(王), 황(黃), 자오(趙) 네 성이 이주해 마을 구성원이 되었다(馬京·金海, 2004: 11).

바인후수는 다음의 10개 하오터(浩特)[8]로 나뉜다(그림 2-1). 아오바오언걸(敖包恩格爾), 이허노르(易和淖爾), 바인후수(巴音胡舒), 사르주러거(沙日珠勒格), 나린타라(那林塔拉), 우르터차간(烏日特査幹), 부둔바오르(布敦寶日), 차간차오루(査幹朝魯), 주르헌아루(珠日很阿魯), 부르구둔사르(布日古敦沙日). 각 하오터에는 7-10가구가 함께 모여 살며, 그들이 모여 사

7 2002년 조사에 따르면 마을에는 73호가 거주하는데 그중에서 몽골족이 60호로 82.19%를 차지하며, 한족이 13호로 17.81%를 차지한다. 전체 인구는 300여 명이며, 몽골족이 260여 명으로 약 87%를 차지하고, 나머지는 한족이었다(馬京·金海, 2004: 2). 마을 서기인 우르투는 2002년에 비해 2010년에 인구수 증가 비율보다 가구 수가 크게 증가한 것은 현재 50-60대 중장년층의 자식들이 독립된 가구를 구성한 것에 원인이 있다고 보았다. 가구 수는 증가했지만, 젊은 계층이 외지로 나가 일하는 비율이 높기 때문에 실제 마을에서 상주하는 인구는 집계치에 도달하지 못한다.

8 하오터(浩特)는 목축의 가장 기본 구성단위로, 5호에서 10호 사이의 가구로 구성되어 함께 가축을 방목하는 집단을 가리킨다. 유목에서 정착생활로 변하는 과정에서 동일한 하오터의 사람들은 자신들이 가축을 기르던 초지를 분배받아 서로 이웃하여 집을 짓고 가축을 기르며 생활하게 되었다.

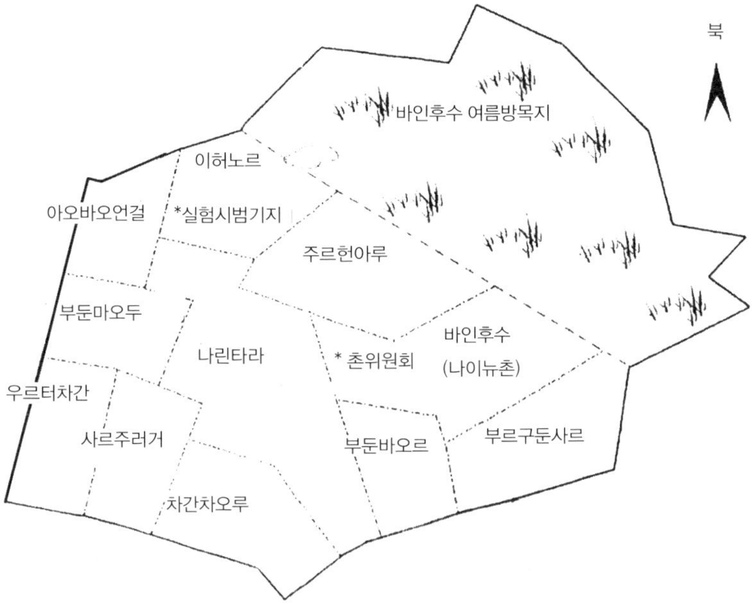

[그림 2-1] 바인후수 마을 지도
출처: 馬京 · 金海, 2004.

는 거주지 주변에 각 가구의 겨울방목지가 있다.

먼저 바인후수 하오터는 마을 이름과 같은 하오터로, 원래는 마을 공유지가 위치한 지역으로 사람이 살지 않았으며, 마을 사람들이 공동으로 방목할 수 있는 지역이었다. 이 하오터에는 2008년 젖소 사육정책이 마을에 시행되면서 '나이뉴촌(奶牛村: 젖소를 기르는 마을)'이 건설되었다. 이곳에는 방 두 개와 거실, 부엌과 화장실로 구성되는 신식 벽돌집 52가구가 지어졌으며, 전기가 연결되고, 펌프로 물을 끌어 올려 각 가정에 공급하는 시설이 갖추어졌다. 나이뉴촌에 집을 구입한 사람들에게는 축사를 제공해 젖소를 사육하는 데 편의를 주었다. 그리고 한꺼번에 젖소 수십 마리의 젖을 짤 수 있는 우유수급 시설이 갖추어져 있다. 바인후수 하오터의 신거주지 중앙에는 촌(가차)위원회 건물이 새로 지어졌다. 건물은 촌장, 서기, 부녀회 등의 사무실과 마을 사람들이 모일 수 있는 강당으로 구성된다. 신식 벽돌집 52호에는 20여 가구만 이사 와서 젖소를 기르며 생활하고, 나머지 가구들은 집만 사두고 자신의 원래 거주지인 각각의 하오터에서 생활한다.

이허노르 하오터는 마을 서기인 우르투(烏日圖)의 가족이 속한 곳이다. 우르투는 1979년 마을 서기를 맡았다. 우르투의 몽골식 성(姓)은 따로 있지만, 사람들은 이름의 앞 자를 따서 우 서기(烏書記)라고 부른다. 그는 1958년생이며, 부인 사런가오와(薩仁高娃)는 우 서기보다 세 살 어리다. 우 서기 부부는 슬하에 3남매를 두었으며, 장남은 30대 초반으로 2010년 결혼하여 시린궈러맹의 중심지 시린하오터시의 목축부서에서 일하고 있다. 차남은 20대 후반으로, 아버지 우 서기를 도와 목축과 양계를 한다. 막내딸은 20대 초반으로, 네이멍구자치구 중심도시인 후허하오터에서 대학교에 다닌다.[9]

이허노르 하오터에 위치한 우르투 가족의 겨울방목지 일부는 중국과학원 식물연구소에서 임대하여 2009년부터 실험시범기지를 짓고 과학실험과 닭 사육 방목 시범사업을 진행하고 있다. 우 서기는 2009년 초반까지는 토종소, 젖소 등과 같은 가축을 목축했으나, 2009년 사업실시 이후에는 가축 대부분을 팔고 식물연구소 과학자들을 도와 기지를 관리하고 닭을 방목해 판매하여 수익을 올리고 있다.

아오바오언걸과 주르헌아루 하오터는 바인후수의 한족이 거주하는 대표적 하오터이다. 한족 열한 가구 중 필자가 직접 만나 조사한 아홉 가구는 다음과 같다. 황 씨 한 가구, 리우 씨 두 가구가 바인후수 하

9 바인후수의 대부분 중장년층은 우 서기와 마찬가지로 목축으로 얻은 수입을 바탕으로 자녀들을 타지로 내보내 교육하고 도시에서 직업을 구할 수 있도록 돕고 있었다.

오터의 신거주지로 이주하여 살며, 나머지 한족들은 두 하오터에 집중적으로 거주한다. 아오바오언걸은 황 씨 한 가구와 왕 씨 세 가구가, 주르헌아루 하오터는 자오 씨 형제 두 가구가 다른 몽골족들과 함께 생활한다. 마을 인구구성비와 달리 아오바오언걸은 한족 가구(4)가 몽골족 가구(3)보다 더 많다.

아오바오언걸과 이허노르 하오터는 207번 국도에서 가까워 비교적 교통이 편리할 뿐만 아니라 중국과학원의 연구기지 시설지원을 위한 길목에 위치한 까닭에 2004년부터 전기가 들어왔다. 2008년에는 우유수급기지 건설을 위해서 주르헌아루와 바인후수 하오터까지 전기가 들어오게 되었다. 그리고 돌길(砂石路)이 닦여 우유 수송 차량이 다니게 되었다. 그러나 2011년 당시 절반이 넘는 나머지 하오터에는 전기가 들어오지 않아서 소규모 풍력발전을 이용해 전등이나 텔레비전, 핸드폰과 같은 저전력 전기제품만 이용할 수 있었다.

필자가 현지조사를 진행한 2010년과 2011년 마을 사람들의 가구당 목축 규모는 다음과 같다. 첫째, 대부분 마을 사람들은 2008년 젖소 사육정책으로 1가구당 적게는 3마리에서 많게는 10마리까지 젖소를 구입했고, 그중 살아남은 젖소들을 길러 송아지와 우유를 판매하거나 유제품을 만들어 판매했다. 둘째, 2010년 10월 금목정책의 시행으로 토종소 사육 두수가 제한되었고, 마을 사람들은 금목정책을 계기로 토종소를 많이 판매했기 때문에 토종소의 사육두수는 줄어들었다. 토종소를 판매하지 않고 젖소도 구입한 사람들은 젖소로 소득을 얻었을 뿐만 아니라 토종소의 송아지를 판매해서 수입을 올릴 수 있었다. 그러나 정책 시행과정에서 토종소를 판매한 대부분 사람들은 젖소에 의존해 생계를 유지하고 있었다. 토종소가 30-40마리에 달하는 몇몇 가구를 제외하면 대부분 이미 젖소를 구입하는 과정에서뿐만 아니라 금목정책에 따른 처벌을 두려워하여 토종소를 몇 마리에서 많아야 십몇 마리만 남기고 다 판매한 상태였다.

[사례 2-1] 수닝바터얼

이웃 마을에서 시집온 30대 중반의 아내와 4세 딸과 함께 살고 있다. 50대 후반인 부모님이 옆집에 살며, 4명분의 초지 약 1,400여 무를 소유하고 있다. 겨울목초지는 940무, 여름목초지는 520무를 가지고 있다. 2008년 젖소를 5마리 구입했다. 그중에서 3마리는 젖이 잘 나오지 않아 판매하고 2마리만 사육한다. 우유가 많이 생산되는 여름에는 젖소 2마리에서 70여 근이 나오고, 9월 말에는 50여 근 생산된다. 따라서 평균 60여 근 생산된다고 보면 된다. 여름에는 마을 사람 바오리다 가족이 운영하는 유제품 가공공장에 1.3위안/근에 판매했으나 가을부터는 직접 나이도우푸 유제품을 만들어 18위안/근에 판매하고 있다.

전기가 들어오므로 전동 착유기로 젖을 짠다. 착유기로 젖을 짜면 1마리에 10분이면 완료된다. 젖소 두 마리는 하루에 15-20근 정도의 사료를 먹는다. 사룟값은 1.3위안/근이다. 사료 1근을 먹이면 우유가 약 3근 생산된다고 보면 된다.

그는 금목정책 실시에도 토종소 30여 마리를 팔지 않고 가지고 있어 젖소에서 우유가 많이 나오지 않더라도 경제적 소득을 얻을 수 있는 길이 두 갈래이다. 그러나 그가 기르는 토종소 30여 마리와 젖소를 모두 사육하기에는 초지가 부족해 부둔마오두 하오터의 소드빌리거 가족 소유 초지 중 600무를 4,000위안/년에 빌려 사용한다.

그는 젖소 두 마리에서 매일 약 30-40위안의 소득을 얻을 수 있으며, 가을에는 토종소와 송아지를 판매하여 마리당 약 2,000-3,000위안을 벌어들일 수 있다. 젖소에서 짜낸 우유로는 1만 위안 정도를, 매해 소와 송아지 10여 마리에서 20여 마리를 판매해서는 4만 위안 정도의 소득을 얻을 수 있다. 이렇게 얻은 소득 4만-5만 위안은 부부와 딸, 부모님 두 가구가 1년 동안 생활하는 데 사용된다. 이 중에서 4,000위안은 초지 임대료로 나가고, 기후가 좋지 않아 여름방목지에서 얻을 수 있는 풀이 적으면 월동을 위해 풀을 구입하는 비용으로 수천 위안에서 1만여 위안을 사용한다.(2011. 9. 30. 수닝바터얼, 남, 30대 중반, 아오바오언걸 하오터 거주, 면담 자료)

마을 사람들은 2008년 젖소를 구입하기 전까지는 수입이 괜찮았다고 이야기했다. 2002년 마징과 진하이(馬京·金海, 2004: 79-80)의 조사에서도 2000년대 초반까지 통계수치와 마을 경제상황에 대한 면담에서 목축 수입이 괜찮다고 기술했다. 그러나 구입한 젖소에서 우유가 잘 나오지 않아 생산성이 떨어지게 되면서 젖소 구입 비용이 부채로 남게 된 이후 사람들은 생계에 어려움을 느끼고 있었다. 젖소에서 기대했던 경제적 이득이 경제적 손실로 바뀐 것이다. 젖소에서 젖이 잘 나오지 않고, 토종소 숫자를 줄여야 하는 상황에서 마을 사람들은 중국과학원 식물연구소의 생태학자가 제안한 초원에서의 닭 방목 실험시범사업에 관심을 가지게 되었다.

4) 중국과학원 식물연구소와 훈산다커 사지 생태 연구기지

중국과학원 식물연구소는 '정생생물조사소(靜生生物調查所, 1928년 설립)'와 '베이핑연구원식물연구소(北平研究院植物研究所, 1929년 설립)'가 전신이다. 두 연구소는 1950년 합병을 거쳐 1953년에 현재의 '중국과학원 식물연구소'라는 명칭을 받았고, 식물 분야의 기초과학 연구를 진행하는 대표적 국가연구기관으로 성장해 왔다.

중국과학원 식물연구소의 과학연구 지원 부문은 7개 분야로 나뉜다. 그중에서도 필자가 조사한 초원목계 프로젝트를 운영하는 연구팀

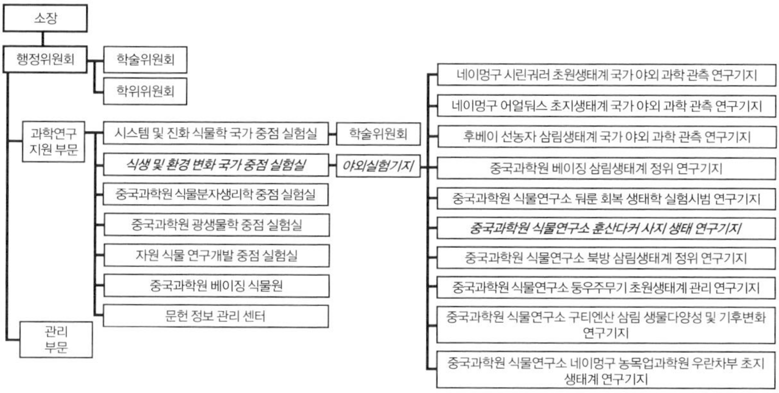

[그림 2-2] 중국과학원 식물연구소 조직도

출처: 중국과학원 식물연구소 안내 책자.

이 속한 '식생 및 환경 변화 국가 중점 실험실'은 생태학 분야의 실험실로, 다양한 기후지역 중에서도 북방의 초원지역을 중심으로 연구를 진행해 왔다. '식생 및 환경 변화 국가 중점 실험실'은 야외 실험기지를 10곳 운영하며, 그중 6곳이 초원지역에 있다(그림 2-2).

가장 대규모로 운영되는 실험기지는 야외 실험기지 목록의 제일 첫 번째에 해당하는 네이멍구 시린궈러맹 시린하오터(錫林浩特)에 위치한 '네이멍구 시린궈러 초원생태계 국가 야외 과학 관측 연구기지'로 1979년 설립되었다. 이 연구기지는 설립과 동시에 전형초원의 대표적 식생인 양초(羊草) 군락 지역을 보호구역으로 설정하고 이를 중심으로 초원 식생과 환경 연구를 지속적으로 진행해 왔다. 이 연구기지는 수백 명을 한꺼번에 수용할 수 있는 숙소와 식당, 실험 건물을 갖추었으며, 중국과학원 식물연구소 과학자들뿐만 아니라 중국 각지, 해외의 초원 연구자들까지 방문하여 실험과 연구를 진행하고 있다.

필자가 중점적으로 조사를 진행한 야외 실험기지는 '중국과학원 식물연구소 훈산다커 사지 생태 연구기지'로, 훈산다커 사지(행정구역상 정란기)에 있다. 2001년 중국 과학기술부는 연이은 황사(沙塵暴)에 대한 대책을 마련하기 위해 신장, 네이멍구, 시장, 산시, 쓰촨 다섯 지역에서 '수도방사치사응급공정(首都防沙治沙應急工程)' 실험시범 프로젝트를 실시하게 되었다. 이 공정 산하 프로젝트에 2001년 바인후수 마을이 선정되었고, '훈산다커 및 베이징 북쪽 농목교차지역 퇴화생태계 회복 실험시범연구(渾善達克和京北農牧交錯區退化生態界恢復試驗示範研究)'가 이 마을에서 시행된 것을 계기로 중국과학원 식물연구소는 바인후수를 거점으로 황막초원 지역의 실험연구기지를 설립하게 되었다.

장가오밍(蔣高明) 연구원을 필두로 한 연구팀은 바인후수 마을의 여름방목지에서 실시한 초원생태계 회복 실험에 대한 연구 결과를 지속적으로 발표해 왔다. 2001년 당시 그의 박사후과정 학생이었던 리용겅은 2년간의 박사후과정을 마치고 장가오밍 연구팀을 구성하는 연구원이 되었으며, 2003년부터 2005년까지는 중국과학원의 파견으로 정란기의 과학기술부문 부기장을 지내기도 했다. 이는 산둥 농촌 출신인 리용겅이 네이멍구 초원과 몽골족의 목축과 정책실행에 대해 더 깊이 알 수 있는 계기가 되었다. 쉬훙(許宏) 연구원은 2000년대 중반에 박사를 받고 합류했으며, 수화(蘇華) 연구원은 2000년대 후반에 박사를 받고 합류했다. 그리고 현지조사 당시에는 수번잉(蘇本營), 저우메이화(周美華), 왕종솨이(王宗帥), 먀오쉬(苗旭) 네 대학원생이 리용겅의 지도를 받아 기지의 연구 활동에 참여하고 있었다.

훈산다커 사지 생태 실험기지 운영을 담당하는 장가오밍과 리용겅 연구팀은 2008년까지는 우 서기와 마을 사람들의 집에서 기거하면서 연구를 진행했다. 2009년부터는 초원목계 프로젝트를 진행하게 되면서 지원금을 대규모로 받아 우 서기의 겨울방목지 위에 실험시범기지를 정식으로 설립하게 되었다. 실험시범기지는 7개 숙소와 2개 사무실, 1개 창고, 1개 실험실, 1개 회의실, 1개 화장실, 1개 부엌과 1개 식당으로 구성되며 'ㄷ'자 모양으로 지어졌다. 실험시범기지 본건물 뒤편에는 닭 사육을 돕기 위한 일자형 창고가 3개 지어졌으며, 그 배후지에는 닭 방목 실험과 시범사업을 진행할 수 있는 초지가 확보되었다.

리용경과 그와 함께 프로젝트를 진행하는 쉬훙과 수화 연구원 그리고 리용경의 대학원생들은 진행 중인 닭 방목 실험 이외에도 주변의 초원지역에서 황막초원의 풀과 나무의 식생을 연구하고 있다. 그리고 정기/비정기적으로 식물연구소와 다른 연구기관의 학자와 대학원생들이 채취와 실험을 하려고 연구기지를 방문하여 머물다 간다.

5) 초원의 이해관계 당사자들

① 풀, 나무

초원을 구성하는 중요한 구성원인 풀과 나무들은 사막화로 감소 위기에 처하게 되었다. 풀과 나무가 줄어든다는 것은 초원 식생의 종과 군락의 규모가 감소한다는 것을 의미한다. 풀이 없는 초원은 단적으로는 사막이 된다는 것을 말한다. 식생의 감소는 건조지역의 사질토양을 고정할 수 있는 지지기반이 줄어든다는 것을 의미하며, 북방지역의 거센 바람이 사화(沙化)된 토양의 침식을 더욱 가속화한다는 것을 뜻한다. 토양의 침식은 풀들이 안정적으로 자랄 기반이 잠식되는 것이며, 사구의 발달은 인근의 초원과 생활 터전까지 모래바람으로 덮어 버리는 상황을 만든다.

황막초원은 강수량이 적고 사막화가 일어나기 쉬운 민감한 지역이다. 황막초원에는 크기가 크고 수분을 많이 필요로 하는 교목보다는 건조한 기후에 적합한 키 작은 관목이 많다. 또 '쑥(冷蒿)' 등 건조한 환경에서도 잘 살아남는 종류의 건생식물이 많이 자란다.

초지퇴화의 지표는 식물군락 구성의 변화로 파악할 수 있다. 퇴화가 진행되면 '양초(羊草)'[10] 같은 다년생 식물은 감소하고, '취명아주(灰綠藜)' 같은 일년생 식물로 대체된다. 일년생 풀은 다년생 풀에 비해 토양 고정능력이 떨어지는데, 이 역시 사막화의 악순환을 야기한다. 풀들은 사막화되지 않기 위해 무엇보다 자신들의 군락을 감소시키지 않고 안정적으로 유지해야 하는 상황에 놓이게 되었다.

정부에서는 식수사업을 벌여 인위적으로 식생을 조성함으로써 사막화를 방지하려는 노력을 기울여 왔다. 그러나 강수량이 적은 지역에서 나무를 심는 것은 개간과 더불어 지하수위를 위협하는 주요한 요소이다. 장기적인 관점에서 나무를 심어 무사히 자라도록 관리·유지하는 비용과 효과에 의문이 제기되어 왔다.

② 소, 양, 염소, 말, 낙타

전통적으로 초원에서 유목민들이 길렀던 가축은 대표적으로 소, 양, 염소, 말, 낙타 등이 있다. 이들은 초원에서 풀을 뜯어 먹으며 살아간다. 사막화되는 초지에서는 동물들의 먹이가 되는 풀과 나무가 줄어들어 예전과 동일한 단위면적에서도 이전 규모의 가축을 기르기가 힘들어진다.

그뿐만 아니라 지난 수십 년간 가축 수는 지속적으로 증가하는 추세였다. 특히 개혁개방 이후에는 개인이 자유롭게 가축을 소유하게 되면서 사람들은 경제적 수익을 위해 가축 수를 늘리기 시작했다. 바인후수 마을 사람들에게 언제 가축이 가장 많았는지 질문했다. 사람들은 1990년대 중후반에 가장 많았고, 그 이후 점차 줄어든 것으로 이야기했다. 2002년 통계자료(馬京·金海, 2004: 68)에 따르면, 1996년 5,842마

10 '양초(羊草)'는 네이멍구 초원의 대표적인 다년생 식물로, 양과 소 등 모든 가축이 좋아하는 풀이다.

리였던 가축 수가 1997년 8,290마리, 2000년 최대치인 10,352마리에 도달했다가 2002년에는 2,935마리로 크게 줄어들었다.

인구는 지속적으로 증가하고 개별가정에 분배된 토지는 제한적인데 반해 가축 수는 증가했다. 개별가정에 초지가 분배되기 전에는 다양한 지역을 자유롭게 이동하며 풀을 뜯으면서 생활했지만, 이제는 제한적인 범위에서만 풀을 뜯게 되었다. 따라서 소, 양, 염소, 말, 낙타는 이전과 달리 원하는 만큼 충분히 풀을 먹지 못하는 상황이 발생하게 되었다. 그리고 2001년을 기점으로 정부에서 가축 수를 줄이기 위한 각종 목축 제한정책을 실시하면서 바인후수 마을에서도 대규모 초원퇴화 방지 프로젝트가 진행되었고, 가축 수 또한 엄격하게 통제되기 시작했다.

가축들이 제대로 먹지 못하면 건강하게 자라지 못하고 병에 걸릴 확률이 높아진다. 중국 북방지역의 춥고 긴 겨울을 나려면 가축들에게 충분한 영양을 공급하는 것은 가축의 생사를 결정하는 중요한 문제가 된다. 덩치가 큰 소는 겨울을 지나는 동안 한번 쓰러지면 다시 일어나지 못하고 죽는다. 양은 보통 새해가 시작되는 1월부터 새끼를 낳는데, 어미 양이 제대로 영양을 공급받지 못할 경우 새끼 양에게 젖을 주는 데 차질이 생겨 새끼 양들이 병들거나 죽는 상황이 일어난다.

정부에서는 초축평형(草畜平衡)을 위한 적절한 방목 밀도로 양 한 마리를 기준으로 초지 16무를 제시하였다. 하지만 가축 수가 기하급수적으로 늘면서 목축민들이 직접 가축을 사육하는 초지의 사막화가 더 급격하게 일어나고 있다.

인민공사 시절에 초원을 뛰놀 수 있었던 소, 양, 염소, 말, 낙타 등 다양한 가축은 설 자리를 잃어가고 있다. 활동 범위가 넓어 개별가정에 분배된 좁은 초지에서 생활하기 어려운 말의 수는 점점 줄어들고 있다. 게다가 말은 다른 동물에 비해 풀을 많이 먹어서 각 가정에서는 점차 거의 기르지 않게 되었다. 바인후수 마을의 우 서기 집에서는 1995년에 말과 낙타를 팔아버렸다. 그 대신에 마을에서는 사람들이 오토바이를 타고 다니는 모습을 볼 수 있었다. 1990년대 후반을 기점으로 교통수단의 역할을 주로 담당하던 말과 낙타는 오토바이로 대체되어 갔다. 마을에서 몇몇 집을 제외하고는 말을 더는 기르지 않는다. 기르더라도 한 마리씩이다. 낙타는 마을에서 사라졌고, 관광지나 가야 볼 수 있게 되었다.

산양(山羊)은 앞발로 풀뿌리까지 캐서 먹는 습성이 있다 보니 식생을 파헤쳐 사막화를 유발하는 주요한 가축으로 간주되어 방목이 금지되기도 한다. 초지 상태에 따라 어떤 곳에서는 면양(綿羊) 방목까지 금지하기도 한다. 그렇지 않으면, 양을 방목하지 않고 우리에 가두어 사료와 풀을 먹여 기르도록 한다(圈養).

원래 몽골족이 네이멍구 초원에서 기르는 소의 품종은 몸집이 작고 추위에 강한 토종소라고 불리는 몽골소(蒙古牛)이다. 최근 들어, 목축민들은 흑화소(黑花牛) 또는 흑백화소(黑白花牛)라고 부르는 홀스타인(Holstein) 품종 젖소를 길러 우유를 판매해 수익을 얻거나, 덩치가 커서 판매하면 더 많은 돈을 벌 수 있는 시멘탈(西门塔尔, Simmental) 품종의 소를 몽골소와 교배하여 기르기도 한다. 이러한 외래종 소들은 몽골소에 비해 덩치가 커서 풀과 물을 더 많이 먹는다고 한다.

정부에서는 사막화가 상대적으로 심각하게 진행된다고 판단되는 곳에서는 양에 이어 소의 방목마저 금지하고 있다. 가축 방목을 금지해서 풀이 살아날 기회를 준다는 것이다.

③ 몽골족

몽골족 역시 사막화의 위기에 취약한 이해관계 당사자들이다. 앞서 보았듯이, 사막화는 초원 생산력의 감소와 그에 따른 가축 사육 두수의 감소를 불러오는데, 이는 초원이 지닌 사회경제적 가치가 줄어듦을 의미하는 것이기도 하다. 이렇게 초원이 사막화되면 초원에서 목축으로 생계를 꾸려 나가는 몽골족 목축민들은 척박해지는 환경 속에서 직접적으로 경제적 어려움에 처하게 된다.

개혁개방 이후 토지가 개별가정에 분배된 이래 각 가정에서 기르는 가축 수가 늘어날 기회는 제공되었지만, 몽골족 목축민들이 무작정 많은 가축을 기를 수는 없다. 적정 수준 이상이 되어 방목에 압력을 받으면 가축들이 배불리 먹을 수 없게 되고, 질 좋은 고기를 판매할 수 없게 되며, 가축들이 건강하지 않으면 초원의 춥고 긴 겨울을 견디지 못하고 병에 걸리거나 쓰러지는 상황이 발생할 수밖에 없다. 초지가 제한된 상황에서 목축민들도 초지의 수용 규모를 훨씬 초과하는 가축을 방목하기는 어렵다.

따라서 몽골족들은 새로운 기회를 찾아 도시로 떠날 수밖에 없게 되었다. 남은 사람들은 떠난 사람들이 남기고 간 초지를 임대해 가축을 기르지 않고는 가축 규모를 일정 수준으로 유지할 수 없다. 목축민들도 과도한 방목은 초지나 가축 모두에게 좋지 않다는 것을 인식하고 있다. 그렇기에 개혁개방 이후 인민공사에서는 보장되었던 생산, 교육, 의료 등의 복지혜택을 받을 수 없게 되었을 때, 다른 생계 보충수단이 없는 상황에서 늘어나는 화폐 사용 요구를 충족하기 위하여 목축업 증대를 통한 수입을 꾀할 수밖에 없었다.

따라서 사막화의 가속화와 사막화 방지를 위해 제시된 방목 제한과 보호구역 설정은 이미 개별 가구의 초지로 제한되었던 목축에 이중, 삼중의 제한을 가하며 생계를 위협하는 주요한 문제로 몽골족 목축민들을 힘들게 했다.

④ 한족

한족은 남쪽의 농촌에서 이주해 온 농민들이다. 그들은 인구가 많은 데 비해 좁은 농토에서 농사를 지어 어렵게 생활하던 조건에서 벗어나 넓고 인구가 적은 네이멍구의 초원으로 자기 뜻에 따라 또는 국가의 정책적 생산대대 구성원 모집으로 이주했다. 생산대대는 몽골족 마을 사이의 여유 공간을 중심으로 하여 한족 중심으로 마을을 이루었다. 바인후수 마을에 온 한족들은 몽골족들 사이에서 목축을 배워 그들과 함께 가축을 기르며 생활하게 되었다. 따라서 목축지역으로 이주해 목축을 삶의 양식으로 선택한 한족도 마을의 몽골족과 마찬가지로 초원의 사막화로 생활양식에 다시 변화가 찾아올 위기에 처하게 되었다.

1950년대 후반에서 1960년대 초반 사이에 네이멍구의 초원으로 온 한족 1세대는 2010년에 이르면 연로하여 소수만 남았으며, 2세대와 3세대를 모두 거느리게 되었다. 아주 어린 시절 초원으로 이주했거나 초원에서 태어난 2세대와 그들의 후손인 3세대는 한족이지만 오히려 목축이 생계를 유지하는 익숙한 생활양식이 되었다. 그러나 외부의 농촌에서 한족 며느리가 마을에 지속적으로 유입되고, 한족 사위가 드나들면서 여전히 외부의 한족과 그들의 생활양식은 교류되고 있다.

이러한 여건에서 바인후수의 젊은 한족들은 트럭운전 등 외부에 나가서 일하는 비율이 몽골족보다 더 높게 나타나고 있다. 2세대 한족 중장년층은 마을에 남아 목축을 하고, 3세대 젊은 한족들은 대부분 외지로 나가 교육받거나 새로운 일자리를 찾아 생활하고 있다.

⑤ 정부, NGO

정부는 사막화가 야기하는 환경과 사회경제적 손실에 대해 대책을 세우고 실행에 옮겨왔다. 사막화는 근본적으로는 환경적 변화로 식생이 파괴되고, 생물다양성이 감소하며, 초원의 생산력이 줄어드는 환경·생태적 문제이다. 또한 그 지역을 기반으로 살아가는 국민의 경제적 문제이며, 지역발전과 밀접하게 연관된 개발 문제이기도 하다. 황사가 심해지는 봄을 비롯한 바람이 부는 시기에는 북방지역에서 불어오는 황사가 지나가는 지역, 특히 베이징과 톈진 같은 대도시 주민들의 건강과 생산 활동을 위협하는 상황이 만들어진다. 나아가 일본과 한국에도 황사로 호흡기 질환이나 피부병 등 환경문제를 일으키는 초국가적 문제이기도 하다.

NGO 역시 이와 같은 위기 상황에 놓인 사막화라는 환경문제를 해결하기 위해 중국 국내의 노력뿐만 아니라 동아시아 나아가 전 지구적 관심 속에서 조림사업을 비롯한 다양한 실천 방법을 내놓고 있으며, 어려움에 처한 목축민들을 돕기 위한 자원 활동을 벌이고 있다.

⑥ 과학자

사막화는 과학자들이 풀어야 할 중대한 생태문제였고 앞으로도 그러하다. 황사의 공격 앞에 과학자들은 아직 무력하고 무지하다. 사막화의 원인과 과정을 밝히고 그 대책을 마련하기 위한 지식이 아직 완전하게 구축되지 않았다. 사막화를 방지하기 위해 초원에서 닭을 사육하는 프로젝트와 그와 관련한 과학지식의 생산은 이전까지 초원과 사막화를 연구하는 동료 과학자들에게 새로운 혁신이고 예상되는 결과를 알지 못하는 미지의 영역이다. 그들은 이러한 제안이 어떠한 설계를 거쳐 실행될지에 관심이 있다. 특히 이 실험시범 프로젝트는 시역 목축민들의 생산 활동과 직접 연관되어 기존의 순수과학적 실험과 달리 응용적이면서도 새로운 방식의 실험과 시범적 사업의 구상·실행의 사례를 제공할 수 있다.

⑦ 닭

닭은 과학자들의 초대로 초원의 새로운 구성원이 되었다. 필자가 연구했던 지역은 순목축지역으로 이전에는 닭을 대규모로 사육한 적이 없다. 닭이 사막화를 방지하기 위해 초원으로 온 이후 맞닥뜨린 문제는 이전의 농경지역에서 네모난 닭장 속에서 가두어 길러졌던 것과 다른 환경에 적응해야 한다는 것이다. 따뜻한 곳에서 집약적 생활을 하던 닭은 초원의 춥고 긴 겨울을 지나야 하고 야생동물의 위협을 받게 되었다. 닭은 이러한 변화된 환경에서 과학자들의 기대에 부응하면서 어떻게 성공적으로 살아남아 도시로 이동하여 판매될 수 있느냐가 중요한 문제가 된다.

2. 사막화 논쟁은 어떻게 진행되었나

1994년 열린 유엔사막화방지협약(UNCCD, United Nations Convention to Combat Desertification)은 사막화(desertification)를 '기후변화와 인간 활동을 포함하는 다양한 요인으로 인한 건조, 반건조, 아습윤 지역에서의 토지 퇴화(land degradation)'로 정의했다.[11] UNCCD에서는 사막화의 원인을 기후변화와 같은 자연적 요인과 인간 활동으로 발생하는 인위적 요인을 포괄하는 광범위한 개념의 사막화를 이야기했다. 1968년부터 1973년까지 6년간 아프리카 사바나에서 지속된 극심한 가뭄은 국제공동체가 사막화에 관심을 두도록 만들었으며, 1974년에는 '사막화 방지를 위한 국제행동'이라는 사막화에 관한 유엔회의 개최 요청 결의로 이어졌다. 1977년에는 유엔 사막화 회의(United Nations Conference on Desertification)를 개최했다.[12] 1994년에는 UNCCD가 결성되었는데, 중

11 UNCCD, 1994.

12 UNCOD의 3대 목적: ① 사막화의 확대를 방지하고 억지하기 위해, ② 생산적인 사용을 위하여 사막화된 땅을 개간하기 위해, ③ 건조, 반건조, 건습윤

국은 원년에 협약에 서명하고 1996년 비준하면서 본격적으로 사막화에 대한 관심이 높아졌다.[13]

이와 같은 세계적 추세에 발맞추어 그리고 1990년대 후반 일어난 중국 국내의 사막화와 강력한 황사로 인한 일련의 피해에 대한 각성으로, 2000년대를 전후하여 사막화 방지를 위한 정부 및 학술적 차원의 정책과 연구가 더욱 본격적으로 늘어나기 시작했다.

중국에서 사막화를 일찍이 연구한 주전다(朱震達)는 "사막화는 사질 황막화(sandy desertification)를 간략히 이르는 것으로, 건조·반건조 지역의 취약한 생태 조건하에서 인간의 과도한 경제활동으로 생태적 평형이 파괴되어 본래 사막이 아니었던 지역에 풍사활동을 주요 특징으로 하는 사질 황막과 유사한 환경으로 퇴화가 일어나는 것을 말한다"(朱震達, 1989: 3; 이강원, 2007b: 26 재인용)라고 했다.

사막화에 대한 정의에서도 드러나듯이, 주전다는 중국 사막화의 주요한 원인으로 인간의 인위적 활동에 주목했다(朱震達, 1997: 215-216). 그는 상대적으로 불안정하고 취약한 건조지역의 생태계는 한번 파괴되면 회복되기 어려운 특성이 있기 때문에 인간 활동으로 발생한 사막화는 회복되기 어렵고 시간도 오래 걸린다고 보았다. 그가 사막화의 주요한 원인으로 지적하는 것은 과도한 방목, 농경을 위한 개간,[14]

지역 그리고 사막화에 취약한 다른 지역 주민들의 삶을 개선하기 위해, 그러한 지역들의 생산성을 유지하고 증진하기 위해(소병천 · 손희두, 2007: 53-54).

13 UNCCD 제2조. 아프리카 지역을 위시하여 심각한 한발, 사막화를 겪는 국가에서의 효과적 행동과 국제적 지원을 통해 사막화를 방지하고 한발 피해를 완화하는 것임과 동시에 이를 위해 피해지역에서의 생활여건을 개선해 줄 토지생산성의 향상과 수자원의 복구·보전·지속 관리를 동시에 중시하는 장기적 종합전략을 수집하는 것이다(소병천 · 손희두, 2007: 60-61).

14 1949년 건국 이후 중국 정부에서 실시한 정책 가운데 대약진운동과 문화대

벌목이나 채집, 부적절한 수자원의 이용, 교통로 건설 등이다. 또한 사막화의 배후 원인으로 인구압이 연관되어 있다고 보았는데, 중국 북방 지역의 급격한 인구증가는 토지자원 이용압력의 증가로 이어졌고, 이는 결국 사막화 토지 증가로 이어진다고 보았다(朱震達, 1997: 216). 이강원(2003, 2005) 역시 토지이용 변화, 나아가 중국의 사회적 변동과의 연관 속에서 사막화를 살펴보아야 한다고 주장한다. 그는 '사회-생태적 내선 순환(社會生態的 內旋循環, social-ecological involution)'(이강원, 2007a: 223)이라는 개념을 제안했는데, 중국 초원의 농민과 목축민들의 생존권과 수익문제, 개방 및 시장화 추세, 호구제도 등의 법률적 문제, 인구구조, 토지이용체계 등의 사회적 문제를 생태적 문제와 연관해 분석할 것을 제안한다.

인간 활동을 사막화의 주요한 원인으로 보는 쪽에서는 기후변화는 사막화에 영향을 미치기는 하지만 결정적 요인은 아니(朱震達, 1998: 149)라고 한다. 예컨대, 인간 활동으로 식생이 파괴되고 경관의 변화가 일어나며, 바람과 같은 기후적 요소는 이미 인간 활동으로 파괴된 식생을 가속화하는 것으로, 그 근본적인 작동의 원인을 인위적 요인으로 규정한다. 이와 같이 사막화의 원인이 인간에게 있다고 주장하는 학자들은 인위적인 활동에 대한 통제와 관리 또는 사회경제적 구조의 변화로 사막화 방지가 가능하다고 본다.

그러나 중국 사막화의 주요한 원인은 기후변화라고 주장하는 학자들도 있다(Wang et al., 2006; Wang et al., 2008 등). 그들은 사막화가 인위적 요인으로 발생한다는 주장이 데이터 부족으로 증명하기 어려울 뿐만 아니라, 그 구체적 내용이 기술적인 증거(descriptive evidence)에만 그

혁명 시기에 실시된 '곡물우선정책(以糧爲綱)', 즉 식량 증산을 위한 개간정책으로 초원이 대규모로 개간되었다(朱震達, 1997: 216).

치고 있음을 비판한다(Wang et al., 2008: 188). 만약 인위적 요인을 내세우는 학자들의 주장이 뒷받침되려면 지속적으로 인구와 가축이 급속히 증가하고, 토지의 집약적 사용이 증가한 1950년대 이후 중화인민공화국 시기에 사막화 역시 마찬가지로 가속화되었어야 한다. 기후적 요인을 주장하는 학자들이 조사한 자료에 따르면, 1960-1970년대 후반에는 사막화가 진행되지만, 1980년대에 이르러서는 오히려 사막화에서 식생이 회복하는 경향을 보인다. 그리고 이러한 패턴은 기후 요소 중 강수량과 바람, 즉 식생의 성장에 주요한 영향을 미치는 봄의 강수량 증감과 식생의 고정·유지와 밀접하게 연관된 바람 세기의 변화 패턴과 상응한다는 것을 발견했다. 따라서 기후적 요소를 강조하는 학자들은 사막화에 영향을 미치는 인간의 영향이 과대평가되어 왔다고 이야기한다(Wang et al., 2006).

하지만 사막화에 대한 UNCCD의 정의에서 드러나듯이, 사막화는 인위적 요인이나 자연적 요인 한쪽만으로 쉽사리 환원될 수 없는 복잡한 생태계의 과정이다. 따라서 학자들은 자연적 요인과 인위적 요인이 모두 사막화에 영향을 주는 것은 명백한 일이므로 어느 한쪽에 치우치지 않고 두 요소가 사막화와 어떻게 연관되는지에 대한 상대적 관계를 파악하는 것이 필요하다고 보았다(Xu et al., 2010: 499-501). 다중스케일(multi-scale)적 접근은 공간적 규모의 차이, 시간적 척도의 차이에 따라서 사막화 원인이 드러나는 방식이 다르게 나타난다고 본다. 예컨대, 마을 단위의 소규모 지역에서는 사막화가 진행되지만 중규모나 대규모의 지역적 차원에서는 사막화에서 회복되는 경향을 보이기도 한다.

시간 규모에서도 단기간에는 식생이 파괴되거나 회복되는 것처럼 보이지만, 장기적 관점에서 보았을 때 이러한 변화들은 역전적 과정이나 경향성을 보이는 파동의 한 귀퉁이일 수 있다. 사회적 요인 또는 자연적 요인 중 한쪽만을 사막화의 주요 원인으로 주장하는 학자들이 범하는 오류는 다른 시공간적 기준을 가지고 사막화를 정의하는 데서 기인한다. 그들은 기준이 달라서 서로 직접적으로 비교할 수 없는 주장을 내세우며 사막화 논쟁에 참여하는 것이다. 따라서 사막화에 대한 여러 요소의 상관관계를 밝히려면 시공간의 스케일을 고려한 논의를 해야 한다고 주장한다.

다중스케일 논의의 연장선상에서 사막화를 연구하는 학자들은 지역적 규모(regional scale)에서 동일한 경향을 띠는 기후변화와 같은 자연적 요인을 제거하고 인위적 요인이 사막화에 미치는 영향을 살펴보아야 한다고 주장한다(Archer, 2004: 381). 따라서 학자들은 중국 건조지역의 시공간적 규모 차에 따른 분석에서, 1980-1990년대 지역적 규모에서의 사막화 후퇴 경향 속에서도 일어나는 국지적 사막화의 원인을 파악하려면 인간 활동이라는 요인을 주요하게 다루어야 한다고 보았다(Xu et al., 2010: 506). 예컨대, 동일한 기후 상황에서 차이를 보려면 방목 전략 등 인간의 실천 차이에 집중하지 않을 수 없다는 것이다.

그러나 위의 견해를 따를 경우, 사막화에 영향을 미치는 기후라는 자연적 요소를 종속변수로만 보아야 하는가 하는 질문이 여전히 남는다. 이에 대한 답변은 건조지역 생태계를 보는 관점의 변화와 밀접하게 연관되어 있다. 기존의 평형 생태학의 관점은 생태계를 정적·균형적·순환적 체계로 보았다. 따라서 생태계는 일정한 '수용능력'이 있어 특정한 지역에서 수용할 수 있는 가축의 수는 제한적이며, 수용능력을 넘어설 경우 토지의 퇴화가 발생하는 것으로 보았다. 평형 생태학적 관점에서 바람, 한파 등 기후 요소는 외부적인 것으로 수용능력 분석에서 제외되었으며, 통제는 목축이나 농경과 같은 인위적 요소들로 제한되었다.

그러나 이에 대한 비판으로 제시된 비평형 생태학의 관점에 따르면, 특히 초원이 위치하는 건조·반건조 기후 지역에서는 강수량, 가뭄, 바람 등 외부적 조건의 변동이 잦고 불규칙하게 발생하는 예측할 수 없는 불확실성을 보이는데, 이러한 기후적 요소들은 지속적이지는 않지만 일시적으로 생산성에 영향을 미치는 것으로 나타났다. 따라서 사막화는 인위적 원인만으로 파악할 수 없으며, 당시의 시공간적 규모에서 발생하는 외부적 요인인 강수량과 바람 같은 자연적 변동과의 상관관계 속에서 파악해야 한다고 보았다. 수용능력과 반대되는 개념으로 비평형 생태학에서 제시하는 리질리언스는 체계가 변화와 교란을 받아들일 수 있는 정도를 말한다. 평형 생태학과 수용능력 개념에서는 교란을 정상범위에서 벗어난 것으로 보았다면, 비평형 생태학과 리질리언스 개념은 예측 불가능한 외부적 영향 속에서도 그것을 완화하고 수용할 수 있는 질적 체계의 정립을 강조하고, 이러한 변동 속에서도 여전히 체계가 유지되고 있음을 보여주려고 했다(Holling, 1973: 14-21).

중국에서 진행된 초원퇴화 방지 정책들은 수용능력의 척도인 가축 수의 조절로 생태계의 안정성을 증가시키는 데 목적을 두었다.[15] 가정마다 분배된 초지의 크기에 따라 단위면적당 가축 수를 제한하는 초축평형(草畜平衡)정책을 실시하거나, 식생이 회복되도록 울타리를 두르고 목축을 금지하는 보호구역을 설치했다. 아니면 사막화 진행 경계 지역을 따라 식생 증가를 위해 식수사업을 전개했다. 이에 대해 비평형 이론을 주장하는 학자들은 특정 지역의 초원생산력이나 식생을 기후조건에 따라 변동될 수 있는 유연한 체계로 보았기 때문에 목축을 일률적으로 제한하지 않고도 외부조건과 관계 속에서 탄력적인 목축 규모와 전략을 세울 수 있다고 보았다(李文軍·長倩, 2009 참조).

이와 같이 사막화는 인위적/자연적 요인, 평형/비평형, 안정/변동,

15 중국의 초원정책에서 정부나 과학자들은 평형 생태학과 비평형 생태학을 실용적 관점에서 선택적으로 취하므로 엄격하게 평형/비평형의 잣대로 이를 평가하기는 어렵다.

국지적/지역적 공간·시간 규모, 단기/장기 등의 대립적 논쟁이 이루어져 왔다. 또한 이들은 중국과학원 식물연구소의 과학자들을 비롯한 초원을 연구하는 연구자들과 정부가 사막화 방지를 위해 제시하는 다양한 제안의 변화과정에 영향을 미쳤다. 다음에서는 사막화 방지를 위한 제안들의 전개과정을 살펴봄으로써 초원의 위기가 상이한 행위자들의 연관관계를 바탕으로 정의되고 구성되어 왔음을 제시한다.

3. 초원 위기 쟁점이 이동하다

네이멍구 초원은 개혁개방 이후 많은 변화를 겪었다. 이전까지는 인민공사의 관리 아래 집체적으로 운영되던 가축과 초지가 초축쌍승포책임제(草畜雙承包責任制)를 계기로 개별가정에 분배되었다. 1980년대 초반에는 가축이, 1990년대 중반에는 초지가 분배되었다. 그리고 대약진운동과 문화대혁명 시기에는 '곡물우선정책(以糧爲綱, grain-first policy)'이 강조되고 많은 초지가 개간된 반면 개혁개방 이후에는 목축지를 회복하고, 초원의 회복과 보존에 본격적으로 관심을 두기 시작했다(Smil, 1987: 216-222).

개혁개방 이래 초원을 연구하는 과학자들과 초원에서 정책을 시행하는 정부는 초원의 퇴화와 사막화를 방지하기 위해 지속적인 관심을 기울이고, 많은 제안과 정책들, 즉 조림사업, 보호구역 제정, 초축평형, 계절적 휴목, 종에 따른 차별적 금목, 새로운 종의 도입, 생태이민, 보조금 지급 등을 실시했다. 이러한 사막화 방지를 위한 제안을 거슬러 올라가 보면 사막화의 원인에 대한 진단을 다르게 내리고 있다. 이런 차이는 사막화와 초원의 위기를 구성하는 행위자들이 제안마다 다르게 나타난다는 점 역시 보여준다.

연구자들의 새로운 문제제기와 제안으로 사막화의 쟁점은 이동하고, 쟁점이 이동하는 과정에서 그와 연관된 행위자들은 변화하고 증가하기도 한다. 이 과정에서 사막화 방지의 제안들은 그와 관련된 이해관계 당사자들의 목소리들을 대변한다.

여기에서는 네이멍구 초원에서 실시된 사막화 방지 정책의 변화와 더불어 필자가 조사했던 바인후수 마을의 사막화 방지 시행방안들이 어떻게 구성되어 왔는지 기술하고자 한다.

첫째, 중국 전역에 1970년대 후반 시작되어 1980, 1990년대 그리고 지금까지도 널리 퍼진 사막화에 대처하는 방식은 사막화되는 지역에 조림(造林)을 하는 것이었다. 조림사업의 목적은 수토 유실을 방지하고, 모래바람이 부는 것을 막는 것이다(蔣高明, 2007: 4). 중국 정부에서는 1978년부터 삼북방호림(三北防護林)[16] 사업을 실시했는데, 황사가 불어오는 북쪽의 삼성(三省)인 서북(西北), 화북(華北), 동북(東北) 지역에서 사막화가 이미 진행되었거나 진행 중인 지역에 삼북방호림을 건설함으로써 사막화를 방지·관리하고자 했다.

조림을 실시하는 쪽에서 볼 때 '황사(黃沙)', 즉 모래폭풍(沙塵暴), 모래바람(風沙)이 사막화를 일으키는 주원인이다. 그래서 쉽사리 바람에 날리는 사질의 토양 또는 이동사구(流動沙丘)를 고정해서 모래바람을 줄이거나 막는 것이 가장 중요하다. 조림사업으로 심어진 나무는 뿌리를 내림으로써 토양을 고정하며, 나무숲은 모래바람을 막는 방풍림(防風林) 역할을 한다.

16 삼북방호림 사업(1978-2050), 1978년부터 2000년까지가 제1단계로, 1978-1985년이 제1기, 1986-1995년이 제2기, 1996-2000년이 제3기로 나뉜다. 2001년부터 2020년까지가 제2단계로, 2001-2010년이 제4기, 2011-2020년이 제5기로 현재는 제2단계 제5기에 속한다(蔣高明, 2007: 6).

그러나 조림사업 초기에 건조지역에 심었던 백양나무(楊樹)와 같은 교목(喬木)들은 방풍림으로 적합하지 못했다. 방풍 역할만 강조된 나머지 조림사업이 건조지역의 추위·토양과 수분을 고려하지 않았다는 비판이 제기된 것이다. 긴 겨울, 비가 적게 내리고 수분이 꾸준히 공급되기 어려운 사질토양이 대부분인 건조지역에서 교목은 다량의 수분을 지속적으로 공급해야만 살아남을 수 있다. 교목의 높이 때문에 단기적으로는 방풍에 효과가 있는 것으로 보이지만, 장기적으로는 많은 나무가 오래가지 않아서 말라 죽는 문제가 발생했다. 그뿐만 아니라 대규모 조림사업을 벌인 지역에서는 건조지역 식생 유지를 위협하는 지하수위 하강이 일어나기도 했다. 실제로 중국 전역의 삼북방호림 사업에서 이루어진 인공조림의 성공률은 10%에도 미치지 못했고, 필자가 조사를 진행한 시린궈러맹 지역에서 조림으로 인한 식생 피복 개선율은 0.87%에 그쳤다(蔣高明, 2007: 7).

이에 따라 몇몇 연구자는 교목 대신 건조지역의 기후변동에도 살아남을 수 있는 관목(灌木)과 풀[草]을 심으면, 비용도 절약하고 식생 피복을 늘릴 수 있다는 제안을 했다.[17] 식물학자들은 북방의 추위와 강수량 변동에도 견딜 수 있는 토종 수종을 연구하여 사막화 방지에 기여하고자 했다. 바인후수 마을에서도 곳곳에 백양나무뿐만 아니라 사류(沙柳)와 황류(黃柳) 등의 관목을 심고, 비행기를 이용하여 풀의 종자를 뿌리는(飛播種草) 등의 조림정책이 실시되었다.

둘째, 조림사업이 인공적으로 나무를 심어 사막화를 개선하고자 했다면, 다른 한편에서는 보호구역(保護區)을 지정하여 방목을 금지하고 식생을 회복하는 방안이 실시되었다. 네이멍구의 여러 지역에서는

17 葛劍雄, 「三北防護林 我們還要交多少學費」, 『東方早報』(2005. 7. 27).

[그림 2-3] 마을 보호구역 답사

초지퇴화가 일정 정도 진행된 지역을 선정하여 철조망을 두르고 보호구역을 설치하여 목축민들의 가축 진입을 금지했다. 여기서는 앞의 식수·조림 생태계의 생산자에 초점을 두었을 때 잘 드러나지 않던 양, 소, 말 등의 가축, 즉 초원의 소비자들이 사막화 원인을 구성하는 행위자로 나타났다. 가축들은 초원을 퇴화시키는 주요한 원인으로 등장하여 초원에서 배제되어야 할 대상이 된 것이다. 바인후수 마을에서는 2001년 중국과학원 과학자들이 "자연적인 힘을 이용해 초원을 회복하자"(蔣高明, 2007)라는 표어 아래 지방정부와 협력하여 여름방목지 2,700헥타르를 선정해서 철조망을 두르고 방목을 금지하는 보호구역으로 지정했다(그림 2-3). 이곳에서는 두 방안이 동시에 시도되었다. 기본적으로는 보호구역을 지정해서 가축방목을 배제했고, 보조적으로는 건조지역 환경에 적절한 풀과 관목을 심었다. 철조망을 두른 지 2년 만에 초원의 식생 회복률은 60%에 도달했고,[18] 초원은 푸른 모습을 되찾게 되었다.

셋째, 일군의 식물학자들은 가축을 초지퇴화의 원인으로 보고 계절적 휴목(季節性休牧)을 제안했다. 새싹이 자라는 봄과 결실을 이루는 초가을 시기에 방목을 제한함으로써 초원의 생장을 보호하고 사막화를 방지하고자 한 것이다.[19] 휴목은 미분화되었던 초지를 계절적으로 구분함으로써 식생이 회복하는 시간을 주는 데 그 목적이 있었다. 바인후수 마을의 여름방목지는 이미 2001년 보호구역으로 금목이 된 반면에 겨울방목지에서는 계속 가축을 방목할 수 있었다. 그러나 2002년부터 겨울방목지도 정란기 정부에서 매년 4월 1일부터 7월 10일까지 풀 생장기 70일 동안 계절적 휴목을 실시했다(馬京·金海, 2004: 35).

넷째, 초지퇴화의 원인을 과도한 방목으로 간주한 식물학자와 동물학자들은 적절한 수준의 방목을 위해[20] 초지 등급을 나누고 단위면적당 적정 두수를 방목하는 '초축평형'을 실시할 것을 제안했다. 식물학자들은 서로 다른 방목 밀도에 따른 초원퇴화의 차이를 살펴보려 했고, 동물학자들은 방목 밀도와 동물 영양발육 상태의 상관도, 사료 보충 정도의 관계를 보고자 했다.

중국 정부에서는 2002년부터 초축평형정책을 실시했고, 바인후수 마을에서는 2005년부터 정식으로 등급과 초지의 크기에 따라 기를 수 있는 가축의 마리 수를 표시한 증명서를 발급했으며, 이를 감시하기 위해 지방정부 목축국[畜牧局]에서는 계절마다 감찰을 돌고 있다.

18 『科技導報』(2011, 第29卷 25期): 16.

19 朱立博 等, 2008 참조.

20 보통 등급이 양호한 초지의 경우 16무의 초지에 양 한 마리를 기를 수 있다고 보았다. 소는 보통 양의 다섯 배 정도 초지가 필요하다고 본다. 그러나 최근 들어 학자들은 초지의 퇴화가 심하세 일어나 양 한 마리를 기를 수 있는 초지는 40무 정도는 되어야 한다고 이야기한다.

[그림 2-4] 토종소 방목

앞선 네 가지 제안에서는 식물(초원의 생산자), 즉 초지를 구성하는 다양한 기준이나 요소들이 분화되어 나타났지만 가축들은 사막화를 일으키는 미분화된 집단이었다. 하지만 뒤이어 시행되기 시작한 방안들에서는 가축들이 다양한 종으로 식별되었다.

다섯째, 초원퇴화를 방지하기 위해 초원의 소비자인 가축을 줄이는 감축(減畜)정책이 실시되었다. 그 첫 번째 대상은 양(羊)이었는데, 특히 산양(山羊)은 앞발로 풀의 뿌리까지 캐서 먹기 때문에 초원퇴화를 가속화한다고 간주되었다. 그래서 초원퇴화를 저지하려면 양보다는 소를 기를 것이 장려되었다. 바인우수 마을에서도 2007년부터 개별가정 소유 초지에서 양의 방목을 줄이고 양을 시장에 내다 팔 것이 장려되었다. 그리고 양을 대신해서 소를 기를 수 있도록 하는 정책적 지원이 이어졌다. 여기서는 '가축'이라는 미분화된 집단이 '양'과 '소' 또는 '양 이외 가축'[21]이라는 구별되는 특성을 지닌 '가축들'로 세분되어 사막화

21 실제로 조사지 마을에서는 양과 소를 제외한 말이나 낙타 등은 수익성 등의 이유로 개별가정에서 거의 기르지 않거나 기르더라도 말 한 마리 정도가 전

[그림 2-5] 2010년 토종소 금목 계약 인장

에 대한 서로 다른 정도의 위기를 구성하는 행위자로 등장하게 되었다.

두 번째 감축 대상은 소 중에서도 토종소(蒙古牛, 本地牛)였다(그림 2-4, 2-5). 양보다는 초원을 덜 파괴하여 방목이 허락되었던 토종소도 2010년에는 초원을 떠나게 되었다. 정부는 초원퇴화 방지를 위해 토종소 방목 역시 금지한 것이다.

이와 같은 정부의 초원보호정책에 따라 바인후수 마을이 있는 싸인후두가쑤무가 단계적 금목정책(階段性禁牧) 지역으로 선정되었다. 다음은 바인후수 마을이 위치한 시린궈러맹에서 실시한 금목정책의 시행령에 대한 전반적 내용이다.

시린궈러맹 단계적 금목정책 시행 방법(시행)[錫林郭勒盟階段性禁牧項目實施辦法(試行)]

제1장 총칙

제2조 단계적 금목은 목축지역의 퇴화, 사화된 초지(草場)에 단계적으로 금목을 실시하는 것을 가리키는 것으로(5년을 1주기로), 국가는 목축

부였다.

민에게 일정한 보조금을 정책시행으로 지급한다. 단계적 금목 실시 지역의 목축민들은 토지 생산 생활(1차 생산)뿐만 아니라 도시와 읍, 2·3차 산업의 직업으로 전환할 수 있다. 정책의 실시로 목축민들이 소량의 자식성(自食性) 가축만 남기게 하여 초지의 압력을 대폭 낮추고, 대자연의 회복 능력과 목축민 주체의 작용에 의지하여, 초원생태계의 회복과 목축인구의 안정적 이동과 목축업 발전방식의 점진적 변화와 목축민 소득의 지속적 증대를 목적으로 한다.

제3조 실시원칙

(四) 엄격한 수량 관리의 원칙. 호(戶)마다 자식성 가축 수량은 25마리 양 단위(대형 가축 5마리) 이내로 엄격하게 수량을 제한한다. 올해 정책이 실시되는 지역에서는, 반드시 9월 말 이전에 초과되는 수량을 출하(出欄)해야 한다.

(五) 각 호로 보조금 도달 원칙. 목축민들의 의향에 따라, 그들의 편리원칙에 근거하여, '이카통(一卡通)'[22] 방법을 이용하여, 보조금을 직접 목축민 계좌로 입금하는 형식으로 현금을 직접 지급한다.

제4조 보상기준

정책이 시행되는 초지는 원칙상으로는 5위안(元)/무(畝)·년(年)의 기준에 따라 연속 5년간 실시, 지역의 목축민들은 1인당 3,000-5,000위안의 보조금을 받는다. 구체적 방법: 1인당 평균 초지가 600무 미만인 경우, 3,000위안을; 600-1,000무인 경우, 5위안/무·년의 기준에 따라 보조금을 받으며; 1,000무 이상인 경우 5,000위안의 보조금을 받는다.

22 하나의 카드로 여러 가지 기능을 할 수 있다는 의미이며, 중국의 은행·학교·기관 등에서 IC카드를 사용하여 각종 업무를 한번에 처리할 수 있는 시스템을 말한다.

제3장 보상절차

제8조 기(旗)나 시(市)정부는 단계적 금목의 내용, 조건, 상관정책을 공포한다. 목축민은 자발적으로 신청서를 작성한다. 가차(嘎查)의 위원회는 목축민대회를 개최하여 표결을 거쳐 2/3 이상의 동의를 거쳐 집체결의를 형성해 촌규민약(村規民約)을 제정하고, 초지 면적, 인구, 보조금 금액 등의 사항을 공시한다. 기시 정부, 쑤무진 정부, 가차위원회의 책임 아래 계약을 체결한다. 가차위원회와 목축민은 금목계약서를 작성하고, 기시의 초원감시국은 계약을 감독한다. 올해(2010)는 계약체결 후 30%의 보조금을 지급하고, 가축 출하 이후 다시 30%의 보조금을 지급한다. 두 번째 해 5월 말 이전에 계약을 이행한 목축민들에게 나머지 40%의 보조금을 지급한다. 두 번째 해 12월 말 이전에 두 번째 해 보조금의 60%의 보조금을 지급하고, 이후 연도에는 이와 같이 진행한다.

제4장 감독관리

제9조 기시(旗市), 쑤무진(蘇木鎮), 가차(嘎查) 3급의 금목 지도조직과 기층관리 조직, 책임구역과 책임자를 지정하고 감찰을 진행하며, 규율을 위반할 경우에는 법에 근거해 엄격하게 차출해 낸다. 기시 초원 감리, 임업 공안(公安)은 구체적 관리보호 방안을 제정하고 감독감찰을 강화한다.

제6장 직업의 전이(轉移就業)

제14조 기시는 목축인구의 직업의 전이를 위한 우대정책을 정비하고 실행하여 사회보장을 증대하고, 거주지 임대, 자녀교육의 보조정책, 목축민의 도시 이주 노동을 장려하고 이끌어야 한다.…

제15조 각지는 목축민의 초원산업, 관광업 등과 같은 특색 산업을 이끌어 목축민들의 다방면의 수입 증진을 위한 우대정책을 제정해야 한

[그림 2-6] 2010년 9월 금목 시행 직전 소 출하

다.[출처: 시린궈러맹 정부 홈페이지(錫林郭勒盟政府網)]

정부는 목축민들과 단계적 금목정책을 5년 단위로 실시하도록 계약했다. 바인후수 마을의 경우 1인당 분배된 초지 면적이 약 600무 미만에 해당되어 3,000위안의 보조금이 책정되었다. 단계적 금목정책은 '단계적'이라는 수식어에서도 나타나듯이 5년을 1단계로 설정하여 금목정책을 5년 단위로 시행하는 것을 의미한다. 이 정책은 한 가구당 대형가축(소)을 기준으로 다섯 마리로 사육을 제한하고, 줄어든 생산량을 대신하여 1인당 보조금을 지급하는 것을 골자로 한다. 시행방법 제2조에서도 언급하듯이, 정부는 이 정책으로 목축민을 1차 생산으로부터 2, 3차 생산으로 이동시키고, 목축인구를 도시로 이동시켜 새로운 직업에 종사하도록 했다. 단계적 금목정책에서는 구체적으로는 한 가구당 가축두수를 다섯 마리로 제한하여 식용을 위한 최소한의 수량만 남겨두

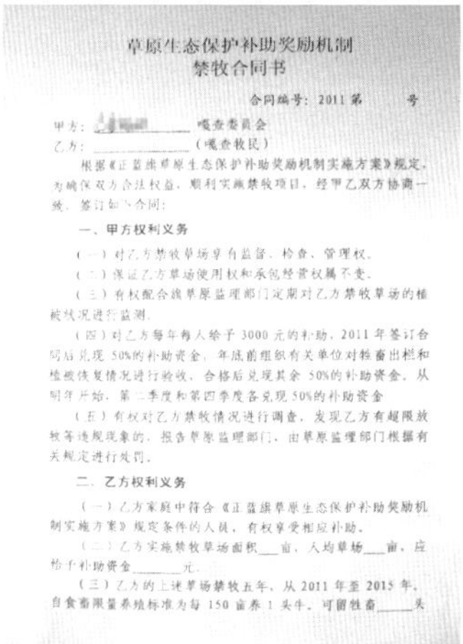

草原生态保护补助奖励机制
禁牧合同书

合同编号：2011 第　　号

甲方：________嘎查委员会
乙方：________（嘎查牧民）

根据《正蓝旗草原生态保护补助奖励机制实施方案》规定，为确保双方合法权益，顺利实施禁牧项目，经甲乙双方协商一致，签订如下合同：

一、甲方权利义务

（一）对乙方禁牧草场享有监督、检查、管理权。

（二）保证乙方草场使用权和承包经营权属不变。

（三）有权配合旗草原监理部门定期对乙方禁牧草场的植被状况进行监测。

（四）对乙方每年每人给予 3000 元的补助，2011 年签订合同后兑现 50%的补助资金，年底前组织有关单位对牲畜出栏和植被恢复情况进行验收，合格后兑现其余 50%的补助资金。从明年开始，第二季度和第四季度各兑现 50%的补助资金

（五）有权对乙方禁牧情况进行调查，发现乙方有超限放牧等违规现象的，报告草原监理部门，由草原监理部门根据有关规定进行处罚。

二、乙方权利义务

（一）乙方家庭中符合《正蓝旗草原生态保护补助奖励机制实施方案》规定条件的人员，有权享受相应补助。

（二）乙方实施禁牧草场面积___亩，人均草场___亩，应给予补助资金_______元。

（三）乙方的上述草场禁牧五年，从 2011 年至 2015 年。自食畜限量养殖标准为每 150 亩养 1 头牛，可留牲畜_____头

[그림 2-7] 2011년 금목계약서(앞)

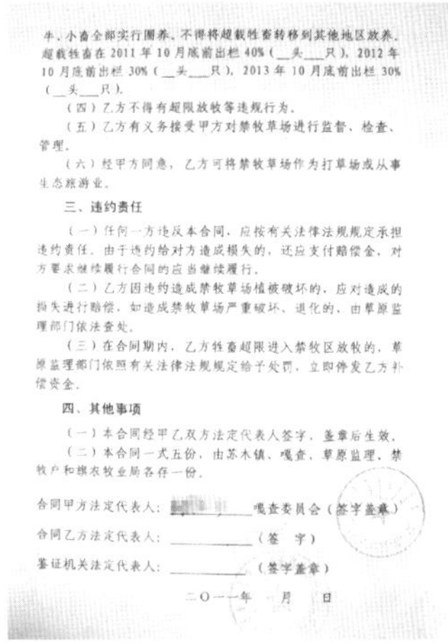

牛，小畜全部实行圈养，不得将超载牲畜转移到其他地区放养。超载牲畜在 2011 年 10 月底前出栏 40%（__头___只），2012 年 10 月底前出栏 30%（__头___只），2013 年 10 月底前出栏 30%（__头___只）。

（四）乙方不得有超限放牧等违规行为。

（五）乙方有义务接受甲方对禁牧草场进行监督、检查、管理。

（六）经甲方同意，乙方可将禁牧草场作为打草场或从事生态旅游业。

三、违约责任

（一）任何一方违反本合同，应按有关法律法规规定承担违约责任。由于违约给对方造成损失的，还应支付赔偿金，对方要求继续履行合同的应当继续履行。

（二）乙方因违约造成禁牧草场植被破坏的，应对造成的损失进行赔偿，如造成禁牧草场严重破坏、退化的，由草原监理部门依法查处。

（三）在合同期内，乙方牲畜超限进入禁牧区放牧的，草原监理部门依照有关法律法规规定给予处罚，立即停发乙方补偿资金。

四、其他事项

（一）本合同经甲乙双方法定代表人签字、盖章后生效。

（二）本合同一式五份，由苏木镇、嘎查、草原监理、禁牧户和旗农牧业局各存一份。

合同甲方法定代表人：________嘎查委员会（签字盖章）

合同乙方法定代表人：________（签　字）

鉴证机关法定代表人：________（签字盖章）

二〇一一年　月　日

[그림 2-8] 2011년 금목계약서(뒤)

도록 했다. 그리고 줄어든 목축민들의 수익을 보존하기 위해서 정부에서는 1인당 3,000위안의 보조금을 지급하기로 했다.

그러나 첫해부터 정책은 삐걱거렸다. 정부에서 10월 1일까지 기존의 토종소를 모두 처분해야 보조금을 지급한다고 하자 주민들은 소를 내다 팔기 시작했다. 시린궈러맹 전역의 많은 마을이 이 정책의 대상이 되었으므로 소 가격이 폭락했고, 목축민들은 손해를 감수하고 소를 처분할 수밖에 없었다(그림 2-6). 게다가 지급하기로 되어 있던 보조금은 1/3밖에 나오지 않았고, 2011년에 새로운 계약서를 작성한 뒤에는 2010년에 받지 못한 보조금은 지급되지 않았다(그림 2-7, 2-8). 금목으로 초원을 회복하고, 보조금을 지급해 목축민들의 경제적 이익을 보존하겠다던 2010년의 토종소 금목정책은 실패한 셈이었다.

여섯째, 정부에서는 '생태이민촌(生態移民村)'을 마을 중심부에 건설해 '젖소'를 기르도록 지원했다(그림 2-9). 생태이민촌의 목적은 초원 보호뿐 아니라 목축민들의 새로운 경제적 출로를 창출하는 것이었다. 토종소 대신에 젖소를 기르게 되면, 매일 우유를 판매하여 꾸준한 소득

[그림 2-9] 젖소 우유 짜기

을 얻을 수 있다고 간주되었다. 이민촌의 건설은 중국의 '멍니우(蒙牛)'나 '이리(伊利)'와 같은 낙농기업과 주거 개선사업에 참여하는 건설기업과 정부의 연계를 바탕으로 했다. 이 시점에서 사막화를 방지하는 데 관련된 행위자는 '기업들'과 '젖소'로 늘어났다. 그리고 앞선 정책들에서 배제되었던 목축민의 '경제적 이익'이 고려되기 시작했다.

2008년부터 바인후수 마을에서도 목축민들 다수는 새로운 거주지로 이주해서 젖소를 길렀다. 바인후수 마을은 인구수에 비해 초지면적이 좁고 사막화가 진행된 초지가 많아 쑤무에 있는 10여 개 가차 중에서 유일하게 사막화를 방지하기 위한 생태이민촌이 건설되는 마을로 선정되었다. 정부에서는 마을 중심부에 우유수급기지를 건설하고, 젖소 사육을 위한 창고와 집을 지어주었다. 몽골족들은 젖소 구입 비용을 충당하기 위한 은행대출을 지원받았고, 동북지방에서 젖소를 구입해 기르기 시작했다.

[표 2-1] 초원 위기 쟁점 이동의 역사

시기	대변인	행위자들이 처한 문제				초원의 위기 정의	제안	위기의 해결	미해결
		초원/초지	가축	몽골족	기타				
1978년-	식물학자	식생피복 저하 이동사구	모래바람	모래바람	정부, 도시민: 대도시 경제·환경 악화	식생피복 감소, 사구 이동 활발, 황사, 수토 유실	나무, 풀 심기(삼북방호림)	초원 식생피복 증가	장기적 식생 회복 미지수, 지하수위 낮아짐
2001년-	식물학자	가축의 식생 파괴	풀 부족	초지 질 저하로 인한 방목 이익 감소		초원 식생의 감소 원인은 목축	보호구역 내 금목(圍封禁牧)	• 초지: 보호구역 내 초지 식생 회복 • 가축: 회복 초지의 풀을 베어 먹이로 활용 • 몽골족: 풀 수확 • 정부: 황사 감소, 생태보호 • 과학자: 보호구역설계, 관리, 효과에 대한 지식 형성	보호구역 외에 방목이 이루어지는 목초지는 관리의 사각지대
2002년-	식물학자	봄목초지: 생장(새싹) 가을목초지: 번식(종자)				식물 생장시기(새싹) 식물의 종자	계절적 휴목(季節性休牧)	적기에 따라 식생의 회복 및 보호	• 가축 고려 안 함: 단기적 가축 풀 부족 • 몽골족: 부족한 방목을 채우기 위한 사료 구입 비용 증가
2005년-	동물학자+식물학자	과도방목으로 토지 퇴화	풀 부족			과도방목(단위면적당 가축 방목두수 초과)	초축평형(草畜平衡)	적절한 수준의 방목 밀도 유지로 초지 관리 방목두수(예: 16무 = 양 1마리)	몽골족 생계 및 경제적 이득 감소
2007년-	식물학자+동물학자	양의 식생파괴	풀 부족			산양이 앞발로 풀뿌리까지 캐서 먹어 급격한 식생 퇴화의 원인이 됨	양 방목금지	식생의 보호	몽골족 생계 및 경제적 이득 감소
2008년-	낙농기업+목축국(畜牧局)	양, 토종소 등 기존 가축의 식생파괴	토종소 외래종젖소: 혹독한 겨울	경제적 어려움	• 낙농기업 • 건설기업	젖소는 토종소와 달리 사막화의 원인으로 분류되지 않음	젖소의 도입	• 몽골족의 생계 및 경제적 고려 • 매일 우유 판매 수익, 기반시설 제공	젖소 품종이 나빴고, 추운 겨울을 견디지 못했으며, 증가한 사료 비용과 빚으로 몽골족의 경제적 어려움
2009년-	생태학자	기존 초원 가축의 식생 파괴, 병충해 피해	닭 이외의 가축: 초원에서 쫓겨날 위기 닭: 새로운 기후와 환경에 적응	경제적 어려움		• 초원의 위기의 고려 대상에 목축민 포함 • 새로운 초원의 사육 종으로 닭 도입 • 과학자들과 목축민이 연합한 실험시범 프로젝트의 실시	초원목계 프로젝트, 초원에서의 닭 사육	• 초원: 닭 사육은 적은 초지만 사용함, 나머지 초지에 여유 생김, 병충해 방지, 닭 배설물 거름으로 활용 • 다른 가축: 소규모지만 생존할 여유 초지 마련 • 닭: 닭장에서 벗어나 초원에서 사육됨 • 몽골족: 닭고기, 달걀 판매로 장단기 이익 보장 • 과학자: 새로운 지식 생산 • 정부: 초원보호관리정책의 응용사례	
2010년-	식물학자+동물학자	소의 식생 파괴	풀 부족	경제적 어려움		소의 과도한 방목 역시 초지를 악화함	소 방목금지	• 방목 제한으로 초지 보호 • 보조금 지급으로 경제 손실 보전	유일한 재산인 소를 헐값에 팔아넘김, 보조금 미지급, 몽골족 경제 이득 감소

흥미로운 점은 2010년에 실시된 '소 방목 금지' 기준에 '젖소'는 들어가지 않는다는 것이다. 같은 '소'이지만 '토종소'와 '젖소'는 사막화 방지 문제에서 희비가 갈렸다. 토종소는 금목정책에 위배되지만, 오스트레일리아나 뉴질랜드에서 들여온 외래종 '젖소'는 금목정책의 대상이 아니었다. 쉰리리(荀麗麗, 2009: 92-109)는 이러한 '젖소' 사육 장려 정책이 정부(기 정부, 쑤무 정부)와 시장(낙농기업, 은행, 우유수급기지 운영자) 간의 긴밀한 이해관계 결합에 따라 '생태건설'이라는 구호 아래 진행되고 있다고 보았다. 실제로 바인후수 마을의 목축민들은 젖소가 토종소보다 몸집이 커 풀과 사료도 더 많이 먹기 때문에 초지퇴화에 토종소보다 더 많은 영향을 준다고 생각했다. 젖소가 초지퇴화를 가속화하는 동물이라는 목축민들의 인식은 정부의 사육장려정책 논리에 반하는 것이었다. 이러한 젖소와 토종소 차별은 정부와 시장의 이해관계 결합, 나아가 목축민들의 구체적 상황을 고려하지 않은 톱다운(top-down, 自上而下) 방식의 초원정책(荀麗麗, 2009: 77)에서 찾을 수 있다.

몽골족 목축민들의 젖소 기르기는 쉽지 않았다. 고기로 판매하기 위해 방목으로 길러지는 토종소와 달리, 젖소는 12시간 간격을 두고 아침저녁으로 젖을 짜주어야 한다. 그런데 젖소들의 젖이 잘 나오지 않으면서 우유수급기지 운영이 불안정해지고 이윤을 획득하기가 어려웠다. 설상가상으로 2009년 겨울 한파로 많은 젖소가 얼어 죽었다. 대출받거나 토종소를 팔아 토종소보다 2-3배 비싼 젖소를 구입했던 목축민들은 안정적 소득을 얻기 어려운 젖소 사육을 힘겨워했고, 우유가 잘 나오지 않는 젖소를 헐값에 팔아버릴 수밖에 없었다. 게다가 이러한 피해가 회복되기도 전에 실시된 2010년의 '토종소' 목축 제한은 목축민들의 마지막 생계수단을 위협했다. 경제적 이익과 초원관리를 모두 포섭하려던 최근의 두 정책은 역설적으로 초원의 퇴화와 경제적 어려움을 가중하는 결과를 낳게 되었다.

4. 초원목계 프로젝트를 시작하다

초원 사막화 위기를 극복하고 몽골족 목축민들이 처한 경제적 어려움을 타개하기 위해 중국과학원 식물연구소의 생태학자들은 2009년부터 초원에서 닭을 기를 것을 제안했다. 초원목계 프로젝트는 기존 사막화 방지 정책을 보완해서 몽골족 목축민들의 경제적 어려움에 적극적으로 대처하기 위한 새로운 방안이었다.

과학자들은 바인후수 마을에서 10여 년간 연구기지를 운영해 오면서 마을의 지형, 식생, 기후뿐만 아니라 목축민들의 사정도 잘 알았으므로 이러한 구체적 방안을 제시할 수 있었다. 과학자들은 이미 2001년 정란기 지방정부와 협력해 초원 회복을 위해 일련의 크고 작은 프로젝트를 하면서 추진 능력을 인정받은 바 있다.

어떤 측면에서 닭 사육으로 초원의 위기가 극복될 수 있는가?

첫째, 과학자들은 기존에 해결하지 못했던 목축민들의 경제난을 닭 사육으로 해소하고자 했다. 금목정책으로 마을에서 더는 소, 양, 말 등을 기르지 못하게 된 상황에서 몽골족들은 2008년 정부의 정책 아래 젖소를 기르기 시작했다. 그러나 젖소는 일손이 많이 가는 동물이었으며, 무엇이 원인인지 제대로 밝혀지지 않은 채 우유가 잘 생산되지 않거나 소가 병들어 죽는 상황이 발생해 큰 경제적 손해를 보았다. 또한 우유 생산량을 늘리기 위해 이전에 초지방목 때는 필요하지 않았던 사료를 구입하는 등 추가 비용을 지출하게 되었다. 고수익을 보장한다는 권유에 고금리 대출을 받아 젖소를 기르기 시작한 몽골족들은 오히려 빚을 지게 되었다.

그러나 중국과학원의 생태학자들은 그들의 재정적·기술적 지원 아래 목축민들이 닭을 기르게 된다면, 제한된 초원 면적에서 소와 양을 기르지 못하는 금목정책에 반하지 않으면서도 경제적 수익을 높이게 될 것이라고 예상했다. 닭은 네이멍구의 여름 기간을 이용하여 6개월 이내에 길러 판매할 수 있어 대형 초식동물들과 달리 단기간에 경제적 수익을 보장해 준다. 또한 달걀을 판매하면 1년 내내 가구의 경제적 소득을 보장해 주므로 안정적인 생계기반을 제공한다.

초원 회복의 해결책으로 제안된 초원에서의 닭 사육은 그동안 전통적인 가축의 적절한 방목으로는 창출하지 못했던 새로운 경제적 가능성을 몽골족들에게 제시하고 있다. 목축민들은 도시로 이주해 일자리를 찾지 않고도 닭을 길러 초원에서 돈을 벌게 되었다.

둘째, 중국과학원 생태학자들의 주장에 따르면, 기존의 대형 가축에서 소형 가금으로의 변화는 초원을 방목 압력에서 벗어나게 한다. 농업과 목축업의 압력 속에서 시달리던 풀, 즉 초원의 식생은 소나 양 같은 대형 가축이 먹어치우는 풀의 양보다 훨씬 적은 수준에서 수만 마리 닭에게 영양분을 공급할 수 있다. 각 가정에 분배된 초지에서 대형 초식동물인 소나 양을 길러 가구가 생계를 유지하기 위한 수익을 얻기에 조사지 마을의 초지 면적은 다른 마을에 비해 더욱 좁았다. 그러나 동일한 경제적 수익을 달성하기 위해 필요한 닭의 사육면적은 훨씬 좁으므로 닭을 기르는 것은 초원의 방목 압력을 줄이게 된다. 닭 사육은 충해에도 효과적인 역할을 담당한다. 닭은 곤충을 잡아먹으므로 풀이 성장하는 늦봄에서 여름 시기에 발생할 수 있는 충해를 예방할 수 있다. 닭을 기르고 남는 초지에서는 소와 같은 초식동물들이 지속적으로 살아갈 수 있다. 이는 자신들의 전통문화와 생활양식을 동시에 유지하고 싶어 하는 몽골족들에게도 소규모 목축이 지속적으로 가능하게 하는 여지를 제공할 것이다.

셋째, 닭은 닭장에서 나와 넓은 초원이라는 새로운 환경에서 살아갈 수 있다. 초원에 오기 이전에 닭들은 좁고 비위생적인 환경에서 자라야 했다. 그래서 각종 질병을 예방하기 위한 항생제를 달고 살았다.

닭이 초원에 방목되면 햇볕을 쬐고 자연적으로 소독되어 약품에 의지하지 않고도 건강하게 자라날 것이다. 농가의 닭장에서 사육되던 닭은 밤에도 불을 켜놓아 잠을 잘 수 없다. 닭은 단기간에 사료를 집중적으로 먹으면서 3개월 만에 몸집을 불려 시장에서 판매되었다. 그러나 초원에서 살게 될 닭은 6개월이라는 충분한 기간을 두고 자유로이 풀, 사료, 각종 곤충을 먹고 충분히 움직이면서 살아갈 것이다(그림 2-10). 이렇게 자란 닭은 건강하게 자라 목축민들에게는 고소득을 보장하면서도 도시 소비자들에게는 안전한 유기농, 녹색식품이 된다. 이는 판매자와 소비자 모두에게 사막화 방지를 선전하는 효과를 가져다줄 것으로 기대되었다.

넷째, 초원목계가 성공할 경우에 과학자들은 초원생태계와 사막화 방지에 대한 새로운 지식을 얻게 될 것이다. 기존 초원생태계에 대한 연구에서는 초원의 생산자인 식생에 초점을 맞춰 대책을 제시할 뿐 소비자인 가축을 대체하는 데는 관심을 보이지 않았다.[23] 그러나 초원목계 프로젝트에서는 초원의 소비자인 핵심종(keystone species)을 대체하는 방식을 도입해 초원퇴화를 줄이고자 했다. '이금대축(以禽代畜)', 즉 소, 양과 같은 대형 초식동물인 가축(家畜)을 닭과 같은 잡식동물인 가금(家禽)으로 대체한 이후 초원생태계의 생산성 향상 및 식생의 회복에서 어떠한 차이가 나타나는지를 연구하는 것이다.[24]

이러한 근거들에 기대어 과학자들은 고온과 강수의 조건을 만족시키는(雨熱同期) 초원의 하절기(夏節期) 동안 잡식성 가금류인 닭을 기르자고 제안한 것이다. 닭 사육은 방충(防蟲) 역할을 담당할 뿐만 아니라 지역 목축민들의 수입을 증가시키고, 시장에 질 좋은 가금류 식품을

23 李永庚 等, 2008: 6.

24 같은 책: 4-5.

[그림 2-10] 닭장과 닭

제공하는 일석삼조의 역할이 기대되었다.[25] 이 실험이 성공적으로 실시되어 연구소 내 국가 지원 생태 연구 시범 프로젝트의 한 모범 사례로 지정된다면, 실험과 시범사업 예산을 보장받을 수 있으며, 과학자들이 만들어낸 지식을 출판함으로써 다른 사례에도 적용할 기회를 얻게 된다.

마지막으로, 프로젝트의 성공은 정부의 초원정책에 새로운 방향을 제시해 줄 것으로 예상되었다. 그동안 정부가 추구해 온 정책들은 대부분 초원을 회복하는 데에만 관심을 기울였다. 제한적인 방목정책이나 금목정책, 식수사업, 우유수급기지 건설과 젖소사육정책 등 대규모 자

25 『生命世界』(2010. 11, 11期): 23.

금을 투입하여 초원의 퇴화와 사막화를 방지하려던 정책들은 제대로 효과를 거두지 못했다. 그러나 초원목계 프로젝트가 실현 가능성을 인정받게 된다면 그동안 막대한 자금이 투입되었는데도 실효를 거두지 못했던 정부의 정책을 넘어서는 혁신적 제안이 될 것이다. 나아가 초원 보호·회복을 위한 정책을 추진하는 데 정부, 과학자 그리고 몽골족의 협력 속에서 이룩해낸 하나의 모범 사례가 될 수 있다.

제3장

실험시범기지를 만들다

흔히 우리가 생각하는 양계장의 닭은 고개조차 옆으로 돌리기 힘든 좁은 닭장에서 사료와 물을 먹으며 몸집을 빠르게 불려간다. 고기용 닭은 45일이 지나면 도살과정을 거쳐 닭고기가 되어 시장에 유통된다. 달걀용 암탉은 밤낮으로 켜놓은 백열등 아래에서 더 낳을 수 없을 때까지 알을 낳다가 노계로 판매된다. 이러한 기업적 양계 체계 속에서 사람들은 닭이 7년에서 30년이나 살 수 있는 장수 동물이라는 점을 상상하기 어렵다. 좁은 닭장에서 사육되는 닭에서 우리는 그들의 습성을 발견이나 할 수 있을까?

데스프레(Despret, 2005)는 양 집단에 더 넉넉한 먹이를 주는 실험에서 협동하는 양 집단의 습성을 발견했다. 서구에서 양은 아주 멍청하고, 먹이를 놓고 경쟁하는 위계적 체계를 가진 동물로 간주되었다. 그러나 과학자는 실험 조작으로 부족한 먹이를 두고 경쟁하는 양 대신에 넉넉한 먹이를 누리며 서로 협동하는 '양 같지 않은 양'의 습성을 발견하게 되었다.

* 이 장의 일부는 2018년 8월 「닭과 우리: 동물의 습관화와 초원의 생태정치」(『비교문화연구』 24(2): 181-239), 2018년 3월 「초원과 닭의 세계상: 중국 북방 초원 사막화 방시와 생태 실험」(『공간과 사회』 28(1): 150-193)이라는 제목으로 발표된 바 있다.

네이멍구 초원에서 중국과학원의 생태학자 역시 닭이 초원에 맞는 습성을 발휘하도록 하는 여러 장치를 가지고 실험을 진행했다. 이러한 실험은 닭이 원래 그러한 습성을 가지고 있는지, 실험 조작의 결과인지에 대한 구분을 희미하게 한다. 다시 말해, 우리는 동물에 대한 '자연적' 관찰과 '실험적' 조작을 구분할 수 없게 된다(Despret, 2005: 363).

이렇게 실험[試驗]에서 찾아낸 초원의 닭의 습성이 실험조건과 상이한 환경이나 실제 초지에서 몽골족 목축민들에 의해 반복·재현될 수 있다는 것을 보여주기 위해 중국과학원 생태학자들은 시범(示範)을 실시했다. 시범에 참여한 몽골족 목축민들이 어떠한 삶의 양식의 변화를 겪게 되었는지 역시 주요한 문제이다. 라투르(Latour, 1988)의 연구에서 파스퇴르는 통제 실험으로 미생물의 존재를 증명하고 미생물을 실험실 조건에서 통제할 수 있음을 보여주었다. 파스퇴르는 실험실 조건을 그대로 멀리 불변의 상태로 옮길 수 있는 백신을 개발해서 목축 농가들을 상대로 시범적으로 접종한 것을 시작으로 백신이 확산될 기회를 얻었다.

이 연구에서도 생태학자는 통제된 '실험'으로 닭 방목이 초원의 생태 회복에 줄 영향을 과학적 자료와 지식의 형태로 생산하여 과학자를 비롯한 이해관계 당사자들에게 명료하게 보여줄 수 있었다. 그뿐만 아니라 생태학자는 '시범'사업을 실시해 실제 초원에서 몽골족 목축민들이 닭을 기를 수 있으며 이에 따라 초원의 식생 역시 개선될 수 있음을 보여주었다. 생태학자는 시범사업을 진행하는 과정에서 목축민, 닭, 초원, 과학자 동료, 투자자 등과 같은 행위자들을 적절하게 끌어들임으로써 목축민이 닭을 잘 기르고, 닭이 초원에서 잘 자라며, 초원의 식생이 회복되고, 가설이 증명될 뿐 아니라 시범사업이 계속 투자받을 수 있게 지속적으로 관계를 유지하고 조율하는 작업을 담당하게 된다.

1. 닭 방목 실험: 관심끌기 장치들

과학자는 실험과 시범으로 이해관계 당사자들이 프로젝트에 관심을 갖고 참여하도록 이끈다. 관심끌기(interessement)는 서로 다른 행위자들을 공통된 관심사로 이끌어 정체성을 강제하고 안정시키려는 다양한 행동이다(칼롱, 2010: 73). 실험구역과 장치들은 가축을 기르던 목축민들을 가금(닭)으로 관심을 돌리게 하고, 닭이 초원의 새로운 환경에 적응하도록 하는 생태학자들의 '유혹'이기도 하다.

1) 실험구역 설치와 관리

생태학자의 '실험실'은 초원에 있다. 중국과학원 식물연구소의 생태학자는 초원에 닭 방목 연구를 위한 실험 플롯(plot, 樣地)을 꾸렸다. 플롯 실험으로 생태학자가 증명하고자 하는 것은 '닭이 초원생태계에 미치는 영향'과 '닭이 초원에서 잘 자라는가'에 대한 것이다. 이 두 가지를 설명할 수 있다면 생태학자는 초원과 닭을 프로젝트에 성공적으로 끌어들이고 목축민, 과학자, 기업가, 소비자 등에게 닭 사육을 자신 있게 제안할 수 있다.

리용경 연구원은 스스로 닭을 키우지만 동물학자는 아니라고 한다. 생태학자들이 관심을 가지는 것은 '더 광범위한 초원생태 시스템이 어떻게 변화하는지'에 대한 것이다.

실제로 닭을 기르는 실험으로 초원에서 닭을 방목하는 것이 양이나 소를 방목하는 것에 비해서 초원에 미치는 피해가 적을 뿐만 아니라 초원의 식생(풀)을 유지하고 보존하는 데 도움을 준다는 것이 밝혀진다면, 가축 대신 닭을 초원에서 사육하자는 생태학자의 제안은 설득력을 갖게 되고, 주변 과학자들의 인정을 받을 것이다.

[그림 3-1] 닭 방목 실험 지구
(A) 밀도가 서로 다른 닭 방목 구역 전경 (B) 닭 방목 구역 (C) 양 방목 구역
출처: 苗旭, 2013: 8.

이에 답하기 위해서 생태학자들은 두 가지 질문에 주목했다. 첫째는 '가축(양)' 대신 '가금(닭)'을 방목했을 때 초원에 미치는 영향은 어떻게 달라지는지에 대한 비교·분석이다. 둘째는 초원 사막화의 원인이 (가축의) '과도방목'에 있다면, 가금(닭)의 '적절한 방목 밀도'는 얼마인가에 관한 것이다(그림 3-1). 첫 번째 질문에 답하기 위해 생태학자는 실험의 대조군으로 양을 방목했다. 두 번째 질문에 답하기 위해 생태학자는 서로 다른 밀도에서 닭을 사육하는 것이 초원 식생에 어떤 영향을 주는지 살펴보았다. 즉, 생태학자는 사막화 원인으로 제시되는 '가축'의 '과도방목' 문제에 대해 '가금'의 '적절한 밀도의 방목'으로 해답을 마련하려고 했다.

생태학자가 자신의 주장을 증명하기 위해 가장 먼저 준비해야 할 것은 초원에 닭을 방목하기 위한 철조망을 두른 실험구역을 만드는 것이다. 닭과 초원의 연합 방식들을 조합함으로써 닭의 행위자성, 초원의 행위자성을 극대화하는 협상(consultation)이 바로 실험이라 할 수 있다

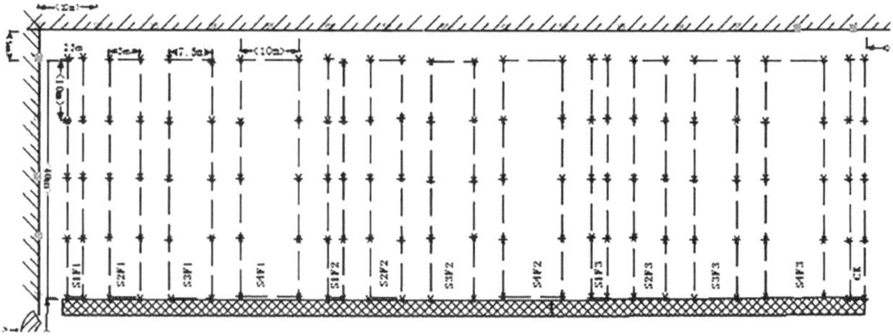

[그림 3-2] 실험구역 설계도면
닭의 마릿수는 동일하게 하고, 세로를 고정하고 가로의 길이를 변화시켜 실험면적을 달리하여 상대적인 방목 밀도를 다르게 설정했다.
출처: 중국과학원 2009년 보고서, 韓興國, 2009a.

(Latour, 2004). 구체적으로 생태학자는 면적이 서로 다른 크기로 구획된 닭 사육지를 만들어 서로 다른 밀도에서 방목된 닭의 성장 속도와 결과 그리고 초원 식생의 변화를 측정하려고 했다(그림 3-2). 그리고 실험구역 마지막에는 양(과 같은 대형 가축)을 대조군으로 하는 초지를 구획하여 가축과 가금이 초원에 미치는 영향을 비교하려고 했다. 또 아무것도 방목하지 않은 채 보존된 초지 역시 대조군으로 설정하여 닭과 양을 방목했을 때 변화된 초지와 비교할 수 있도록 실험을 설계했다. 구체적인 실험설계를 살펴보면, 생태학자는 닭 20마리를 201제곱미터, 401제곱미터, 601제곱미터, 801제곱미터의 서로 다른 면적, 즉 서로 다른 방목 밀도 네 가지에서 각각 사육했다.[1] 그리고 양 방목군(2마리/헥타르)과 방목하지 않은 초지를 대조군으로 함께 설정했다. 그뿐만 아니

1 닭의 방목 밀도는 50마리/헥타르, 333마리/헥타르, 500마리/헥타르, 1,000마리/헥타르 초지에서 닭 한 마리당 평균 활동공간은 10제곱미터, 20제곱미터, 30제곱미터, 40제곱미터로 나타난다. 더 구체적인 실험설계는 먀오쉬(苗旭, 2013)를 참고할 것.

[그림 3-3] 닭 방목 실험구역의 그물망 설치 작업

라 결과의 정확성을 기하기 위해 네 가지 방목 밀도의 실험구역에 대한 중복지역이 네 개 설정되었다.

실험설계는 간단해 보이지만, 설계한 플롯을 직접 초원에 구현하는 과정은 과학자 개인의 힘만으로는 완성할 수 없다. 다양한 사물과 행위자들이 플롯을 위해 적절하게 동원되어야만 실험할 수 있는 기반이 마련된다.

[사례 3-1] 실험구역 구획 작업

긴 겨울이 지나자 작년 실험에서 사용했던 그물망과 철 담장들은 관리를 제대로 하지 않아서 구멍이 나거나 제대로 세워져 있지 않아 올해 실험에 그대로 사용하기는 어려웠다. 우 서기를 비롯한 몇몇 마을 사람은 과학자들의 부탁으로 닭 방목 연구를 위한 실험구역을 재정비하기 위해 모였다.

먼저 작년 실험에 쓰인 그물망을 제거하고 쓰러진 철 담장을 다시 세웠다. 실험의 정확성을 기하기 위해 작년에 세웠지만 겨울의 눈과 바람에 쓰러진 기둥을 기준점을 잡아 다시 면적을 측정해서 새로 위치를 옮긴다. 새 그물망을 철사에 촘촘히 꿰어 바닥에 고정해 구역을 나누고, 기둥을 따라서 머리 높이 위로 친 철사에 고리 모양 바늘을 이용하여 고정한다. 닭들이 땅 밑의 틈을 통해 서로 다른 실험구역으로 넘어갈 수 없도록 땅 쪽에 맞닿는 그물망들은 촘촘하게 철사에 엮어야 한다. 상부에는 철사로 고리를 만들어 그물을 걸어 닭들이 날아가 다른 구역을 침범할 수 없도록 한다.

남자들은 주로 힘쓰는 일을 하는데, 망치를 이용해 기둥을 세운다. 여자들은 섬세한 작업을 담당하는데, 철사를 고리 모양으로 구부리고, 그물망을 철사에 걸어 구역을 나누는 작업을 한다. 나는 아주머니들을 따라서 땅에 고정할 철사에 그물을 엮고 위로는 철사에 그물을 거는 일을 도왔다.(2011. 6. 12. 실험시범기지 참여관찰 자료)

훈산다커 기지의 연구원들은 날이 따뜻해지는 6월부터 본격적으로 닭을 실험구역에 방목하기 위한 준비 작업을 했다. 먼저 연구원들은 작년 실험구역의 상태를 점검하고 보수하거나 새로 설치해야 할 곳이 있는지부터 확인했다. 겨우내 내린 눈과 불어댄 강풍으로 2010년에 설치한 그물은 곳곳에 구멍이 나고 망가져 있었다.

그들은 실험구역의 재구획 작업을 위해 마을 사람들을 일꾼으로 고용했다. 새 그물망과 철사, 작업 도구들이 준비되었다. 먼저 실험의 정확성을 기하기 위해서 다시 실험구역의 면적을 측량하고 기둥을 재배치했다(그림 3-3). 이 작업은 힘이 센 남성들의 몫이다. 다시 세운 기둥을 연결하는 줄에 구부린 철사를 걸어 촘촘하게 그물망을 설치하는 것은 여성들의 몫이다. 이들 작업은 닭을 초원에 방목하는 시기가 되기 전에 완성해야 실험이 시작될 수 있다.

고용된 마을 사람들은 실험 준비과정에서 주요한 역할을 담당한다. 이 지역은 상건다라이진(桑根達來鎮) 시내와는 수십 킬로미터 떨어져 있어 임시 노동력을 구하는 일은 비용 면에서나 시간 면에서나 쉽지 않다. 따라서 마을 사람들의 협조와 도움이 연구기지가 순조롭게 운영되고 실험이 진행되기 위해 매우 중요한 역할을 한다. 여기서 실험구역 설치작업을 담당한 사람들은 대부분 우 서기의 친척이나 지인들이다. 우 서기는 초창기부터 기지 운영을 수년간 돕고 있으며, 대부분 그를 통해 정보를 접한 친지들이 작업에 참여하게 되었다.[2] 이때 받는 일당은 목한기(牧閑期) 마을 사람들에게는 요긴한 소득원이 된다.

마을 일꾼들은 실험준비 과정에서 과학자들의 과학지식 생산에 직간접적으로 참여하는 주요한 행위자이다. 그들이 없이는 늦지 않게 예정된 시간 안에 실험구역 설치와 재정비를 진행하기 어렵다. 일꾼들은 실험 준비 작업에 참여하면서 느낀 점들을 가감 없이 이야기하기도 했다. 실험구역 정비 일에 지난 3년간 계속 참여한 마을의 한 남성은 '철조망을 제대로 관리하지 않고 망가뜨려 매해 수천 위안을 낭비하는' 과학자들에 대해 지적하고, 과학을 대표하는 과학자들의 '비과학적 행위'를 비판하기도 했다.

이와 같이 실험은 실제적인 실험설비와 도구들, 즉 그물망, 기둥, 각종 장치가 필수적일 뿐만 아니라, 이를 사용 가능하도록 만들어주는 행위자들의 참여가 뒷받침되어야 가능하다. 또한 실험구역이 완성되고 나서 실험을 진행하는 과정에서도 많은 행위자가 적절하게 동원되어야 실험이 순조롭게 이루어질 수 있다. 실제 필드에서 실험과정 운영을

2 반대로 우 서기와 친분이 없는 사람들은 소식을 빠르게 전해 듣기도 어렵고, 적극적인 의견을 표하지 않는 한은 참여할 기회가 주어지기 어려웠다.

담당하는 것은 연구원들과 대학원생들이다. 중국과학원의 대학원생 저우메이화는 아침 일찍 일어나 닭장 문을 열고, 실험구역 닭에게 사료와 물을 주는 것으로 하루 일과를 시작한다. 낮에는 실험에 필요한 표본을 채취하거나 가공하는 일을 한다. 해가 진 뒤 닭들이 모두 닭장에 돌아갔는지를 확인한 후 닭장 문을 닫음으로써 일과를 마무리하게 된다.

그러나 실험구역의 닭은 이러한 고정된 일과를 순조롭게 진행할 수 있도록 과학자들이 생각한 대로만 움직이지 않는다. 연구원들과 대학원생이 가장 바쁜 시기는 닭을 초원의 실험구역에 방목한 지 약 열흘에서 2주간이다. 닭이 실험구역 안의 닭장을 인지하고 스스로 저녁에 닭장으로 돌아갈 수 있을 때까지 사람들은 닭의 움직임이 둔해지는 해 질 녘 이후까지 기다렸다가 닭을 닭장에 잡아넣는 일을 매일 반복해야 한다. 닭을 닭장에 넣는 이유는 오소리나 담비와 같은 야생동물의 위협으로부터 닭을 보호하고, 실험의 정확성을 기하기 위해서이다. 방목 실험 초기에는 닭의 활동 범위를 각각의 실험조건 구역 안에 제한하기 위해 설치한 담장과 그물망에도 불구하고, 닭들이 그물망과 땅 사이의 틈새를 비집고 다른 구역을 침범하는 일이 종종 발생한다. 그러나 일정 기간이 지나면 닭은 자신이 속한 닭장을 찾아 돌아가는 것을 익히게 되고 닭장을 중심으로 실험구역의 제한된 반경 안에서 활동하게 된다. 연구원들과 학생들은 닭이 정해진 실험구역에서만 활동하게끔 반경을 이탈한 닭들을 잡아서 닭장에 넣고, 닭장 안 닭의 숫자를 세어 실험설계의 방목 밀도를 일정하게 유지하게 된다.

이와 같이 초원 위 실험구역에서는 실험과정에서 변인을 통제하고 정확성을 확보하는 일련의 활동들이 매일 쉬지 않고 이루어진다. 연구원들과 대학원생들은 자신들의 활동을 가리켜 '실험을 한다(做實驗)'라고 말하기도 하지만, '(육체적 의미의) 일을 한다(幹活)'고 표현하는 경우가 다반사였다. 또한 항상 그들을 따라다니던 필자에게 '일하러 갑시다(幹活去)'라고 외친 것은 이러한 상황을 잘 보여주는 표현이다.

이상에서 살펴보았듯이 과학자들은 자연에서 과학적 지식을 자연스럽게 획득하는 것이 아니다. 그들은 필요한 데이터를 얻기 위해 자연을 조작하는 과정을 거쳐야 하고, 그 과정에서 장치, 마을 사람들, 대학원생들 등을 비롯한 다양한 인간과 비인간 행위자들을 동원해야 함을 알 수 있다.

2) 실험에 닭, 초원, 목축민 끌어들이기

닭은 초원에서 잘 자랄 수 있을까? 생태학자들의 생태실험과 시범사업은 새로운 기후와 환경에서 살게 된 닭의 생존과 성장에 맞추어져 있다. 닭은 실험조건에서 초원에 적응할 수 있는 습성을 최대한 발휘하도록 격려받는다. 실험구역 속에서 닭은 더 이상 좁은 양계장 철제닭장 안에서 보이던 한정된 습성만을 보이지 않게 된다. 이러한 실험설계는 닭을 '영리하게(clever)'(Despret, 2004) 만들어 닭의 다양한 면모와 협상하고자 하는 생태학자들의 의도를 반영한다. 초원의 생태에 적응적 습성을 가진 닭의 군집(group)이 생태학자들이 원하는 새로운 집단들이 될 것임을 예측할 수 있다.

초원의 실험현장으로 가보면 닭의 행위자성을 다양화하고 닭과 초원의 관계를 다변화하기 위해서 얼마나 많은 노력이 기울여지는지를 알 수 있다. 실험구역의 운영과 관리에 들어가는 인력과 물질들의 관계 속에서 초원에 가장 적합한 닭의 습성이 연출되기 시작한다. 닭은 실험구역에서 초원, 기후, 철조망, 관리인, 생태학자, 기록일지 등과 관계를 맺으면서 점차 초원의 생태계와 공존하며 사막화를 방지하는 영리한 닭으로서 존재방식을 구성해 나간다.

이 새로운 닭의 존재 방식을 구축하는 과정은 다음과 같다.

먼저, 닭은 초원의 혹독한 기후 속에서 무사히 살아남아야 했다. 다시 말해, 남쪽의 비교적 온화한 기후인 농촌[3]에서 생활하던 닭은 생존하기 위해 북방초원의 기후조건에 적응해 나가야 했다. 마을이 위치한 네이멍구의 시린궈러맹 지역은 온대 초원기후로 기온이 낮고 강수량이 적으며 겨울이 길고 강풍이 부는, 중국 북방지역에서도 추운 곳에 속한다.[4] 생태학자들은 이 지역 기후를 고려하여 기온이 비교적 높고 강수량이 많은(雨熱同期) 4월에서 9월 사이에 초원에서 닭을 방목할 것을 제안했다. 중국 농촌에서는 1년에 적어도 3순환 이상 닭장에서 쉬지 않고 닭을 사육하고 생산하는 반면에, 초원에서는 약 반년의 비교적 긴 시간 동안 한 주기만 닭을 사육하도록 했다. 생태학자들은 사육 시기와 기간을 조절해서 '닭'이 초원에서 생존할 기반을 마련해 주었다.

다음으로, 닭은 초원에서 잘 자라야 했다. 즉, 닭에게는 잘 자랄 수 있는 적절한 사육환경이 요구된다. 초원의 추운 기후는 닭의 사육 주기를 1년에 한 번 일정 기간으로 제한하지만, 초원의 넓은 공간과 무공해 자연환경은 '유기농 방목 닭(organic free-range chicken)'의 사육을 가능하게 만든다. 생태학자들은 닭장에 갇혀서 움직임이 최소화된 채 밤에도 불이 켜진 닭장에서 체중을 빠르게 늘리고, 쉬지 않고 달걀을 생산하는 기존의 닭 사육방식에 비판적이었다. 그래서 초원 닭은 기존의 문제점을 해결하는 방향으로 사육되어야 한다고 보았다. 좁고 고밀도로 운집한 닭장의 닭처럼 다량의 항생제와 소독에 의존하지 않고도 넓은 초원

3 닭을 대규모로 사육하는 대표적 농업지역인 산둥성(山東省)의 평균기온은 12-14도이다(출처: www.sdxnw.gov.cn).

4 시린궈러맹의 연평균기온은 0-3도, 가장 추운 1월 평균기온이 -20도, 가장 따뜻한 7월 평균기온이 21도, 연교차가 35-42도, 일교차가 12-16도로 크게 나타난다. 평균 강수량은 295밀리미터이다(출처: www.xlgl.gov.cn/zwgk/xmgk/zrdl/).

에서 방목하는 닭은 위생과 전염병과 같은 보건문제를 자연환경으로 해결하게 된다. 닭장은 넓은 초원에 놓이게 되고 닭은 일광과 통풍이 가능한 야외에서 자유롭게 활동하므로 건강하게 자랄 수 있고, 별도의 방역이나 항생제 투여는 필요하지 않게 된다. 또한 초원의 닭은 인간이 공급한 사료에 덜 의존하면서도 자연 속에서 약초 등 다양한 영양소를 함유한 식물과 열매를 섭취하고 벌레나 곤충과 같은 단백질 공급원도 먹을 수 있다.

결국, 초원 방목 닭은 생장 속도를 인위적으로 조절하지 않으므로 출하까지 사육 시간이 조금 더 길어질 수 있지만, 좋은 환경에서 다양한 영양소를 섭취하며 자라나 좋은 품질을 인정받아 높은 가격을 받을 수 있다. 생태학자들은 위와 같은 점들을 증명하기 위해 초원 방목 닭과 기존 닭장 닭의 생장을 실험했다. 우선, 생태학자는 초원의 닭이 잘 자란다는 점을 증명하기 위해 두 집단 간에 성장발육 상태를 병아리에서 성체가 될 때까지 지속적으로 관찰했다. 성장 과정에서 발육지표인 체중을 측정하여 초원 방목 닭이 닭장 사육 닭에 비해 성장이 뒤처지지 않는다는 것을 보여줄 뿐만 아니라 닭이 새로운 환경인 초원에서도 잘 적응하고 자라난다는 것을 밝히려고 했다.

초원 닭 방목에 성공하기 위해 생태학자들은 닭 품종 선정에도 관심을 기울였다. 생태학자들은 수많은 품종 중에서 몸집이 크고 성상 속도가 빠른 외래종 대신에 "몸집은 작지만 초원의 추위와 강풍에도 잘 견딜 수 있으며, 거친 사료(粗飼)도 잘 먹고, 먹이를 잡는 능력(覓食性)이 탁월하며, 질병에 대한 저항력[抗病力]이 높고, 적응(適應性)이 빠른 '중국의 재래종 닭'(柴鷄)"을 사육 품종으로 선정했다.

2009년 사육 첫해에는 어떤 품종이 좋은지 확신할 수 없었으므로 다양한 품종을 함께 사육하여 어떻게 성장하는지 살펴보려고 했다. 2009년 사육 품종으로 선정된 것은 다섯 가지 품종으로, 베이징의 화베이차이지(華北柴鷄)와 산둥(山東) 타이안(泰安)의 라이우헤이차이지(萊蕪黑柴鷄) 두 품종과 기타 품종으로는 우지(烏鷄), 궁옌황지(宮延黃鷄), 마지(麻鷄) 세 품종을 함께 사육했다. 첫해인 2009년 사육 결과 보고서에 따르면, "재래종 닭 두 종류는 성장이 느리지만 환경 적응력이 강하고 육질이 좋다. 기타 세 품종은 성장이 빨라 중량이 2킬로그램 이상 나가지만 활동량이 적고 환경 적응력이 비교적 낮으며, 육질이 떨어지고 전체 출하율이 20%로 낮게 나타났다"라고 기록하고 있다(張彪, 2010).

이와 같은 사육 결과를 바탕으로 2010년에는 화베이와 라이우헤이 두 재래종 닭 품종 중에서 좀 더 사육 결과가 좋았던 '라이우헤이' 품종을 사육했다. 그러나 라이우헤이는 부화장에서 네이멍구 기지까지 운송이 지연되는 사고로 허약한 상태로 도착했고, 초기의 예외 상황으로 발육이 좋지 않아 사육이 성공적이지 못했다. 그래서 2011년에는 화베이로 품종을 바꾸었고, 그해에 좋은 사육 결과를 얻었다. 라이우헤이 품종이 2009년에 사육 결과가 더 좋았음에도 2010년 운송사고로 사람들은 라이우헤이 품종을 더는 신뢰할 수 없게 되었다. 2011년 이후에는 재래종 닭인 화베이가 지속적인 사육에 적합한 품종으로 선정되었다.

생태학자가 '닭' 못지않게 관심이 있는 것은 '초원'생태계가 어떻게 변화하는지였다. 초원생태계의 회복은 생태학자가 제안하는 닭 사육의 성공과 밀접하게 연관되어 있다. 생태학자는 닭을 기르는 것이 어떻게 사막화를 방지할 수 있는지 그리고 닭 방목이 초원의 식생(풀)과 토양에 미치는 영향은 무엇인지를 설명하고 다른 동료 과학자들을 설득하고자 했다.

마지막으로, '목축민'이 초원에서 새로운 동물인 닭을 기꺼이 사육하려고 할지 역시 프로젝트 성공의 주요한 요인이다. 목축민들은 대대로 소나 양과 같은 가축을 방목하며 생활해 왔다. 바인후수의 목축민들도 마찬가지다. 그들은 1년에 한 번 가을에 대규모로 송아지, 어린 양, 어른 소와 양을 판매하여 소득을 얻는다. 여름에는 양털을 깎아서 판매하거나 토종소의 우유를 짜서 유제품을 만들어 부수입을 올리기도 한다. 그러나 2000년대 이후 실시되고 있는 여러 방면의 금목정책으로 목축민들은 대표적 가축인 양(2007)과 토종소(2010)를 초원에서 더는 방목할 수 없게 되었다. 그 대신에 보조금을 받고 토종소를 가내 식용으로 몇 마리는 남길 수 있었다. 가계의 주 소득원이었던 토종소를 더는 기를 수 없게 되면서 목축민들은 경제적 수입이 감소하고, 기존의 목축 생활방식을 유지할 수 없게 되었다.

생태학자들은 지난 몇 년 동안 초원을 터전으로 하는 목축민들과 함께 생활하고 단순히 소나 양, 말과 같은 가축을 기르는 것뿐만 아니라 가축들이 그들 생활에서 얼마나 중요한 위치를 차지하는지, 생활의 다양한 부분과 밀접한 연관을 맺는지를 지켜보았다.

중국과학원 식물연구소 생태학자들은 이러한 목축민들의 상황을 누구보다 잘 이해했고, 초원에서 '유기농 방목 닭'을 길러 베이징 등과 같은 대도시에 판매하여 새로운 경제적 수익을 얻을 기회를 목축민들에게 제공하려고 했다. 초원의 기후적 제약으로 유기농 방목 닭은 1년에 1회밖에 출하될 수 없지만, 유기농 인증 닭은 일반 닭장 사육 닭에 비해서 높은 가격으로 판매되어 마을 사람들에게 투자 대비 높은 경제적 이익을 가져다줄 것이 예상되었다.[5]

목축민들은 소를 기를 수 없게 된 초지에서 닭을 사육하여 판매하게 된다. 정부의 금목정책에 위배되지 않으면서도 경제적 수익을 얻을 기회가 마련된 것이다. 기존에는 초원의 목축민들이 청정지역에서 가

5 2011년 마을에서 출하된 유기농 닭의 도매가격은 1마리에 98위안, 소매가격은 168위안으로 일반 닭에 비해 몇 배나 높은 가격대가 형성되어 있다.

축을 길렀음에도 판로를 개척하지 못했다. 그러나 생태학자들은 베이징과 같은 대도시에 판로를 적극적으로 개척하고, 도시에서 닭고기가 판매되도록 네트워크를 구축하는 데도 힘썼다.

그리고 '초원 방목 닭'은 사료를 적게 먹고도 충분히 성장한다는 점에서 저비용 사육을 실현할 수 있다. 기존의 '초원 방목 닭'은 실내에서 사료만을 주식으로 하는 '닭장 사육 닭'과 달리 초원의 풀과 각종 곤충, 벌레 등을 섭취하므로 사료를 적게 먹고도 잘 자랄 수 있다. 생태학자는 두 대조 집단을 설정하여 사료 섭취량을 지속적으로 측정하고 비교했다. 여기서 넓고 개방된 초원에서 다양한 먹이를 섭취할 수 있는 '초원 방목 닭'은 사료를 적게 먹고도 잘 자랄 것으로 예상되었다. 따라서 실험에서 닭장 사육 닭보다 더 적은 비용으로도 그에 상응하는 초원 방목 닭을 생산해 낼 수 있다는 점이 확인된다면 목축민들뿐만 아니라 과학자들에게도 비용 측면에서 초원의 닭 방목의 우위를 주장할 수 있다. 따라서 초원에서 닭을 방목하여 사육할 경우, 좁은 우리에서 가두어 기른 닭보다 더 적은 사료 비용으로 동일한 규모의 닭을 생산해 낼 수 있다는 예측은 목축민뿐만 아니라 프로젝트에 자금을 지원하는 기업가, 지식을 생산해 내는 과학자 집단들의 관심을 끌게 되었다.

2. 왜 소 대신 닭인가

1) 가축은 남쪽으로, 가금은 북쪽으로

소 대신 닭을 초원에서 길러보자는 아이디어는 중국과학원 식물연구소 장가오밍 연구원의 제안으로 시작되었다. 연구소 수석연구원 장가오밍은 산둥 농촌 출신 생태학자로, 기존에는 산둥의 농업지역에서 밀과 옥수수 등의 농작물과 관련된 연구를 주로 담당했다. 중국 정부는 1990년대 후반부터 북방 초원지역에서 사막화를 방지하고, 베이징과 같은 대도시로 불어오는 황사를 막기 위해 '베이징-톈진황사발원지관리공정'을 실시해 왔다. 이 공정의 일환으로 2001년 네이멍구 지방정부와 중국과학원 식물연구소가 함께 협력하여 바인후수에서도 초원퇴화 회복 프로젝트 사업을 시행하게 되었다. 장가오밍은 중국과학원 측 시행책임자로 부임하면서 마을과 직접 인연을 맺었다.

장가오밍 연구원과 당시 박사후연구원이던 리용겅이 주축이 된 연구팀은 2001년 초원퇴화 회복 프로젝트 사업 이후 본격적으로 바인후수에 연구기지를 꾸려 초원 식생 연구를 진행했다. 리용겅 연구원은 이 프로젝트를 계기로 2003년부터 2005년까지 네이멍구 시린궈러맹 정란기의 과학기술국 부기장으로 재직했다. 그리고 연구원들은 2009년 마을에 연구기지 건물을 정식으로 세우기 이전까지 실험을 위해 네이멍구를 방문할 때마다 목축민 가정에서 숙식을 함께했다. 리용겅은 이러한 경험이 과학과 정책을 아우르는 시야뿐만 아니라 목축민들의 삶을 가까이에서 지켜보고 고민하는 계기가 되었다고 했다.

두 연구원이 초원에서의 닭 사육에 관심을 가지게 결정적 계기는 2005년 허베이(河北) 사람들이 마을 사람의 초지를 빌려 닭을 사육하는 것을 가까이서 지켜보게 되면서부터였다. 그들은 마을 사람에게서 초지를 300무 빌려 닭을 방목했지만, 다음 해에 계속 닭을 방목하지 않고 고향으로 돌아갔다. 그들은 여러 명이 동업 형식으로 양계를 했지만, "닭 사육과 관련하여 이권이 얽혀 서로 단합하지 못하고(不團結), 다툼이 있었던 까닭에 초원에 설치해 놓았던 닭 방목 시설들을 제대로 회수하지도 않고 돌아가 버렸다"[6]고 한다. 장가오밍을 비롯한 중국과학

6 2011. 12. 11. 장가오밍 면담.

원의 생태학자들은 당시 관찰로 초원에서 닭을 기를 수 있다는 아이디어와 실행 가능성을 엿볼 수 있었다. 아래는 2006년 장가오밍이 이러한 아이디어와 경험을 발전시켜 런민왕(人民網)에 기고한 글의 일부이다.

초원생태 회복의 새로운 사고방식: 가축은 남쪽으로, 가금은 북쪽으로
恢複草原新思路: 畜南下, 禽北上

황사의 발원지는 국가 생태 안전을 심각하게 위협하고 있는데, 주로 퇴화된 초원, 농목 교차지역의 농지 등에서 발생한다. 우리나라의 각종 초지는 60억 무로 농지의 3.3배이며, 국토면적의 41%를 차지한다. 그러나 광활한 초원은 전국의 1/3을 차지하는 목축지의 소와 양을 '배불리 먹이지' 못하고 있다. 다년 동안 계속된 과도방목은 우리나라 90% 이상의 초원에 서로 다른 정도의 퇴화를 야기했다.

중국 초원의 생물량은 건조중량으로 3억 톤밖에 되지 않는다. 생태법칙에 근거하면 풀 10%가 초식동물에게 소비될 때만 초원생태계가 퇴화되는 것을 막을 수 있다. 그러면 어떻게 효과적으로 초원의 압력을 감소시키고 과학적으로 초원을 회복할 수 있는가?

이러한 잠재력은 초원이 아니라 농지에 있다. 전국의 농지 18억 무는 5억 톤의 양식 이외에도 7억 톤이 넘는 짚(秸稈)을 생산하는데, 이는 그 자체로 우량한 목초가 된다. 이러한 짚을 소와 양이 먹도록 한다면, 배설물로 농지의 지력을 유지 또는 증가시킬 수 있다. (중략) 따라서 가축의 주요 산지인 네이멍구 초원, 시장(西藏), 신장(新疆), 칭하이(青海) 등 저광합성 생산의 전통 목축지역에서 산둥, 허난(河南), 허베이, 쓰촨(四川), 후난(湖南) 등 곡물 생산지역으로 가축을 진입시켜야 한다. 즉, 가축은 '남쪽으로' 내려가야 한다.

전국의 닭 사육량은 47억 마리이고 1인당 매년 평균 3.7마리를 소비한다. 그러나 직전까지 닭은 농촌지역에서 대량으로 사육되었고, 인

간과 가금은 양식을 두고 경쟁했다. 설상가상으로 농민들은 닭의 생존 공간을 몇 층짜리 철제닭장으로 축소해 놓았으며, 온갖 첨가제로 '속성으로 살찌게' 만들어 생리주기를 300여 일에서 45일로 단축시켰다. 이렇게 생산된 닭고기를 닭 사육 농민 자신은 먹지 않는다. 생물 법칙에 위배된 사육과 사료 첨가제의 남용은 도시의 '불만족'을 불러왔고, 협소한 공간은 조류독감의 만연을 일으켰으며, 국가 식품과 위생 안전에 근심[隱患]을 불러일으켰다. 가금류의 대규모 자유 생존공간은 농가원(農家院)이 아니라 광활한 초원에 있다. 두 발의 닭은 네 발의 소와 양과 비교하여 초원에 덜 피해가 가고, 초원 충해를 효과적으로 통제할 수 있다. 즉, 가금은 '북쪽으로' 올라가야 한다. (중략)

같은 이치로, 과학이 중국 초원퇴화 문제, 충해 문제, 가금류의 식품 안전 문제, 조류독감 문제를 해결하기 위해 초원이 가금류를 기르는 이상적 공간이 될 수 있다. 2005년 네이멍구 정란기의 초지 300무에서 닭 1만 5,000마리를 사육하게 되었다. 닭을 1무당 50마리 사육했으며, 각종 비용과 임금을 제하고도 1무당 500위안의 수입을 올린 것으로 계산되었다. 이는 전통적으로 소와 양을 기르는 것의 50여 배에 해당한다. (중략) 도시민들이 농촌의 닭장 안에서 기른 닭 대신 초원에서 방목한 닭을 인준할 때, 적절한 판매가격일 경우에 시장은 빠르게 형성될 것이다.

국가에 '가축은 남쪽으로, 가금은 북쪽으로'를 건의한다. 이는 초원퇴화를 해결할 뿐만 아니라 농업의 지속적 발전이라는 중대한 과제 역시 해결하고, 농촌과 목축지역이 분리된 시범구역을 설립함으로써 기술과 시장의 우수성은 산업 발전을 가져올 것이며, 생산 발전과 생태 양호라는 거대한 목표를 실현할 수 있을 것이다.[7]

7 『人民網』環保頻道(2006. 6. 22), http://env.people.com.cn/GB/35525/4518771.html

다음 해인 2006년 장가오밍은 농업과 목축업에 대한 이해를 바탕으로 초원생태계가 처한 위기를 해결하면서 농촌 문제를 동시에 해결할 방안으로 '가축은 남쪽으로, 가금은 북쪽으로'를 주장했다. 그는 북방 초원의 풀 부족과 초원퇴화 문제를 해결하기 위해 풀을 주식으로 하는 대형 가축을 남쪽으로 보내서 남쪽의 농촌에서 농작물 수확 이후에 남는 짚을 먹이로 주어 초원의 풀 부족 문제를 해결할 것을 제안했다.

반대로 남쪽 농업 지대의 닭은 협소한 공간에서 이익을 극대화하기 위해 촉진제를 맞고 속성으로 길러져 판매되어 왔다는 점을 문제로 제기했다. 그는 남쪽에서 건강하게 자랄 수 없었던 닭을 초원의 넓은 공간으로 데려와 건강하게 키워 높은 가격으로 도시에서 판매할 수 있다고 주장했다. 그의 이러한 주장은 농업 지대와 목축업 지대 모두에서 장기간 연구를 진행해 온 배경에서 나왔다고 볼 수 있다.

이 제안이 중국과학원에서 받아들여져 2007년 장가오밍 연구팀은 초원에서 목축민에게 닭을 사육하는 사업을 추진할 소규모 지원금을 받았다. 2007년 기지 운영을 돕고 연구원들과 교류가 잦았던 우 서기 가족에게 닭 2,000마리를 사육하도록 지원했다. 닭 사육에 필요한 각종 시설은 중국과학원의 지원으로 마련되었다. 닭을 기를 수 있는 작은 축사를 지어주고, 갓 부화한 병아리 구입도 알선해 주었으며, 사료 비용만 우 서기 가족이 부담하는 것으로 했다.

중국과학원 연구원들과 우 서기 가족들은 당시 닭 사육이 '괜찮게(還可以)' 이루어졌다고 이야기했지만, 실제로는 여러 가지 미숙한 점이 발견되었다. 먼저 닭을 처음 길러본 목축민들은 분쇄하지 않은 옥수수 알갱이를 통째로 사료로 줄 정도로 닭 사육 방법에 익숙하지 않았다. 그리고 사육해 본 결과 외래종 산황지(三黃鷄)는 추위에 약한 편이어서 초원에서 살아가기에 적합한 품종이 아니라는 결론을 내렸다. 그리고 닭 사육이 완료된 이후 판로를 찾지 못해 고생한 만큼 이득을 얻지 못했고 닭 사육은 다음 해로 이어지지 못했다.

이와 같이 중국과학원의 아이디어와 자금 지원은 목축민 마을에서 첫 닭 사육을 가능하게는 했지만 가금 사육의 미숙함, 판로 미비 등과 같은 중요한 한계가 있음이 시행과정에서 드러났다.

우 서기 가족은 그다음 해인 2008년에는 닭을 사육하지 않았다. 그들에게 2007년의 닭 사육은 비용이 많이 들지 않아 손해를 보지 않았지만, 그렇다고 해서 큰 수익을 낸 것도 아니었으므로 가축 방목에 비해 손이 많이 가고 익숙하지 않은 일을 하면서까지 닭 사육을 지속할 이유가 없었다. 게다가 2008년에는 정부 주도로 마을에서 우유수급기지를 건설하고 젖소 사육을 장려하는 정책을 시행할 예정이었으므로 마을 서기인 우르투는 마을 단위로 젖소를 구입하고 사육하는 과정에 적극적으로 참여하면서 자연스럽게 닭 사육과는 멀어졌다.

그러나 리용경 연구원은 2005년과 2007년 두 번 초원에서 닭을 사육하는 과정을 지켜보면서 초원에서의 닭 사육 프로젝트 구상을 더욱 구체화했다. 뛰어난 과학자는 훌륭한 정치가이기도 하다(Latour, 1988). 그는 실험실에서 과학지식을 생산하는 데 그치지 않고, 이를 시범사업에 적용해 실제로 대규모로 닭을 사육하는 기회를 잡기 위한 정치적 활동도 적극적으로 진행했다. 자금을 획득하기 위한 정치적 활동은 실험실을 유지하고 과학적 지식을 생산하는 데 주요한 원동력이 된다. 거꾸로 실험의 성공은 정치적 활동을 증명하고 지지하는 데 동원될 수 있다. 2008년 여름, 그의 계획을 구체적으로 실현할 계기가 찾아왔고, 그는 그 기회를 놓치지 않았다.

2) 시범사업 실시 과정

① 시범사업을 시작하다

2008년 8월 중국과학원 딩중리(丁仲禮) 부원장(副院長)이 다른 학자들과 함께 바인후수에 위치한 훈산다커 연구기지에 시찰을 왔다. 시찰 일정이 결정될 당시, 리용경 연구원[8]은 닭 방목 시범사업 실시 프로젝트를 제안하기 위한 브리핑 준비를 마친 상태였다. 그리고 그는 시찰 현장에서 딩 부원장과 학자들에게 닭을 방목하는 실험시범사업의 시행을 제안했다.

딩 부원장은 적극적인 관심을 보였고, 시찰 이후 리용경에게 프로젝트에 대한 계획을 제출토록 했다. 이에 리용경은 준비기간을 거쳐 2008년 11월 "중국 북방 초지의 '가축 대신 가금으로' 퇴화된 사지 및 생태계 회복 실험시범연구(中國北方草地'以禽代畜'恢複退化沙地生態系統恢複試驗示範研究)"라는 제목의 프로젝트 제안서를 제출했다. 이 제안서는 2009년 '중국과학원 지식창조공정 중요 방향 항목(中國科學院知識創新工程重要方向項目)'에 선정되었다. 이에 중국과학원 식물연구소 훈산다커 연구기지의 연구원들은 3년간 실험시범 프로젝트에 대한 재정적 지원을 받게 되었다.

8 리용경은 해를 거듭하면서 박사후과정 지도교수이자 같은 연구팀에 소속되어 있던 장가오밍과 여러 방면에서 의견 차이를 보였다. 이 연구팀은 네이멍구에서 초원을 연구하는 하위분과팀과 산둥에서 농업 작물을 연구하는 하위분과팀이 함께 운영되고 있었다. 장가오밍이 다른 연구원들과 함께 네이멍구보다 산둥에 더욱 집중하여 연구를 진행하게 되면서 장가오밍은 산둥 연구로, 리용경은 네이멍구 연구로 팀이 나뉘게 되었다. 이와 같은 상황으로 2006년 닭 방목 아이디어 제안은 장가오밍이 했지만, 2009년 대규모 닭 방목 프로젝트의 계획, 세안, 시행은 리용경과 조원연구팀이 전담하여 진행하게 되었다.

중국과학원 훈산다커 연구기지는 2009년 프로젝트 시작 첫해에 중국과학원 식물연구소 베이징 본원에서는 85만 위안을, 선양(沈陽) 분원에서는 150만 위안을 지원받게 되었다. 중국과학원 딩중리 부원장은 개인적으로도 초원목계의 경제성을 높게 평가하여 자신의 관시(關系)를 이용해서 투자 규모를 확대했다. 2009년 첫해에 사육 규모를 결정하는 과정에서 딩중리 부원장은 중국과학원의 지원금 외에 중국 선전(深川)에 있는 투자회사로부터 400만 위안의 추가 자금 지원을 약속했다. 따라서 첫해의 세부 실시 계획과 사육 규모는 리융경을 비롯한 훈산다커 연구기지의 연구원들과 딩중리 부원장과 투자회사의 의견을 조율하여 결정했다.[9]

이듬해인 2009년 봄, 실험시범 프로젝트가 본격적으로 가동되었다. [그림 3-4]의 조직도를 살펴보자. 중국과학원 식물연구소 프로젝트 지원금, 딩중리 부원장과 선전의 투자회사가 자금 대부분을 투자했고, 초원목계 연구팀의 연구원들도 개인 자금을 출자하여 이들로 조직도 상부에 위치한 주주총회(股東會)가 구성되었다. 프로젝트 제안자이자 중국과학원 연구원인 리융경이 집행이사를, 연구팀 구성원인 쉬훙 연구원이 감사를, 수화 연구원이 사무부서를 맡았다. 연구원들은 시범사업에 투입될 실무자들[10]을 영입하여 프로젝트의 운영조직을 꾸렸다.

9 쉬훙 연구원(여, 30대 중반, 2011. 6. 15)과의 면담에 따르면, 선전의 투자회사는 약속한 400만 위안 중 첫해에 투자한 150만 위안을 손해 보지 않는 손익분기점이 5만 마리라고 판단하여 사육 규모를 제안했다고 한다.

10 여기에서 생산회사와 판매회사의 직원 세 명과 뒤에 시범사업을 실시하면서 고용한 일꾼 여러 명은 모두 리융경의 고향인 산둥 허저(菏澤) 출신으로, 리 연구원과 지연(地緣)으로 이 일을 담당하게 되었다. 장비아오는 리융경 연구원 부인의 사촌여동생의 남자친구이며 장빙 역시 동향인 지인의 소개로 네이멍구에 오게 되었다. 판매책임자 수정푸는 리융경이 대학을 졸업하고 2년 정도 근무했던 중등학교의 동료 교사였다.

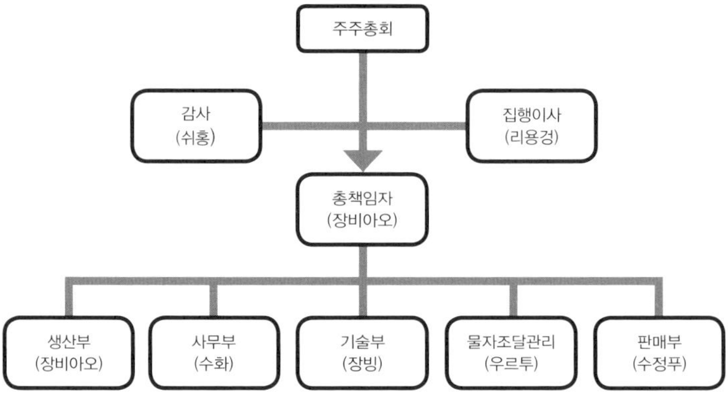

[그림 3-4] 초원목계 프로젝트 운영 조직도

장비아오(張彪)는 총책임자(總經理)로 프로젝트의 전반적 진행상황을 주관하고 네이멍구 현지의 생산을 관리하는 역할을 맡았다. 장빙(張兵)은 기술부를 담당했으며, 산둥 농촌에서 양계에 수년간 종사해 온 경험을 바탕으로 닭 사육 방식을 목축민들에게 교육·전파하고 관리하게 되었다. 수정푸(蘇正福)는 베이징을 중심으로 도시의 판로를 개척하고, 생산된 닭고기와 달걀을 판매하는 일을 담당했다. 장비아오와 장빙이 속한 네이멍구 현지에 위치한 생산회사는 '정란기초원비계과학기술서비스유한공사(正藍旗草原飛鷄科技服務有限公司)'이며, 수정푸가 속한 베이징에 위치한 판매회사는 '베이징녹봉위업상무유한공사(北京綠鳳偉業商務有限公司)'로 프로젝트의 산하 조직이지만 독립된 법인으로 운영되었다. 마을 서기 우르투는 물자조달관리(後勤管理) 업무를 맡아 프로젝트 진행과 바인후수 구성원들과의 교류를 담당하고, 현지에서 발생하는 각종 잡무를 맡게 되었다.

2009년 초원목계 프로젝트가 본격적으로 가동되기 이전까지 훈산다커 기지 연구원들은 목축민의 집과 창고를 빌려 임시로 숙소와 실험실을 꾸려 운영했다. 그런데 중국과학원으로부터 비교적 규모가 큰 프로젝트의 사업비를 따내면서 연구원들은 숙소와 실험실을 정식으로 갖춘 '중국과학원 식물연구소 훈산다커 사지 실험시범기지'를 설립하게 되었다.

생산회사의 총책임자인 장비아오는 네이멍구 초원에 실험과 시범사업을 위한 시설을 건립하고 체계를 구축하는 작업을 진행했다. 그러나 초원에 기지를 건설하는 일은 순조롭게 진행되지 않았다. 장비아오는 "베이징과 수백 킬로미터 떨어져 있어 기지를 짓기 위해 네이멍구 현지에서 건축 기술자와 일꾼, 자재 공급이 필수적이었고, 시내와 많이 떨어지고 도로 사정도 좋지 않은 곳에 기지를 건설하는 것은 쉽지 않은 일이었다"라고 회상했다. 실험기지 건설은 규모가 작은 편이라 원하는 기간에 맞춰 기술자와 일꾼 몇 명을 시내에서 멀리 떨어진 마을까지 데려오기가 쉽지 않았다. 따라서 공사는 연구원들과 직원들이 원하는 기일 안에 완공될 수 없었다.[11]

그러나 실험기지가 완공될 때까지 닭 사육을 미룰 수는 없었다. 장비아오의 책임 아래 한편에서는 실험기지 신축을 진행하고, 다른 한편에서는 양계와 관련한 시설과 시스템을 구축하고 양계를 시작했다. 장비아오와 장빙이 처음 네이멍구에 도착한 것은 2009년 5월 25일이나 되어서였다. 그들은 아무것도 없었던 초지에 기지를 건설할 준비를 제대로 마치지 못한 상태였다. 하지만 여름이 짧은 네이멍구에서 더는 지체할 수 없었으므로 다른 건물들이 완성되기 전에 우선 병아리를 사육

11 2011년 필자가 현지조사를 하던 시기에도 농촌의 농번기에 해당하는 초원의 풀베기, 저장 시기가 지나고 땅이 얼기 전에 온실 신축 및 실험실과 숙소 증축 공사를 위해 시내에서 기술자와 일꾼을 데려오려고 연락을 계속 시도했으나, 사람들은 돈벌이가 되지 않는 단기 소규모 작업을 하려 하지 않았다. 결국, 다른 큰 공사와의 우선순위에서 밀려 예상했던 날짜보다 한 달여 늦게 공사에 착수할 수밖에 없었다.

[그림 3-5] 닭 사육 대형 비닐하우스 전경
출처: 중국과학원 식물연구소 사진 자료.

할 대형 비닐하우스(塑料大棚)부터 세웠다(그림 3-5, 3-6). 2009년 6월 13일에 알에서 갓 부화한 병아리 5만 마리가 마을에 도착했고 닭 사육이 본격적으로 시작되었다.

장빙 기술원은 산둥 농촌에서 온 일꾼 4명과 함께 병아리 5만 마리를 사육했다. 일꾼 4명은 장빙과 마찬가지로 고향에서 양계에 종사한 경험이 있는 한족 농민들을 고용했다. 병아리들은 45일 정도 기술원과 일꾼들에 의해 사육되고 난 이후인 7월 말부터 여덟 가구의 마을 사람들에게 배분되어 초원에서 방목되었다. 여덟 가구 중 한 가구는 우 서기 가족, 우 서기 친척이 네 가구였고, 다른 한 가구는 우 서기와 친한 중년 친구 부부, 나머지 두 가구 중 한 가구는 젊은 몽골족 부부, 나머지 한 가구는 한족 청년과 그의 가족이었다. 참여 가구 중 일부는 중국과학원과 긴밀한 관계인 우 서기와 친분이 있어서 상세한 정보를 들을 수 있으며, 선정과정에서 우선 고려될 수 있는 친척이나 지인들이었

[그림 3-6] 대형 비닐하우스 축조
출처: 중국과학원 식물연구소 사진 자료.

다. 그리고 [표 3-1] 맨 아래 두 참가자인 소이라토와 리우즈창은 30대 초반 젊은이들로, 새로운 정보 습득에 유연하고 중국과학원의 연구원들과 직접 대화가 가능한 사람들이었다.

2009년 닭 사육 분배현황은 [표 3-1]과 같다. 전체 5만 마리 가운데 2만 6,500마리는 양계에 참여하는 여덟 가구의 초지에 각각 분배되었고, 각 가구에 닭이 머물 대형 비닐하우스를 하나씩 지어주었다. 그리고 기술원인 장빙이 양계 방법을 마을 사람들에게 교육했다. 나머지 2만 3,500마리는 중국과학원에서 직접 고용한 일꾼 4명이 연구기지 옆에 건설한 벽돌로 지은 축사 4동과 대형 비닐하우스 4동에서 사육하게 되었다.

생산회사는 사육을 희망하는 마을 사람들과 사육 계약을 맺었다. 계약 조건은 무상으로 병아리와 사료, 제반 시설을 제공하는 대신 가을에 닭이 다 자라고 나서는 중국과학원이 가구별로 출하율에 따라서 마리당 5위안에서 1위안까지 차등 수매하기로 했다. 실제로 2009년 11월

[표 3-1] 2009년 양계 참여 가구 현황

사육자	연령	사육두수 (마리)	출하두수 (마리)	출하율 (%)	비고
우 서기	50대 중반	6,000	4,658	77.63	마을 서기
우란	40대 후반	3,000	5,254	58.38 (3가구 공동 사육)	우 서기의 사촌여동생
치치거	50대 초반	3,000			우란의 언니, 이웃 마을 거주
지르후	30대 중반	3,000			우 서기의 사촌형
터건터모르	50대 중반	3,000	1,821	60.70	우 서기의 육촌조카
나런치무거	40대 초반	2,500	1,685	67.40	바인후수 주민
소이라토	30대 초반	3,000	2,597	86.57	〃
리우즈창	30대 초반	3,000	-	-	〃

닭 사육이 종결된 시점에 참여 가구에 지급된 금액은 출하율과 관계없이 마리당 5위안이었다.

② 예상하지 못한 장애물들

한족들은 남쪽 농촌에서 가금인 닭을 길러본 적은 있지만 초원에서는 처음이었다. 목축민들은 초원에서 소나 양과 같은 가축은 길러왔지만 닭은 처음이었다. 닭도 기후가 따뜻한 남쪽 지역에서 인간과 함께 이동하여 겨울이 춥고 긴 북방 초원생태계에서 생활하게 되었다. 이러한 상황에서 초원에서 닭이 잘 자라나는 것, 한족과 몽골족이 힘을 합쳐 닭을 잘 길러내는 것은 쉽지 않은 일이었다. 그렇게 시작된 2009년 양계는 프로젝트에 참여한 연구원, 실무자와 마을 사람들에게 만족할 만한 성과를 가져오지 못했다. 이는 [표 3-1] 여덟 가구의 높지 않은 출하율에서도 드러난다.

2009년 첫해 닭 사육은 다음과 같이 예상하지 못한 장애물을 만나면서 어려움을 겪었다. 먼저, 초원의 자연적 조건, 즉 추위, 눈, 강풍, 야

[표 3-2] 2009년 양계 결과 수치

총사육두수(마리)			50,000
손실	분실	4,976	20,348
	동사	2,500	
	야생동물에게 물려 사망	2,100	
	놀라서 서로 밟혀서 사망(압사)	2,500	
	도살과정에서 폐기된 작은 닭	3,272	
	영양불량 사망	5,000	
출하			29,652

생동물은 닭 사육을 저해하는 요인이었다. 초원의 이른 겨울과 급격한 기온 하강, 폭설 등 급변하는 기상 상태는 닭을 동사시켰다. 초원의 강풍은 2009년 대형 비닐하우스에서 동시에 생활하던 수백에서 수천 마리 닭이 바람에 놀라 압사당하도록 만들었다. 대형 초식동물인 소나 양과 같은 가축들을 키울 때는 잘 보이지 않았고 위협이 되지 않았던 작은 야생동물들이 닭을 대규모로 사육하면서는 자주 출몰하여 닭을 물어 죽이는 일이 발생했다.

2009년 양계 결산 통계자료(표 3-2)에 따르면, 전체 5만 마리 중 동사한 닭이 2,500마리, 야생동물에게 물려 죽은 닭이 2,100마리, 강풍과 폭설에 압사한 닭이 2,500마리로, 닭 7,000여 마리의 손실이 초원의 자연환경에 적절하게 대처하지 못해서 발생했다.

다음으로, 처음 양계를 하게 된 목축민들은 닭을 기르는 데 익숙하지 않아서 어려움을 겪었다. 초지에서 자유롭게 풀을 뜯어 먹고 영양을 섭취하여 따로 사료를 줄 필요가 없는 소나 양과 달리, 닭이 잘 자라기 위해서는 풀 이외에도 충분한 사료와 물을 매일 두 번씩 주어야 한다. 초원의 목축민들은 소나 양과 같은 가축 방목에 대한 풍부한 지식과 경험은 축적되어 있는 반면 양계에 대한 지식은 전무한 상태였다. 처음 양계를 접한 목축민들은 닭을 사육하는 데 요구되는 일들이 새롭고 익숙하지 않았다고 한다.

양계가 익숙한 장빙 기술원, 생산회사 책임자 장비아오와 남쪽 농촌 출신 한족 연구원들은 제때 사료와 물을 주지 않고 건너뛰는 등 목축민들이 닭을 기르는 세심한 관리가 부족해 보였다고 이야기했다. 그리고 황막초원의 바인후수 마을은 개별 가구들이 수백 미터에서 수 킬로미터까지 멀리 떨어져 있었던 까닭에 매일 기술원이 모든 집을 방문해 사육방식을 교정해 주기란 쉬운 일이 아니었다. 이러한 상황들로 목축민들과 실무자들 모두 닭을 방목하는 과정에서 발생하는 여러 가지 변수에 시기적절하게 대처하지 못했다.

2009년 양계 결산 통계자료(표 3-2)를 살펴보면, 영양불량으로 사망한 닭이 5,000마리, 닭을 출하했던 2009년 11월 도살 당시 상품 가치가 떨어지는 작은 닭이 3,000여 마리였다. 첫해 목축민들의 미숙한 양계방식은 초원의 자연적 제약과 더불어 사육성과를 저해하는 요인이었다.

2009년 양계에 참여한 여덟 가구 중 우 서기 가족과 소이라토 부부는 첫해에 닥쳤던 여러 위기 상황 속에서도 닭을 '괜찮게 길러냈다(養得還可以).' 소이라토 부부는 부지런하기로 소문나 있었다. 우 서기는 2007년 중국과학원의 지원으로 닭을 길러본 경험이 있었던 까닭에 두 번째에는 이전보다는 수월했다고 한다. 그러나 나머지 여섯 가구의 닭들은 많은 수가 죽거나 발육 상태가 그다지 좋지 못했다. 첫해의 시범사업은 중국과학원의 전폭적 관심과 지원에도 연구원들, 실무자들, 양계 참여자들의 기대에 미치지 못했다.

출하율이 가장 높았던 소이라토 부부는 다음 해인 2010년에 중국과학원의 권유를 거절하고 도시로 나가 일하기로 했다. 아직 30대 젊은 부부인 그들은 목축이나 양계보다 외지에서 일하는 것이 더 많은 소득을 올릴 수 있다고 판단했다.

사육 성과가 좋은 편이었던 우 서기는 다음 해에도 계속 닭을 사육하기로 결정했다. 그는 50대 중반의 나이 든 자신들 부부가 앞으로 선택할 수 있는 다른 선택지는 별로 없음을 이야기했다. 그는 2009년 양계 당시 어려웠던 점을 회상하면서 그럼에도 양계를 계속할 의지를 다음과 같이 내비쳤다.

[사례 3-2] 우 서기가 닭 사육을 계속하기로 한 이유

Q(필자): 2009년 닭 사육은 어떠했는가?

A(우 서기): 2009년에는 6,000마리를 길렀다. 2개 대형 비닐하우스에서 각각 3,000마리씩 길렀다. 나, 아내, 일꾼 한 명과 아들 후허의 도움으로 길렀다. 사료는 분쇄하여 하루에 두 번씩 주었다. 시설과 사료 등 일체 비용은 중국과학원에서 담당했고, 닭을 길러서 가져다주면 한 마리당 사육비(飼養費)를 계산해 받았다. 당시 눈이 갑자기 와서 얼어 죽은 닭이 1,000여 마리가 넘었다. 4,600여 마리를 출하했고, 2만여 위안을 벌었다.

Q: 눈이 오던 당시 상황은 어떠했는가?

A: 10월이었는데, 오후에 갑자기 날씨가 변했다. 마치 밤처럼 어두워지더니 눈이 왔고, 그 눈 때문에 비닐하우스 안에 있던 닭들이 압사하거나 동사했다. 한번에 죽어 버렸다.

Q: 2010년에는 어떠했는가?

A: 2010년에는 중국과학원의 지원방식이 바뀌었다. 사료는 직접 돈을 지불하고 구입하는 대신에 1마리당 30위안을 중국과학원에서 지급하는 방식으로 말이다. 작년에 옥수수 가격은 근당 9.8마오(毛)였고, 1년 사료비로 1만여 위안이 들었다. 작년에 사육했던 2,000마리 중에서 1,000마리는 10월에 출하하고 암탉 1,000마리는 죽이지 않고 달걀을 생

산하기 시작했다. 겨울에는 닭을 실내 축사 닭장에서 사육했다. 달걀은 11월에 생산이 시작된다. 작년에 닭은 약 70%의 달걀 생산율을 보였다. 가격은 1개당 1위안에 중국과학원으로 넘긴다. 11월에는 100-200개, 12-3월까지는 600-700개, 4-5월 300개, 6-7월은 200개로 줄어든다. 8월이 되면 거의 달걀이 나오지 않는다고 볼 수 있다.

Q: 지난번에 소문을 듣고 직접 마을에 찾아온 사람들에게 판매하는 모습을 보았다.

A: 직접 판매할 때는 달걀은 1위안에, 닭은 큰 것은 60위안, 작은 것은 50위안을 받는다. 명절을 쇨 때 친지에게 선물로 주려고 구매하는 사람들이 많다. 시장에서 일반 닭 큰 것이 보통 45일 속성으로 길렀을 때 25-29위안 받는데 나는 그 2배 가격을 받는다.

Q: 계속 닭을 기를 계획인가?

A: 큰일이 없는 한 그럴 것이다. 젊은이들은 외출도 해야 하는데, 닭을 기르기 시작하면 일에서 하루도 벗어날 수 없다. 그러나 우리 부부는 나이도 많고 별일이 없으니까 계속 닭을 기를 수 있다.(2011. 10. 9. 우르투 면담 자료)

위의 면담에서 보듯이, 우 서기는 양계가 처음이 아니었다. 2007년의 양계 경험은 2009년의 예기치 못했던 여러 난관 속에서도 출하율이 다른 가구들보다 높게 나타나는 비결이 되었다. 그뿐만 아니라 그는 이미 수년간 중국과학원을 도와 훈산다커 기지의 물자조달관리를 담당하여 연구원과 긴밀한 관계를 유지하는 과정에서 닭 사육과 관련한 정보를 지속적으로 얻을 수 있었다. 따라서 2009년 사육 결과가 좋지 않아 2010년 사육을 포기한 다른 참여자들과 달리 우 서기는 중국과학원의 지지를 받아 닭 사육을 포기하지 않고 지속할 수 있었다.

2009년 당시 바인후수 사람들은 2008년 정부 주도로 함께 동북지역에서 구입했던 젖소가 추운 겨울을 잘 견디지 못하고 병에 걸려 죽거나 우유가 기대만큼 나오지 않아 이자와 대출을 갚고 수익을 창출하는 데 어려움을 겪었다. 젖소를 열 마리 구입했던 우 서기도 비슷한 상황이었다. 그러던 중에 2009년부터 3년간 중국과학원 프로젝트의 시행이 결정되었고, 리용경 연구원은 우 서기에게 자신을 도와 프로젝트 진행에 참여할 것을 권유했다. 당시 젖소 사육 상황이 좋지 않았던 우 서기는 젖소를 판매하고 닭 사육에 뛰어들었다. 그리고 기르던 토종소도 2010년 가을 금목정책 시행을 앞두고 마을의 서기답게 모범을 보이기 위해 모두 판매했다.

마을 서기라는 위치, 중국과학원과 관계 그리고 일련의 초원관리 정책이 시행되는 과정에서 우 서기는 목축을 정리하고 양계에 집중하게 되었다. 그러나 2009년 양계에 참여했던 다른 마을 사람들은 우 서기와 달리 젖소, 토종소 등의 가축을 다 팔아버리지 않고 목축을 계속 유지했으므로 다시 돌아갈 수 있는 생계수단이 있었다. 그리고 그들은 우 서기처럼 중국과학원 시범 프로젝트에 대한 자세한 진행 상황이나 정보를 얻기 어렵고, 중국과학원의 물자조달관리자와 같은 역할을 해서 목축이 아니더라도 부가 소득을 창출하기는 어려운 위치였다. 이처럼 그들은 우 서기와 다른 위치에 있었으므로 양계를 지속할 만한 충분한 동력이 제공되지 못했다.

다음은 2009년 첫해 양계에 참여했던 나머지 일곱 가구 중 한 가구인 목축민 우란의 이야기이다.

[사례 3-3] 우란의 닭 사육

우란은 40대 후반 여성으로 2009년 닭 사육에 참여했다. 우란 부부, 앞집에 사는 사촌오빠네 부부, 옆 마을에서 온 언니네 부부가 함께 9,000마리를 사육했다. 그녀는 우 서기의 사촌여동생으로, 닭 방목 프로젝트에 대한 정보를 가까이서 들을 수 있었고, 그녀를 포함한 우 서기 친척들 세 가구가 힘을 합쳐 닭을 사육하게 되었다. 언니네 부부는 옆 마을 사람들로, 자신들의 가축은 일꾼을 고용해 목축을 위탁하고 우란 집에 와서 함께 생활하면서 닭 사육에 참여했다. 중국과학원에서는 그들의 초지에 대형 비닐하우스를 네 개 지어주고, 병아리와 사료를 제공했으며, 기술원을 통해 닭 사육 방법을 교육했다.

기대와 달리, 2009년 닭 사육은 그리 성공적이지 못했다. 9,000여 마리였던 닭은 사육이 마무리되던 11월 절반 정도인 5,000여 마리밖에 남지 않았다. 세 가구가 수개월을 투자해 2만여 위안의 소득밖에 얻지 못했다. 그녀는 그해 사육이 실패한 주요한 원인으로 오소리 등 야생동물의 피해와 10월과 11월의 폭설을 지적했다. 야생동물의 침입으로 많은 닭이 죽었고, 갑작스러운 눈으로 비닐하우스가 망가져 닭들이 압사하거나 동사했다고 한다.

그녀는 이후에도 닭을 사육할 계획이 있는지를 묻는 필자의 질문에 앞으로는 다시 닭을 기르지 않을 계획이라고 대답했다. 그녀는 닭을 기르는 것이 별로 돈이 되지 않는다고 생각했다. 옆 마을에서 온 언니네 부부는 자신들의 가축은 일꾼을 고용해 맡겨놓고 이곳에 와서 닭을 길렀다. 그런데 몇 달간 노력해서 몇천 위안밖에 소득이 없었다. 일꾼을 고용한 비용, 부부 두 사람의 노동력 투입을 계산해 보면 손해였다.

우란은 원래 하던 목축이 더 이득이 된다고 필자에게 말했다. 우란 부부는 2008년에 젖소를 7마리 구입했다. 그들은 젖소 3마리에서 우유를 짜서 한 달 평균 3,000위안, 1년에는 3만-4만 위안을 벌 수 있으며, 1년에 젖소 송아지를 10마리 팔 수 있고, 그동안 꾸준히 길러왔던 토종소 송아지도 팔 수 있다고 말했다. 송아지 한 마리를 판매할 경우 3,000여 위안을 받을 수 있다. 그녀는 목축은 이전부터 계속해 왔던 것이라 익숙하고, 닭처럼 시시때때로 사료와 물을 주는 번거로운 일을 하지 않아도 된다고 이야기했다.

우란은 닭을 꼭 기르지 않아도 소득을 올릴 수 있는 경제적 자산을 보유한 사람에 해당한다. 마을 사람들 모두가 우란과 같이 경제적으로 안정된 상황은 아니다. 우란이 보기에 닭 사육은 자신보다는 가축 수가 적거나 목초지가 적은 사람들이 하면 괜찮겠지만, 그들 부부는 보유한 목초지도 넉넉하고 가축 수도 많아서 닭을 꼭 길러야 할 필요는 없다고 자신들의 견해를 표명했다.(2011. 9. 19. 우란, 여, 40대 후반, 면담 자료)

우란을 포함해 닭을 9,000마리 사육한 세 가구는 우 서기 친척이다. 우 서기 친지들이 닭 사육 프로젝트와 관련된 정보에 상대적으로는 접근이 용이했기에 첫해 닭 사육에 적극적으로 참여하게 되었다.

그러나 우란을 비롯한 세 가구는 2010년 두 번째 해에는 닭을 사육하지 않기로 했다. 우란 외에도 2009년 닭 사육에 참여한 마을 사람들에게 왜 더는 닭을 사육하지 않게 되었는지 물어보았다. 그들은 공통적으로 "닭 사육은 번거롭고 일이 많은데도 수입이 적지만[12] 소를 기르는 것은 일이 적고(省事), 닭 사육에 비해 수입이 더 많다"[13]라고 대답했다. 마을의 목축민들에게 소나 양과 같은 가축에 비해 닭은 손이 많이 가고 사육하기 번거로운 동물이었다.

이와 더불어, 앞서 서술했듯이 초원에서의 첫 닭 방목은 예상치 못한 난관들과 결합되어 사육 성과가 좋지 못했다. 무엇보다 이러한 요인들이 결합된 결과 기대보다 소득이 낮았다. 특히 젊은 사람들은 굳이

12 출하율을 100%로 계산하면 2009년 수매 기준 2.5위안/마리×3,000마리=7,500위안이 소득이 된다.

13 소 1마리를 가을에 판매할 경우에 마리당 2,000위안에서 4,000위안을 받을 수 있으며, 한번에 여러 마리를 판매할 경우 닭의 판매 수입보다 많아진다고 마을 사람들은 이야기했다.

힘들게 돈이 얼마 안 되는 닭을 기르기보다는 차라리 도시로 나가 일하는 것이 낫다고 대답했다. 30대 소이라토 부부가 2010년 가을 금목 정책 시행이 예정되면서 목축 대신 외지로 나가 일하기로 결정한 것도 같은 맥락이다.

대부분 마을 목축민들도 기존에 익숙한 젖소나 토종소 사육으로 수입을 얻는 것이 훨씬 더 낫다고 생각했다. 사람들은 첫해 사육을 지켜본 결과 큰 이익이 되지 않는다고 판단이 내려진 양계에 기존의 생활방식을 바꾸어 가면서까지 새로 참여하려고 하지 않았다. 몇몇 마을 사람은 양계에 대해 아예 무관심한 태도를 내비치기도 했다.

프로젝트 실무자인 장비아오와 기술원 장빙은 마을 사람들이 '번거롭고 일이 많은 닭 사육'을 잘해내지 못한 요인을 다음과 같이 이야기했다.

[사례 3-4] 한족 실무자의 양계에 대한 의견

Q(필자): 2009년 닭 사육 결과는 어떠했는가?

A(장비아오): 만약 한 가구에 평균적으로 배분했던 3,000마리를 다 길렀으면 1마리당 5위안이므로 1만 5,000위안인데, 기르기가 쉽지 않았나 보다. 아니 기르기 쉽지 않았다기보다는 그들의 의식은 이렇게 잠깐 사이에 변화하기 어렵다. 그들은 소와 양을 기르던 방식대로 닭을 기르려고 했다. 그런데 이 동물들은 습성이 다르다.

Q: 목축민들이 닭을 기를 때 요구되는 새로운 사육방식을 잘해내기는 어려운 것 아닌가?

A: 그렇지 않다. 소이라토는 잘 길렀다. 우 서기도 마찬가지다. 어떤 사람들은 받아들이지 못하는 것이고, 어떤 사람들은 받아들일 수 있는 것이다.

Q: 네이멍구에서 닭을 길러오고 기르는 데 가장 어려운 점은 무엇

인가?

A: 목축민들의 의식을 변화시키는 것이다.

Q: 닭을 사육하는 일은?(2011년에는 장비아오가 직접 사육에 참가)

A: 어렵지 않다.

Q: 목축민들의 사고방식을 변화시킬 수는 없는 것인가?

A: 그들을 움직이게 만드는 것이 어렵다. 스스로 노력해 닭 방목으로 돈을 벌 수 있다는 것을 깨달아야 한다.

Q: 목축민들이 소와 양을 기르면 돈을 더 많이 벌 수 있지 않은가?

A: 어떤 목축민들은 그렇지만 그렇지 않은 사람들도 있다.(2011. 9. 15. 장비아오, 남, 30대 초반, 면담 자료)

이러한 면담 자료에 따르면, 닭 사육 실패의 원인은 다음과 같이 분석할 수 있다. 첫째, 중국과학원에서 양계를 담당한 장비아오는 닭 사육 실패의 원인을 양계 참여자들의 '적극성 내지는 자발성의 부족(沒有積極性)'으로 보았다. 그를 비롯한 관계자들은 참여자들이 이러한 마음가짐이 된 원인 중 하나가 중국과학원이 진행한 양계 시범사업의 방식에도 있다고 분석하였다. 중국과학원에서는 2009년 양계 첫해에 참여 가구들에 병아리와 닭장 시설, 사료 등 필요한 것들을 모두 무상으로 제공했다. 유일한 조건은 4개월 후 잘 길러서 닭을 가져오면 마리당 5위안의 사육비를 지급하는 것이었다. 그러나 이러한 편의 제공은 목축민들에게 금전적 투자나 위험부담을 지우지 않는다는 장점이 있었지만, "자신의 돈이 투자되지 않아서 열심히 하지 않아도 손해를 보지 않기 때문에 열심히 하지 않는 부정적 결과를 낳게(리용경 면담)" 되었다. 관계자들은 이러한 방식의 비용-수익구조가 닭 사육 가구들을 수동적 주체로 만들어 그들이 사육에 적극적으로 참여하지 않았다고 보았다.

둘째, 양계에 익숙한 산둥 농촌 출신인 연구원들과 실무자들이 본 마을의 몽골족 목축민들은 양계에 서툴렀다. 그들이 보기에 몽골족 목축민들은 "소나 양을 기르듯이 닭을 기르려고 했기 때문에 닭을 잘 길러내지 못했다." 그들은 닭을 기르려면 "농촌의 한족들처럼 부지런하게 움직여야 하는데, 몽골족 목축민들은 소와 양을 기르듯이 그냥 초원에 풀어놓기만 하면 자라는 것으로 생각한다"라고 이야기했다.

중국과학원 연구원들과 실무자들은 모두 산둥 농촌 출신 한족으로, 그들은 양계와 비교적 친숙했다. 그들에게 몽골족 목축민들이 하는 양계는 미숙해 보였다. 그리고 이러한 미숙함을 종족성 문제와 연결해 한족의 근면함과 몽골족의 게으름을 비교하면서 몽골족들이 열심히 일하지 않음을 은연중 필자에게 내비치기도 했다.[14]

이와 같은 몽골족 목축민에 대한 한족 연구원들과 관리인들의 이야기는 그들이 직접 닭을 사육하기 위해 고용했던 한족 일꾼들에 대한 평가와 모순된다. 2009년과 2010년에 그들은 중국과학원 자체에서 사육하는 닭을 관리하기 위한 한족 일꾼을 각각 4명, 2명 고용했다. 일꾼들은 닭을 처음 길러보는 몽골족 목축민들과 달리 닭을 길러본 경험이 있는 산둥 농촌 출신 한족 농민들이었다. 그러나 그들이라고 해서 닭을 잘 기른 것은 아니었다. 과학자들이 목축민들에게 한 비판 언사에서 본다면 닭 사육 경험까지 있는 '부지런한 산둥 농민'은 닭을 잘 길러낼 수 있어야 했다. 하지만 연구원과 직원들은 "일꾼들이 초원의 사육시설에 참관하러 갔을 때만 열심히 하는 척하고 말로는 잘하고 있다고 둘러댔기 때문에 출하율이 좋지 않았다"라고 불평했다. 연구소의 과학

14 이현정(2001: 80-82)은 조선족이 자신들을 한족과 '부지런함'과 '게으름'으로 구분함으로써 종족 정체성을 형성해 나가는 과정을 분석했다. 이렇게 개개인의 '부지런함'이나 '게으름'으로 간주될 수도 있는 몇몇 사례는 민족이라는 라벨에 부착되어 집단의 특성을 나타내는 표현으로 정형화되기도 한다.

자와 직원들은 산둥 출신 한족 농민 일꾼들이 일을 열심히 하지 않은 이유가 고정된 금액을 월급으로 받아서 열심히 일할 필요가 없기 때문이라고 이야기하기도 했다.

한족 연구원들과 실무자들은 몽골족 목축민은 게으르고 한족 농민들은 부지런하다는 논리를 전개했지만, 오히려 직접적 원인은 종족성에서 오는 부지런함의 차이보다는 두 집단에서 모두가 자발적으로 열심히 노동할 만한 동기가 적절하게 제공되지 못했기 때문이었다고 볼 수 있다. 몽골족 목축민들은 중국과학원이 제공한 편의에 따라 수동적으로 닭을 사육했고, 한족 농민 일꾼들은 성과에 따른 인센티브(奬金)가 없는 상태에서 내 일처럼 열심히 하지 않았다.

연구원들과 실무자들이 주장하는 것과 달리, 2009년 사육 결과는 예상하지 못했던 자연적 제약을 감안하더라도 한족 농민 일꾼의 출하율(45%)이 몽골족 목축민의 그것(69.7%)보다 낮게 나타났다. 한족 농민 일꾼들이 관리한 대형 비닐하우스의 한 동에서는 영양실조로 닭 수천 마리가 죽었다. 연구원들과 실무자들은 '한족/소수민족', '농촌/목촌'의 구별을 시도했지만, 구체적 사정을 살펴보면 한족 농민과 몽골족 목축민에게 각각 '부지런함'과 '게으름'의 단정적 수식어를 붙이기가 어렵다는 것을 발견할 수 있었다.

③ 시범사업을 지속하다

2009년 첫해의 사육 결과는 보고서[15]에서 확인이 가능하다. 당시 5만 마리로 사육을 시작했던 닭이 도살하려고 11월 베이징으로 운송할 때는 3만 마리 정도밖에 남지 않았다.[16]

15 蘇華·李永庚·許宏(2009).

16 첫해 사업이 성공적이지 못했음에도 2차연도에 닭 사육 시범사업이 지속적

중국과학원 연구원들은 2009년 첫해의 사육에서 발생한 문제들을 해결하기 위해 시범사업의 운영방식과 관련하여 다양한 방면에서 변화를 시도했다. 먼저, 2010년에는 리스크를 줄이기 위해 양계 규모를 축소했다.[17] 2009년 5만 마리에서 2010년 2만 마리로 기르는 닭 숫자를 줄인 것이다. 첫해인 2009년에 예상하지 못했던 난관에 부딪혔던 과학자와 관리자들은 먼저 사육 시작 시기를 앞당겨 이른 봄인 4월 29일부터 병아리를 사육하여 네이멍구의 이른 겨울이 오기 이전에 닭 사육을 마무리하도록 일정을 조정했다. 다음으로는 야생동물의 습격을 막기 위해 새로이 이동식 소형 닭장을 발명하여 보급함으로써 피해를 막았다. 그리고 좋은 성과를 낼 수 있도록 양계 참여자들에 대한 관리방식의 구조적 변화를 시도했다.

그것은 중국과학원 내부에서 시작되었다. 먼저 2010년 중국과학원에서 양계를 위해 직접 고용한 한족 일꾼들에게는 인센티브 계약으로 능동적 참여를 독려했다. 2011년에는 실무자인 장비아오와 장빙에게 관리업무 외에 닭 사육을 겸직시켜 책임지고 닭 사육을 할 수 있는 체계를 구축했다.

목축민들의 양계 비용과 수익 계산 방식도 바꾸었다. 2010년부터는 양계를 신청한 가구가 병아리, 사료 등과 같은 사육에 필요한 비용을 직접 지불하도록 하는 대신 마지막에 닭을 수매하는 비용을 30위안으로 높였다. 병아리와 사료를 중국과학원의 책임 아래 공동으로 구입

으로 실시된 이유는 제4장에서 자세히 다룬다.

17 원래 프로젝트의 지원금 확보 단계에서 중국과학원 딩 부원장의 적극적 추천으로 선전의 투자회사가 400만 위안을 투자하기로 했으나, 400만 위안 중 150만 위안을 투자한 2009년 상황에서 닭 사육이 성공적이지 못하자 투자회사는 투자를 멈추었다. 그리고 적극적으로 관심을 보였던 딩 부원장도 첫해 이후에는 프로젝트에 직접 관여하지 않게 되었다.

하는 편의는 계속 제공했다. 이는 목축민들이 스스로 비용과 위험을 감수하고 책임을 지는 대신에 더 높은 수익을 얻을 기회를 제공하여 적극성을 높이려는 시도였다.

그러나 과학자들의 의도와 달리, 아쉽게도 닭 사육에 대한 마을 목축민들의 관심은 첫해에 비해 점차 줄어들었다. 중국과학원으로서는 시범사업에 마을 사람들이 좀 더 적극적으로 참여하길 원했지만, 마을 목축민들에게 양계는 목축에 비해 익숙하지 않고 번거로우며 돈이 별로 되지 않는 일이었으며, 하루아침에 목축에서 목금으로 생활방식을 바꾸는 일은 쉽지 않았다.

2009년 참여 가구 중에서 2010년에는 우 서기네만 양계에 참여했다. 젊은 소이라토 부부와 리우즈창은 외지로 나가 일하게 되었다. 목축으로도 경제적인 소득이 충분하다고 대답했던 우란을 비롯한 세 가구는 다시 목축으로 돌아갔다. 참여 가구 중 터건터모르와 나런치무거 부부는 다음 해인 2010년에는 닭 사육에 직접 참여하는 대신에 중국과학원 기지를 운영하는 데 필요한 요리, 병아리 사육과 같은 지원 업무를 담당했다. 결국 2010년 2만 마리 중 1만 7,000마리는 장빙 기술원의 감독 아래 산둥 농촌 출신 일꾼을 고용하여 사육했으며, 3,000마리는 우 서기네가 사육했다.

판매 방면에서도 개선이 이루어졌다. 2009년에는 암탉, 수탉 구분없이 모두 도살해 닭고기로만 공급하여 수익을 올렸다. 하지만 2010년에는 우 서기 가족은 1/3에 해당하는 1,000여 마리 암탉을 겨울 동안 남겨 실내 닭 사육 축사 한곳에서 기르면서 달걀을 생산하여 공급해 닭고기로 인한 일회성 소득 이외에 긴 겨울에도 지속적인 경제적 이익을 얻을 기반을 다지게 되었다. 달걀 판매는 베이징에서 큰 호응을 얻어 달걀 생산량이 점차 줄어드는 봄과 여름에는 달걀이 없어서 판매하지 못할 정도였다. 2010년에 우 서기의 닭 사육은 달걀 판매로도 부가 소득을 올리게 됨으로써 2009년에 비해서 성공적이라고 평가되었다.

세 번째 해인 2011년에는 지난 3년 중에서 사육 결과가 가장 좋았다. 2011년에는 1만 3,000마리를 사육했다. 그중 3,000마리는 우 서기가 기르게 되었고, 나머지 1만 마리는 중국과학원에서 직접 사육을 담당했다. 2009년과 2010년 사이 고용되었던 한족 일꾼들은 닭을 기른 경험이 있어서 닭 사육에는 익숙했다. 그러나 산둥 농촌에서 온 한족 일꾼들이 생활환경이 척박한 네이멍구에서 닭을 사육하며 생활하는 것은 쉬운 일이 아니었다. 2010년에는 한족 일꾼들에게 출하율이 높으면 인센티브를 제공하겠다고 약속했지만, 한족 농민들은 만족할 만한 성과를 거두지 못했다.

따라서 2011년에는 외부에서 일꾼들을 따로 고용하는 대신에 회사의 체계가 잡혀 할 일이 줄어든 기술원인 장빙과 책임자 장비아오가 급여를 더 받고 직접 닭을 사육하게 되었다(그림 3-7). 2011년 그들이 참여한 사육은 지난 2년에 비해 나은 성과를 냈다. 지난 두 해에 비해서 닭은 몸집도 크고 건강하게 자랐다. 우 서기도 지난 수년간의 경험을 바탕으로 닭들을 잘 사육하여 출하했다. 그리고 겨울에는 달걀을 낳는 암탉을 1,000마리 남기고 나머지는 중국과학원의 두 실무 담당자가 기른 닭들과 함께 도살하여 고기로 판매했다.

중국과학원 연구원들은 시범사업으로 양계사업이 안정적인 궤도에 들어섰다고 판단을 내리고, 2012년부터는 네이멍구에서 생산을 담당하던 두 실무자를 더는 고용하지 않았다. 그 대신에 우 서기와 그의 둘째 아들 후허(呼和)가 중심이 되어 바이거리 합작사(正藍旗巴音胡舒嘎查百格利養殖專業合作社)를 세워 마을 목축민들이 독립적으로 양계사업을 운영하게 되었다. 이전에는 실무자가 담당하던 일들은 후허가 하게 되었다. 2012년에는 1만여 마리를 사육하게 되었다. 우 서기를 중심으로 닭 사육을 원하는 몇몇 마을 사람과 이웃 마을 사람들이 모여 그동안

[그림 3-7] 실험시범기지에서 함께 닭 먹이 주기

축적된 양계 노하우를 바탕으로 사육을 진행했다. 중국과학원의 전적인 지원으로 시작된 시범사업은 2012년 4년 차에 이르러서는 목축민 스스로 합작사를 세워 운영할 수 있는 기초를 마련하게 되었다. 2009년 처음 시범사업을 실시한 이후로 14년 차가 된 2022년 현재까지 목축민들의 바이거리 합작사는 베이징에 판매망을 두고 네이멍구 초원에서 양계사업을 지속적으로 운영해 오고 있다.

중국과학원의 연구원들은 계획부터 시행에 이르기까지 적극적으로 목축민들을 도와 양계를 지원했으며, 그 결과 4년 차에는 마을 사람들 스스로 독립할 수 있는 기반을 갖추게 되었다. 여기서 과학자는 시범사업으로 목축민 스스로 닭을 기르고 판매하는 독립적 체계를 갖추는 데 중요한 역할을 담당했다고 볼 수 있다. 그뿐만 아니라 과학자는 초원목계 모델을 다른 초원지역에 소개하고 전파할 수 있는 사례를 학계에 제시하게 되었다. 그리고 이러한 결과는 과학자의 제안으로 시작되었지만 과학자들, 실무자들, 마을 몽골족 목축민들 모두가 함께 문제를 해결하고 위기를 극복해 나가는 과정에서 도출된 것이다.

3. 닭장의 진화와 초원의 변신

처음 초원에서 닭을 기르게 된 목축민들, 처음 초원에서 양계를 대규모로 조직적으로 운영한 과학자들과 실무자들, 처음 초원에서 생활하기 시작한 닭은 예상하지 못했던 난관에 맞닥뜨렸다. 첫해 닭의 보금자리였던 대형 비닐하우스는 야생동물의 습격은 물론 네이멍구의 추위, 강풍, 폭설을 막을 수 없었으며, 수많은 닭을 한꺼번에 한 공간에 수용한 탓에 비닐하우스 주변을 중심으로 한 국지적 퇴화가 발생했다. 앞에서 상술한 프로젝트의 인력과 조직 부문 운영방식의 개선은 시범사업 운영의 진전을 가져왔지만, 이것만으로는 초원 기후, 환경과 관련하여 발생한 양계 시행과정의 문제들을 해결할 수 없었다.

리용경 연구원은 이러한 문제들을 해결하기 위해 고심한 끝에 2010년 닭 사육에 획기적인 변화를 가져오는 새로운 장치, 즉 소형 이동식 닭장을 발명하여 시범사업에 도입했다. 과학자가 발명한 장치인 소형 이동식 닭장은 이해관계 당사자들이 처한 문제들을 해결해 줄 중요한 매개가 되었다.

[그림 3-8]과 [그림 3-9]는 리용경 연구원이 발명한 소형 이동식 닭장을 직접 촬영한 것이다. 이 닭장은 목재, 철조망과 철골구조물로 되어 있으며, 삼각 지붕 형태를 띠고 있다. 바닥은 사각형으로 되어 닭장 하나에 닭을 최대 150마리 정도 수용할 수 있으며, 지붕은 삼각형으로 만들어 부피를 최소화했다. 닭장의 하단은 촘촘한 철조망으로 되어 닭이 배출하는 배설물은 닭장 안에 남지 않고 초지의 영양분으로 활용할 수 있으며, 동시에 달걀은 그대로 닭장 안에 남게 설계되었다. 삼각 지붕의 한쪽 단면은 여닫을 수 있는 구조로 닭을 관리하기 용이하다. 그리고 크기가 작아서 오토바이나 트랙터 등 운송수단을 이용해 편리하게 초원 곳곳을 옮겨 다니면서 사육할 수 있는 점이 특징적이다.

[그림 3-8] 나무 합판 닭장과 닭

과학자가 발명한 장치는 양계와 연관된 이해관계 당사자인 닭, 초원, 목축민과 생태학자가 처한 문제들을 다음과 같은 측면에서 해결하도록 해주었다.

첫째, 소형 이동식 닭장이라는 새로운 장치를 도입해 닭은 초원의 생태환경 속에서 안전하게 잘 자라게 되었다. 먼저, 2009년 첫해에 닭이 직면했던 가장 큰 문제는 야생동물의 습격이었다. 중국과학원 연구원들은 프로젝트 구상 단계에서 이미 마을에서 닭을 기를 경우 발생하게 될 야생동물의 습격을 우려했다. 이러한 우려에 대해 마을 사람들은 초원에서 야생동물이 사라진 지 오래라며 연구원들을 안심시켰다. 목축민들이 사라졌다고 이야기했던 동물은 초원에서 소나 양과 같은 가축들에게 위협이 되는 늑대였다. 닭을 초원에서 방목하기 시작하자 예상하지 못했던 야생동물들이 나타나 닭을 위협했다.

초원에 모습을 드러낸 것은 오소리(獾了), 너구리(貉子) 같은 소형 야생동물이었다. 양과 소 같은 가축에게 늑대는 위협적이지만, 오소리

[그림 3-9] 소형 이동식 닭장 내부 형태

와 너구리는 위협이 되지 않는다. 하지만 체구가 작은 닭에게 소형 야생동물들은 위협이 되었다. 이들은 닭을 한두 마리만 잡아먹고 물러나지 않고, 닭 무리에 접근하여 수십 마리에서 많게는 수백 마리를 물어 죽이고 달아나는 것이 큰 문제가 되었다. 첫해 사육 당시 대형 비닐하우스에서 2,000-3,000마리씩 함께 생활하던 닭은 비닐하우스와 땅의 틈새를 비집고 들어온 야생동물의 습격으로 피해가 컸다. 그 결과 2009년 야생동물에 의해 죽은 닭은 2,000여 마리에 달했다(표 3-2).

이러한 야생동물의 습격으로 발생하는 닭의 생존 문제를 소형 이동식 닭장은 다음과 같이 해결해 주었다. 소형 이동식 닭장은 삼각 지붕 모양의 한 면을 여닫을 수 있는 구조로 설계하여 저녁에 닭이 보금자리로 돌아오면 닭장 문을 잠그고 아침에 여는 방식으로 닭을 보호하게 되면서 야생동물의 피해는 발생하지 않게 되었다. 닭이 안전하게 초원에서 살아가게 된 것이다.

다음으로 닭은 소형 이동식 닭장으로 보금자리를 옮기고 나서는 초원의 강풍과 폭설로 발생했던 생존 위험에서 벗어나게 되었다. 마을

이 위치한 시린궈러맹의 초원은 날씨가 변화무쌍하고 추우며 눈이 많이 내리고 바람이 센 지역으로 유명하다. 닭은 바람이 세게 부는 일 등으로 놀라면 한곳으로 운집하려는 습성이 있다. 닭의 군집이 작을 경우 이러한 움직임은 아무런 위험이 되지 않지만, 많은 닭이 함께 생활할 때는 구석으로 한꺼번에 모이면서 압사하는 상황이 발생한다.

첫해 닭의 보금자리였던 대형 비닐하우스에는 닭 3,000여 마리가 한꺼번에 거주했다. 간이 시설인 비닐하우스는 특히 바람의 영향을 받기 쉬웠다. 2009년 10월, 비닐하우스 안의 닭 수천 마리가 강풍에 놀라 한곳으로 모이는 바람에 아래에 깔린 닭들이 압사하는 사건이 발생했다. 그리고 11월 닭고기 출하 직전에는 이른 겨울의 강풍을 동반한 폭설로 비닐하우스가 무너져 닭들이 동사하거나 압사했다. 초원의 기후 문제로 발생했던 이러한 닭의 위기는 소형 이동식 닭장의 발명으로 다음과 같이 해결되었다. 소형 이동식 닭장은 100여 마리씩 소규모 단위로 닭을 수용할 수 있어 닭이 강풍으로 놀라 한데 운집해 발생하는 압사 위험에서 벗어나게 되었다. 또한 목재로 만들어져 눈이 갑자기 많이 내리더라도 망가지지 않고 견고하게 자리를 지키게 되었다.

둘째, 초원은 소형 이동식 닭장의 배치로 국지적 퇴화의 위험에서 벗어나게 되었다. 앞에서도 언급했듯이, 초원에서 소나 양 같은 대형 가축 대신에 닭을 사육하는 것은 초원이 덜 퇴화되면서도 경제적 소득을 얻을 기회로 목축민들에게 소개되었다. 그런데 실제 사육과정을 살펴보니, 수많은 닭이 드나들고 이동하는 대형 비닐하우스 주변을 중심으로 국지적인 초원퇴화 현상이 발생했다. 닭은 닭장을 중심으로 하여 일정 범위 내에서 움직이는 습성이 있는데, 첫해의 사육을 마무리하고 나서 살펴보니 비닐하우스 주변 식생의 국지적 퇴화가 발견되었다.

이러한 초원생태계의 보존과 국지적 퇴화의 문제는 소형 이동식 닭장을 초지에 배치하면서 해결되었다. 소형 이동식 닭장은 이동이 편리하여 초원 어느 곳이든 방목하고 싶은 장소에 닭장을 옮겨놓을 수 있어 윤목(輪牧)이 가능하고, 초원 식생의 적절한 휴식기와 사용기의 조작이 용이하며, 적절한 간격을 두고 초원에 배치할 수 있어 방목 밀도를 적절히 조절하게 되었다. 또한, 닭은 닭장을 중심으로 정해진 범위 안에서만 활동하므로 일정한 간격을 두고 소형 닭장을 설치하면 초원 식생의 국지적 퇴화를 최소화하면서 닭을 사육하여 해충을 방지하고 배설물로 비료를 공급받는 등의 장점을 동시에 누리게 되었다.

셋째, 몽골족 목축민은 소형 이동식 닭장을 도입함으로써 첫해에 겪었던 어려움의 많은 부분을 해결하게 되었다. 위에서 서술했듯이, 초원에서 기후변화나 야생동물의 습격 위험 없이 닭을 안정적으로 기르게 된 것이다.

마지막으로, 과학자는 장치를 발명해 목축민들에게 새로운 소득 기회를 제공하고, 시범사업을 성공적으로 이끄는 기반을 마련했으며, 초원 사막화 방지에서 얻은 과학적 지식을 바탕으로 시범사업 사례에 대한 실험과 연구를 지속하게 되었다.

이와 같이 '소형 이동식 닭장'은 첫해 초원에서 닭을 사육하는 과정에서 발생한 여러 문제를 공통적으로 해결하는 '장치'(Callon, 1986)가 되었다. 소형 이동식 닭장은 닭 사육문제를 해결하기 위한 과학자의 '혁신(innovation)'(Barry, 2001)이라고 볼 수 있다. 혁신은 서로 다른 이해관계가 있는 행위자들의 이해관계를 조율하고 이를 공통의 문제로 포섭하는 계기를 마련한다(Latour, 2004: 162). 과학자는 새로운 닭장의 발명이라는 혁신으로 닭을 강풍과 야생동물로부터 구하고, 초원을 퇴화 위기에서 안정시켰으며, 목축민들이 초원에서 안심하고 닭을 기르도록 안내하게 되었다. 과학자의 장치는 목축민들이 닭을 좀 더 능숙하게 방목하도록 했고, 닭은 초원생태계에 무사히 적응하여 성장해 나가게 되었다. 이로써 초원도 식생퇴화가 줄어들게 되었다.

[그림 3-10] 플라스틱 합판 닭장 만들기

1세대 목재 소형 이동식 닭장은 위와 같은 많은 문제를 해결해 주었지만, 목재로 만들었으므로 길고 혹독한 겨울을 지나야 하는 네이멍구에서는 내구성이 문제가 되었다. 다음 해가 되자 사용은 가능하지만 뒤틀리거나 손상된 것이 있어 반영구적으로 사용하기는 어렵다는 문제점이 발견되었다. 그래서 2011년에는 기후변화의 영향을 적게 받는 플라스틱 재질의 합판으로 2세대 닭장을 만들었다(그림 3-10).

[사례 3-5] 2세대 소형 이동식 닭장 제작

주문한 합판, 철조망과 철 골조물이 시내에서 도착했다. 올해 새로 쓰일 닭장을 만들기 위한 재료들이다. 작년에 쓰였던 나무로 만든 소형 닭장이 네이멍구의 추운 겨울을 지나면서 손상된 것들이 많아 올해 새로 들어온 닭들을 키우기에는 수량이 부족하기 때문이다. 작년에 사용했던 나무 닭장들은 우 서기의 초지로 보내고, 새로 만든 닭장들은 중

[그림 3-11] 플라스틱 합판으로 만든 이동식 소형 닭장과 닭
출처: 중국과학원 식물연구소 사진 자료.

국과학원에서 직접 기르게 될 닭의 보금자리로 쓰일 예정이다.

네이멍구의 뜨거운 태양 볕 아래에서 부자(父子)는 아침부터 밤늦게까지 삼각형과 사각형의 합판들을 짜 맞추는 작업을 했다. 닭장 모양대로 이미 잘 재단된 재료들이 도착했지만, 재료들을 조립하는 작업이 쉽지만은 않다. 견고한 플라스틱 합판을 전기드릴로 뚫고 철 골조물과 나사로 연결해야 닭장이 완성된다. 바닥 재료로 쓰이는 철조망을 철사와 대나무를 이용해서 철 골조물에 연결하는 작업에는 섬세함이 필요하다.(2011. 6. 24. 닭장 제작 작업 참여관찰 자료)

2011년부터는 플라스틱 합판을 재료로 닭장을 만들기로 하면서 내구성 문제는 해결되었다(그림 3-11). 그런데 지난 3년간 이동식 소형 닭장을 설치하고 재료를 변경하면서 많은 문제가 해결되었지만, 그 과정에서 새로운 문제가 등장했다. '대형 비닐하우스 → 나무 재질 닭장 → 플라스틱 재질 닭장'으로 변경되면서 내구성은 개선되었지만, 제작

비용이 증가했다. 대형 비닐하우스보다 나무 재질 닭장이, 나무 재질 닭장보다 플라스틱 재질 닭장이 재료비가 많이 들었다. 그리고 소형 이동식 닭장을 직접 만드는 것은 노동력이 필요한 작업으로, 목재보다 플라스틱으로 제작하기가 더 어려웠다. 2011년 봄, 재료는 도착했으나 힘든 작업이 될 것이 뻔한 닭장 제작에 일당을 넉넉하게 준다고 해도 지원하는 마을 사람들이 없었다. 결국, 후허네 닭 사육을 도와주러 왔던 사돈댁 친척 부자 둘이서 몇 날 며칠을 걸려 완성할 수 있었다.

높은 제작비용은 단점이 될 수도 있지만 중국과학원의 과학자는 프로젝트의 다른 예산을 감액하는 대신에 초원의 닭 시범사업이 성공적으로 진행될 수 있도록 닭장 제작비용을 지원하기로 했다. 과학자는 경제적 이익을 최우선시하는 사업가나 투자자가 아니다. 그에게는 자신의 과학적 실험과 시범이 성공하는 것이 무엇보다 중요한 요소였다. 따라서 그는 새로운 닭장을 고안하고 제작·개선하는 등 장치의 지속적 혁신을 주도했으며, 그로써 발생하는 비용을 기꺼이 지출했다고 볼 수 있다.

마을 사람들은 제작비용을 줄이기 위해 황막초원 생태계에서 얻을 수 있는 자원을 활용한 아이디어를 제안하기도 했다. 마을에서 손재주가 좋기로 소문난 50대 남성 엉거는 지천에 보이는 관목인 황류(黃柳)를 엮어서 원형 또는 타원형 닭장을 만들어냈다(그림 3-12, 3-13). 가운데에는 구멍을 만들어 닭이 드나들 수 있게 하고, 바닥에 고정할 수 있는 기둥을 만들어 땅에 고정했다. 손쉽게 구할 수 있는 재료인 황류로 만들 경우 재료비가 들지 않는다. 2011년에 만든 황류 닭장 두 개를 우 서기의 닭 방목 조지에 설지해 사용했나. 하시만 이러한 시도는 닭장 제작에 필요한 숙련된 인력을 확보하기 어려워 한 번에 그쳤다.

이동식 소형 닭장은 비용 증가 외에도 목축민들에게 번거로운 일들을 증가시켰다. 소형 이동식 닭장은 야생동물의 피해를 막는 데에는

[그림 3-12] 황류로 닭장 만들기

효과적이었지만, 넓은 초원에 간격을 두고 배치된 닭장을 매일 아침저녁으로 열었다 닫았다 하는 일과를 반복해야 했다.

알에서 부화한 병아리는 45일 정도 실내에서 사육한 이후 스스로 야외에서 생활할 여건을 갖추게 된다. 그때부터 닭을 초원으로 옮겨 방목을 시작한다. 초원으로 옮기는 과정에서 두 가지 번거로운 일이 발생한다. 첫째는 실내에서 초원에 있는 각각의 닭장으로 닭을 옮겨놓는 일이다. 양계장의 닭이라면 초원으로 옮길 필요가 없으니 발생하지 않는 일이었다. 이를 위해 2011년 6월 초 이틀에 걸쳐 닭의 움직임이 둔해지는 밤에 손전등을 켜고 중국과학원 관계자들과 마을 사람들이 모여 실내닭장에서 닭을 상자에 옮겨 싣고 초원의 소형 이동식 닭장에 배분하는 일을 했다.

둘째는 초원의 닭장에 옮겨놓은 닭이 자신의 집으로 돌아가는 길을 인식하기까지 일정 기간 매일 닭을 닭장에 잡아넣는 일을 해야만 했다. 사육자들은 해가 지면 손전등을 들고 풀숲 사이를 뒤져 닭을 찾아내 닭장에 잡아넣었다. 1-2주 정도 반복한 후 닭들은 저녁이 되면 스

[그림 3-13] 황류로 만든 닭장

스로 자신의 닭장을 찾아 돌아가게 되고, 아침저녁으로 닭장 문을 여닫는 일만 하면 된다. 초원의 발명품인 소형 이동식 닭장의 원만한 도입과 사용은 이와 같은 사육자들의 노동력 증가를 감수하고 이루어질 수 있었다.

다시 말해, 소형 이동식 닭장으로 안전이나 위생 등이 개선되었지만 몽골족 목축민들의 노동량이 증가했을 뿐만 아니라 닭장 제작비용 역시 늘었다. 그럼에도 닭을 기르는 목축민들은 닭의 안전을 택한 대신에 늘어난 일을 감수해야 한다는 점을 받아들였고, 과학자는 닭장을 제작하는 데 지원해야 할 비용이 증가했지만 프로젝트를 원활히 진행하기 위해 그 비용을 투자하기로 했다. 과학자와 목축민의 비용과 번거로움이라는 기존의 상충되던 이해관계에 대해 양측이 타협함으로써 혁신책이 마련되고 닭의 토착화가 이루어질 수 있었다.

초원을 자유로이 돌아다니던 닭은 안전을 위해서 자유를 제한당하더라도 저녁이 되면 닭장으로 돌아가도록 하는 습성을 발현시켰다. 닭은 초원에 처음 방목되면 자신의 닭장을 찾아 돌아가지 못했다. 초지에 그냥 머물러 있기도 하고, 풀이 무성한 사이에 보금자리를 틀려고 시도하기도 하고, 관목과 같은 키가 작은 나무 위에 올라가 쉬기도 했다. 사람들은 해가 지기 시작할 무렵, 손전등과 긴 작대기에 연결된 그물망을 가지고 초지 탐색 작전을 펼쳤다. 닭은 밤이 되면 움직임이 둔해지므로 닭을 잡는 것이 가능해졌다. 도망가는 닭을 몰이해서 그물망을 이용해 잡거나 직접 다가가 맨손으로 잡기도 했다. 이렇게 1-2주가 지나면 닭은 자기 집이 어디인지를 인지하게 된다. 저녁에 휴식을 위해 어디로 돌아가야 하는지 습관이 생기는 것이다. 야생의 닭이라면 인간이 원하는 곳에 보금자리를 틀지 않을 것이다. 그러나 초원 방목 닭은 길들이기 과정을 거쳐 함께 살 준비를 마친다.

2011년 현지조사 당시 우 서기의 친척 남성인 사리엔장은 우 서기네 초지의 닭을 관리하는 일을 했다. 우 서기의 초지에는 사람 키보다 높은 관목들이 있어서 날아올라 나무 위에 올라가 휴식을 취하는 닭을 잡기 어려웠다. 흔히 생각했을 때 닭은 날지 못하는 닭장 속의 동물이었다. 그런데 닭은 사람 키보다도 높이 날아올라 나무에 보금자리를 틀었다. 초원의 닭에서는 닭장 속 닭에서는 발견할 수 없는 습성이 발현되었다. 여기서 닭은 날개로 날 수 있는 '조류'라는 것이 다시 한번 확인되었다. 그는 높은 나무 위의 닭을 다 잡을 수 없었기에 이런 닭을 닭장에 잡아넣는 것은 포기했다. 필자에게는 야생동물이 나무를 타고 올라가기 어렵고, 트인 공간에 있어서 닭이 도망갈 수 있으므로 밤에 닭장으로 돌아가지 못한 나무 위의 닭을 걱정하지 않아도 된다고 이야기했다.

이러한 몇몇 예외를 제외하고는 닭은 사람의 도움을 받아 자기 집을 인식하고 돌아가는 습관화 과정을 거쳤다. 그래서 일정 기간이 지난 뒤에는 아무도 닭을 잡는 일을 하지 않아도 되도록 스스로 행동했다. 닭은 인간이 원하는 것, 저녁이 되면 닭장으로 돌아가는 습성을 보여주었다. 인간은 닭의 안전을 위해서 번거롭지만 그들을 길들여 닭장에 돌아가게 양계방식을 변화시켰다. 결국 닭도, 인간도 서로 습성을 변화시켜 공동의 번영을 위해 한 걸음 더 나아가는 발판을 마련한 것이다.

닭은 초원에서 사료만 섭취하는 것이 아니다. 취향에 따라 초원에서 자라나는 몸에 좋은 약초를 먹거나 단백질이 풍부한 곤충과 벌레를 잡아먹는다. 실제로 과학자가 초원 방목 닭과 닭장 사육 닭의 사료 섭취 비율을 조사한 결과 초원 방목 닭이 30% 정도 사료를 적게 먹는 것으로 나타났다. 닭은 자신의 취향에 따라 물려버린 사료를 먹는 대신 초원을 산책하며 더 다양한 메뉴를 즐긴 것이다. 과학자들이 작성한 초원 닭의 섭생 리스트가 초원 닭의 메뉴가 어떻게 다양해졌는지를 보여주었다.

닭은 초원에서 아프지 않고 건강하게 자라났다. 닭장 사육 닭은 사육 기간 내내 항생제를 먹는다. 좁고 비위생적인 환경에서는 그나마 항생제를 먹어야 병에 걸리지 않고 지속적으로 관리받을 수 있다. 이 도시 또는 농장의 닭과 달리 초원의 닭은 항생제가 메뉴에서 빠져 있다. 항생제를 먹지 않고도 일광욕을 하며 몸을 햇볕으로 소독한다. 자유롭게 이동하면서 자연스레 운동할 수 있고 병에 걸릴 염려 없이 건강하게 자라난다.

닭은 또한 초원과 다른 가축에게 해가 되는 곤충과 벌레를 잡아먹어 초원과 가축의 병을 예방하는 관계망에 참여함으로써 자신의 역할을 늘려나갔다. 연구원들은 메뚜기떼가 출몰한 곳에 '우리의 닭'을 파견해야 한다고 웃으며 이야기했다. 이 연구에서 말하는 '영리하다'는 말은 하나의 문제를 잘 푸는 능력을 말하는 것이 아니다. 문제를 여러 각도에서 파악하고 여러 방식을 조합해서 복합적으로 해결하는 능력을 말한다. 초원에 방목된 닭이 '영리한' 이유는 닭이 스스로 섭생을 선택해 건강을 유지하는 동시에 초원의 식생, 몽골족들의 경제활동, 과학

[그림 3-14] 직육면체 닭장의 구조

지식의 생산에도 도움이 된다는 점에서 초원생태의 복합적 문제를 해결하는 데 참여하기 때문이다.

혁신과 개선은 여기에서 그치지 않았다. 2016년 여름에는 기존에 약 5년간 유지되었던 삼각 지붕 형태의 플라스틱 소형 이동식 닭장에서 직육면체 모양의 신형 닭장을 다시 리용경 연구원이 발명했고, 2017년부터 실용화되었다(그림 3-14, 3-15). 신형 닭장은 첨단기술인 3D프린터를 이용하여 기획·설계되었다. 신형 닭장에는 사료를 공급하는 구조물과 물을 공급하는 튜브를 연결하는 장치가 있다. 그리고 방수 재질 천으로 지붕을 만들어 비를 피할 수 있게 되어 있다. 또한, 기존의 삼각 이동식 닭장과 달리 직육면체 형태로 닭장끼리 결합하거나 분리할 수 있으며, 직접 적재와 이동이 가능해졌다. 리용경 연구원의 수년에 걸친 고민과 수차례 모형 제작과 수정을 거쳐 완성된 신형 닭장은 기존의 소형 이동식 닭장의 한계들을 다음과 같은 점에서 해결해 주었다.

먼저, 사육의 편의가 증대되고 노동력 사용 방면에서 절감이 이루어졌다. 새로운 닭장을 사용할 경우 사료와 물을 공급하기가 편리해진다. 신형 닭장은 고깔 모양의 상단부를 통해 편리하게 닭장 내로 사료

[그림 3-15] 직육면체 닭장의 결합

를 공급할 수 있다. 상단부에 사료를 부으면, 닭이 사료를 먹을 경우 상단부 고깔에 채워져 있던 사료가 하강하여 닭장 내 원형 사료 급식대에 보충이 가능해지도록 설계되었다(그림 3-14). 따라서 이 닭장은 굳이 정해진 시간에 매일 두 번씩 사료를 배분하러 다니지 않아도 되며, 충분한 양의 사료를 부어놓으면 아래쪽으로 내려가 사료가 공급된다. 또한, 사료 공급부를 닭장에 내부화함으로써 참새 등 다른 조류들이 쪼아 먹어 낭비되던 양을 줄여 사료비를 절감할 수 있다. 물은 직접 수도관을 연결하여 공급할 수 있으며, 닭이 주둥이로 물 공급부를 쪼면 물이 나오는 구조로 되어 있다. 사육자들이 매일 해야 하는 노동을 절감하게 된 것이다.

신형 닭장은 삼각 지붕 모양의 소형 이동식 닭장과 달리 직육면체의 결합과 분리가 가능한 구조로 되어서 [그림 3-15]와 같이 결합해 실내 사육 시기부터 쓸 수 있다. 기존의 닭장은 실내 사육 기간(병아리 45일) → 초원 방목 기간 → 실내 사육 기간(겨울철 암탉 달걀 생산)을 거치면서 닭을 계속 삽아서 장소를 옮겨주어야 했던 반면, 직육면체 닭장은 이러한 번거로움을 간소화했다. 이제는 실내에서 사육한 병아리의

[그림 3-16] 직육면체 닭장이 배치된 초원

출처: http://www.sohu.com/a/164253131_224471

닭장을 분리해 그대로 초원에 놓으면 되고, 초원 방목 기간에 기른 닭 중 남긴 암탉 역시 닭장째 다시 겨울 실내 사육장으로 옮겨놓을 수 있었다(그림 3-16).

다음으로, 신형 닭장의 발명으로 원거리 운송이 편리해졌다. 2017년에는 마을과 멀지 않은 곳에 위치한 상건다라이진(桑根達来镇)에서 도살해 바로 냉동고로 옮겨 급속냉동 가공하여 베이징과 같은 대도시로 운송·판매하는 형태를 띠었다. 그러나 2009년 첫해에는 마을과 근처에 닭 도살장과 전문 인력이 갖추어지지 않았으므로 판매점이 위치한 베이징으로 살아 있는 닭을 운송하여 도살했다. 그러다 보니 가는 도중에 고속도로에서 차가 막혀 운송이 지체되면서 길에서 닭에게 사료와 물을 주지 못해 닭들의 상태가 좋지 않았다. 그러나 새로 발명한 닭장은 앞서 설명했듯이 물과 사료를 공급할 수 있는 구조를 갖추어 장거리 이동이 가능해졌다. 그래서 산 채로 판매할 수도 있었고, 먼 곳의 도살장으로 무사히 운송할 수도 있었다.

새로운 닭장은 제작이 편리해지고 제작비용도 감소했다. 기존의 소형 이동식 닭장은 재단된 재료들을 가지고 직접 조립해야 해서 노동력 투자 비용이 많이 들고 제작 시간도 오래 걸렸다. 신형 닭장은 틀만 제작이 완료되면, 제작한 틀을 가지고 찍어내면 되므로 이후 추가 제작 비용은 크게 들지 않고 필요할 경우 신속하게 제작할 수 있다.

이러한 신형 닭장의 장점들은 궁극적으로 초원의 닭 방목 확대에도 기여할 수 있다. 중국과학원 식물연구소 연구원들은 초원에서 닭 방목을 모델화하여 다른 지역으로 전파하는 것을 중요한 과제로 생각했다. 새로운 닭장의 도입으로 대량 생산과 운송이 편리해지고, 사육을 원하는 지역에 교육 인력과 설비를 파견하기 용이해졌다. 2017년과 2018년 네이멍구의 다른 지역에서 소식을 접한 목축민들이 바인후수에 찾아와 양계에 대해 문의했고, 2018년에는 부근의 여러 지역에서 소규모로 양계를 시도하는 몇몇 가구의 목축민들에게 중국과학원의 신형 닭장을 제공하기도 했다.

초원에서의 닭 방목에 참여하는 이해관계 당사자들은 과학자가 발명한 닭장, 장치를 매개로 양계 과정에서 발생하는 문제를 해결하게 되었다. 그리고 닭장의 재질을 바꾸고, 모양과 구조를 개선하는 등 장치 일부를 탈부착하거나 수정하면서 이해관계를 조정할 수 있었다. 결국, 장치를 발명하고 개선하는 과정에서 상호 이해관계가 조율되었으며, 이해관계 당사자들은 그 속에서 서로 연합을 공고히 하고 지속적으로 초원에서 닭을 방목해 나가게 되었다.

4. 몽골족 생활양식이 변하다

여기에서는 가축에서 기금으로의 사육동물 대체가 몽골족 목축민들의 생활에 어떠한 변화를 가져오게 되었는지를 분석한다. 에반스-프리차드(Evans-Pritchard, 1940)는 누에르족에게 소의 중요성을 언급하며, 소를 중심으로 구성되는 누에르족의 시간을 분석했다. 바인후수의 목축민들에게도 토종소 목축은 매우 중요하다. 목축민들의 일과와 계절 변화에 따른 활동들은 소와 깊이 연관되어 있다. 그러나 2008년부터 젖소를 기르면서 그들 중 다수는 젖소로 변화된 생활 패턴 속에서 생활하게 되었다. 2009년부터는 그들 중 일부 목축민들이 기존에는 길러보지 않았던 새로운 동물종인 가금, 즉 닭을 기르면서 닭 사육과 관련한 일과, 계절 변화에 따른 활동들에 새로이 적응했다. 다시 말해, 목축민(牧畜民)은 '목금민(牧禽民)'이 되었고, '소시계'에 따르던 그들의 시간은 '닭시계'에 맞추어 돌아가게 되었다.

에반스-프리차드는 초원에서 생활하는 누에르족의 습성이 이미 생태계 속에서 주어진 것으로 간주했다. 그러나 이 연구에서는 닭 사육을 계기로 초원에서 목축민들의 습성이 변화되고, 이러한 변화를 바탕으로 닭을 사육하는 삶의 방식을 중심으로 한 새로운 목금 생태계가 구성되고 있다고 본다. 여기서 생태계는 주어진 것이라기보다 만들어 가는 것이며, 습성은 본성이 아니라 다른 여러 행위자와 협의·타협·혁신하면서 획득해 나가는 과정이다. 초원목계라는 혁신으로 몽골족은 목축민으로서의 습성에서 목금민으로서의 습성으로 변하고, 닭은 양계장의 '멍청한' 닭에서 소형 이동식 닭장을 찾아가 초원의 벌레들을 잡아먹으며 초원 회복에 도움을 주는 '영리한'(Despret, 2004) 닭의 습성을 갖게 된다.

1) 토종소(양)를 기르는 목축민의 하루와 사계절

바인후수 목축민들은 대대로 소, 양, 말과 같은 가축을 기르면서 살아왔다. 바인후수 마을은 다른 마을에 비해 초지 면적이 좁고 사지가 많이 분포하다 보니 사계절 내내 초원을 이동하면서 생활하기보다는 여름방목지(夏營盤)와 겨울방목지(冬營盤)로 나누어 1년에 두 번 거주지를 이동하면서 생활해 왔다. 그들은 1980년대 초반까지는 이동식 천막집인 게르(蒙古包)에서 생활했는데, 6월부터 9월까지는 여름방목지에서 생활하고, 10월부터 이듬해 5월까지는 겨울방목지에서 생활했다.

바인후수 마을이 속한 시린궈러맹 지역은 다른 네이멍구 지역에 비해 기온이 낮고 바람이 많이 분다. 네이멍구 시린궈러맹 지역의 봄은 거의 없다고 해도 지나친 말이 아니다. 5월에도 종종 눈이 왔으므로 여름이 시작되는 6월이 되어야 긴 겨울 동안 축사에 갇혀 있던 소들은 초원으로 나가 풀을 뜯게 된다.

여름에 목축민들의 하루 일과는 소젖을 짜면서 시작된다. 여름(6월-8월)과 초가을(9월)에는 하루에 두 번 오전 4시와 오후 7시경 토종소의 우유를 짠다. 새벽에 우유를 짜고 나면 소들은 집 앞 철조망을 두른 개별 가구의 목초지에서 풀을 뜯는다. 목축민들은 정오를 전후하여 가축들에게 물을 마시게 한다.

암소는 상반기(1월-6월)에 새끼를 낳는데, 송아지를 출산하고 나서 얼마 되지 않아 젖이 많이 나는 여름에는 하루 두 번 젖을 짠다. 목축민들은 많이 생산된 우유로 긴 겨울 동안 먹을 유제품을 만들어 보관한다.

[사례 3-6] 토종소를 기르는 목축민의 하루

우르지(남편, 남, 30대 중반)는 아침 7시에 사르나(부인, 여, 30대 초반)가 깨워 일어났다. 그녀가 준비한 나이차와 궈즈(果子, 꽈배기 튀김과 유사)로 간단하게 아침 식사를 하며 담소를 나누었다. 풀베기를 다 마쳐 시간 여유가 생긴 지 며칠 되지 않았다.

차를 다 마시고 8시경 사르나와 우르지는 토종소의 젖을 짜기 위해

9시: 소젖 짜기

10시: 소들을 목초지로 내보내기

10시, 15시: 소에게 물주기

17시: 연료로 사용할 소똥 모으기

18시: 소들을 데리고 돌아오기

[그림 3-17] 목축민의 하루

집 앞마당으로 나왔다. 어제저녁 집 앞에 소들을 데려다 놓으면서 아침에 젖을 짤 수 있도록 송아지는 우리에 가두어 두었던 터였다. 어미 소의 젖을 짜는 방법은 다음과 같다. 각 어미 소에 해당하는 송아지를 한 마리씩 우리에서 꺼내 풀어준다. 그리고 부부는 송아지에게 젖을 빨게 해서 젖이 돌기 시작하면 송아지 입을 마스크로 봉하고, 젖이 돌기 시작한 어미 소를 고정한 뒤 젖을 짠다(그림 3-17). 어미 소는 송아지에서 떨어지지 않으려 하고, 송아지는 묶인 걸 벗겨내고 어미 소에게 가려고 몸부림친다. 송아지가 여름에 비해 많이 커서 사르나 혼자 다루기가 쉽지 않다. 남편도 함께 도와 송아지를 묶는다.

한 시간 정도 젖짜기가 끝나면 사르나는 헝겊으로 우유의 불순물을 걸러내 항아리에 보관한다. 그리고 어제와 그저께 짜둔 발효된 우유에 불을 지펴 나이도우푸(奶豆腐, 치즈와 비슷한 몽골족 전통 유제품)를 만든다.

우르지는 우물에서 물을 길어 소에게 먹이고 소똥을 갈퀴로 모아 집 앞에 쌓아둔다. 젖을 다 짜고 물을 마신 소들을 조금 멀리 떨어진 초지로 데려다 놓고 풀을 먹게 한다.

그저께 시내에서 새로 사온 누런 점박이 수소(黃花公牛)를 따로 다른 우리에 격리해 놓고 풀과 물을 준다. 새로 온 수소를 아직 무리 사이에 풀어놓지 못하고 있다. 수소가 새 환경에 익숙하지 않아서 도망갈 위험이 있기 때문이다. 그래서 아직 홀로 우리에서 생활한다.

우르지는 월동준비를 한다. 다른 가구의 소들이 철조망을 넘어와 풀을 먹지 않도록 철조망 기둥을 수리해야 한다. 그는 시멘트 기둥과 철사를 챙겨 오토바이를 타고 철조망 근처로 나간다. 돌아와서는 여름 동안 관리하지 않아 무너진 축사를 고친다.

저녁이 되어 사르나와 필자는 먼 곳 초지에 풀어놓았던 소들을 데리고 돌아온다. 소들은 집 앞에서 휴식을 취하고 송아지는 내일 우유를 짜기 위해 축사에 격리해 놓는다. 저녁을 먹고 해가 져 어두워지면 잠자리에 든다. 그렇게 목축민의 하루가 지나간다.(2011. 9. 23. 사르나와

[그림 3-18] 나담축제 현장에서 씨름선수들과 함께

우르지 부부네 일과 참여관찰 자료)

위의 참여관찰에서처럼 남성인 우르지는 주로 가축을 돌보는 일을 담당한다. 새벽에 젖을 다 짠 소들을 초지로 데려가서 풀을 뜯게 하고 물을 주는 것은 보통 남성의 몫이다. 여름에 초지 면적이 부족하여 소를 배불리 먹일 수 없을 때, 목축민들은 다른 마을로 임시로 이주하여 초지를 임대해 소에게 풀을 먹인다. 안주인 사르나는 젖을 짜고 우유로 나이차(奶茶)와 같은 유제품을 만든다. 남성이 여성의 일을 하는 경우는 드물지만, 여성이 출타 중인 남성을 대신해 가축을 관리하는 경우는 많다.

여름에는 주로 양고기를 먹는다. 2007년 양 사육이 금지되기 전에는 집에서 기르는 양을 잡아서 먹었지만, 2007년부터는 집집마다 판매용이 아닌 식용으로 몇 마리씩 기르기도 한다. 대부분 주로 시내 또는 이웃 마을에서 양을 구입해 잡아먹거나 양고기를 사 먹는다.[18]

18 양을 기르는 사람들이 있으나 소규모이고 벌금이 매겨지는 것이 원칙이지만

[그림 3-19] 가을의 풀베기(8-9월)

한여름인 7월에는 몽골족 최대 행사인 나담(那達慕)이 열린다. 몽골족은 설날보다 나담을 더 중요한 행사로 생각한다. 나담이 열리는 시기에 몽골족들은 마을과 각급 단위 행정중심지에 위치한 제단에서 하늘에 제를 지내고(祭敖包) 씨름과 말경주 등과 같은 민속놀이를 즐긴다(그림 3-18).

늦여름이 되면(8월 중순) 풀이 마르기 시작한다(草開始幹). 목축민들은 8월에서 9월 사이에 풀을 베어 저장해 두었다가 한겨울 내내 가축들에게 먹인다(그림 3-19). 2001년 이후 방목은 금지되었지만 풀베기는 가능한 여름목초지에서 풀을 베어 나른다(打草, 拉草). 초원생활의 한 해

벌금을 직접 매기는 모습을 본 적은 없다.

[그림 3-20] 몽골족의 결혼식에서 손님들에게 마유주를 올리는 모습

를 통틀어 가장 중요한 일인 풀베기 기간에는 도시로 나갔던 가족과 친지들이 모두 돌아와 일을 돕는다. 또한 이웃끼리도 서로 초지의 풀을 베고 나르기를 상부상조한다. 풀을 베지 않는 시간에는 경운기와 칼날을 정비한다.

9월 말에서 10월이 되면, 풀을 베고 저장하는 일이 마무리되고 1년 중 가장 바쁜 시기를 지나 목축민들은 여유를 되찾는다. 토종소의 젖도 줄어들어 이 시기가 되면 목축민들은 하루에 한 번 아침 또는 저녁 편한 시간에 소젖을 짠다.

풀 베어 나르기를 마치고 나면 땅이 굳기 전에 축사를 정비한다. 풀베기와 축사 정비가 끝나면 가장 중요하고 바쁜 시기를 마치고 한가해진다. 가을은 여름 동안 식생이 가장 무성할 때 풀을 충분히 먹고 살찐 소들을 판매하는 시기이다. 사람들은 그해에 태어난 어린 송아지(만 1세가 되지 않은 송아지, 牛犢)와 늙은 소를 판매한다. 한 해 중 가장 풍요롭고 여유 있는 시간이다. 따라서 결혼식 등 집안의 다양한 행사는 10월에서 11월의 목한기 사이에 주로 한다(그림 3-20). 11월 중순이 되면 집집마다 소를 한 마리씩 잡는데, 이 소고기와 여름내 만들어 둔 유제품으로 겨울을 난다.

겨울에는 초원의 모든 것이 얼어붙기 때문에 가을에 베어 저장해 놓은 건초를 소에게 주는 것은 동절기 목축민들의 주요 일과이다. 12월이 되면 목초지에서 방목하던 소들은 가으내 정비한 축사에서 생활한다. 건초와 물은 보통 해 질 무렵 하루에 한 번 준다. 축사를 매일 청소하고 눈과 바람에 무너지지 않도록 관리하는 것이 중요하다.

겨울이 되면, 소젖의 양이 줄어들어 오전 8시 또는 오후 4시 중 선택적으로 하루에 한 번만 젖을 짠다. 추운 겨울에 젖을 짜기는 쉽지 않지만, 주로 몽골족 목축민들이 매일 마시는 나이차를 만드는 데 쓰인다. 또 사계절 내내 모아둔 소똥으로 음식을 해 먹고 집을 따뜻하게 한다. 소에게서는 아무것도 버릴 것이 없다.[19]

2) 젖소를 기르는 목축민의 하루와 사계절

바인후수 마을이 국가정책에 따라 젖소 사육 마을로 선정되자 마을 사람들은 2008년부터 우유 판매로 소득을 올리기 위해 젖소를 기르기 시작했다. 고기를 판매하는 것이 주목적인 토종소와 달리 젖소는 매일 우유를 짜는 것이 주요한 하루 일과가 된다. 그들은 365일 쉬지 않고 하루에 두 번씩 12시간 간격으로 젖소의 젖을 짜야 한다.

매일 새벽 4시 반 우유수급기지의 문이 열리면 젖소들은 기지에 도착한 순서대로 우유를 짜게 된다(그림 3-21). 목축민들은 착유가 끝나면 관리인에게서 몇 리터를 짰는지 수치를 기록하고 확인도장을 받은 다음 개별축사로 돌아와 젖소에게 사료와 물을 먹인다. 아침 10시에서

19 Evans-Pritchard, 1940, 1장 소의 중요성 참조.

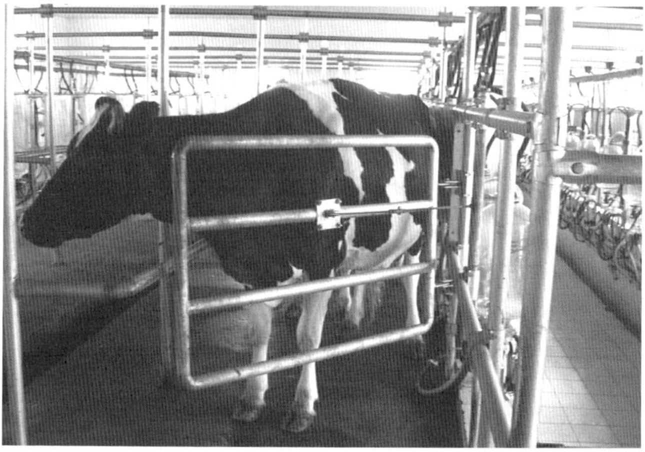

[그림 3-21] 젖소 수급기지에서 젖짜기(6시, 18시)

11시 사이에는 시내로 우유를 가져가는 전용 냉장화물차가 마을을 방문한다. 우유수급기지를 관리하는 책임자는 이들이 오기를 기다렸다 하루 2회 착유를 거쳐 냉장 보관한 우유를 화물차에 실어 보낸다.

목축민들은 젖을 다 짜고 나면 자신들의 목초지로 젖소를 데려가 풀을 뜯게 한다. 젖소 사육을 위한 신거주지를 조성하면서 주변에 마을 공동 소유인 목초지를 신거주지로 이주한 마을 사람들에게 개방했다. 마을 공동 목초지는 모래언덕, 즉 사구(沙丘)가 높은 비율을 차지하므로, 젖소들을 모두 그곳에서 방목하기에는 풀이 턱없이 부족하다. 그래서 결국 사람들은 가깝거나 먼 곳에 있는 원래 개별 가구의 목초지로 젖소들을 데려가 풀을 먹여야 한다. 목축민들의 이동은 신거주지 가까운 곳에 자기 초지가 있으면 문제가 되지 않지만, 몇 킬로미터에 이르는 먼 곳에 초지가 있으면 이동에 문제가 생긴다.

[사례 3-7] 젖소 사육 목축민의 하루

수허는 2008년부터 나이뉴촌(바인후수 하오터)에 거주하면서 젖소를 기른다. 오전에 젖을 짜는 일을 마치면 젖소들에게 사료와 물을 먹인 후 몇 킬로미터 떨어진 자신의 겨울방목지(부둔마오두 하오터)로 젖소들을 데리고 간다. 오고 가는 데도 시간이 오래 걸리지만 젖소에게 풀을 충분히 먹이려면 멀리까지 가야 한다. 오랫동안 살아온 자신의 집과 초지에서 토종소를 방목할 때는 있을 수 없는 불편함이다. 수허는 젖소를 구입한 2008년부터 매일같이 다녔으므로 자신도, 젖소들도 적응했다고 이야기했다. 그는 새벽에 젖을 짜고 나서 아침 식사를 하고 몇 킬로미터를 왕복한다. 다시 오후에 돌아와 젖소에게 사료와 물을 먹이고 젖을 짠 후에야 집에 와서 저녁을 먹고 쉴 수 있다. 점심을 제대로 먹는 것은 꿈도 꿀 수 없다. 필자가 숙소를 나와 조사하러 가는 길목에서 종종 수허가 젖소와 같이 가는 모습을 볼 수 있었다.

수허의 친척이고 목초지가 수허네 바로 옆인 짜오페이도 처음에는 수허와 함께 자신의 젖소들을 데리고 이동을 시도했다. 그렇지만 (특히 새로 산 나이 많은 7-8세) 젖소들이 먼 거리 이동에 적응하지 못해 젖이 잘 나오지 않아서 그는 매일의 이동을 포기했다. 그 대신에 모자라는 풀은 외부에서 건초를 사서 젖소에게 먹인다.(2011. 6. 17. 수허, 남, 40대 초반, 짜오페이, 남, 40대 초반, 면담 및 참여관찰 자료)

오후 3-4시경에는 개별가정의 목초지로부터 젖소를 우유수급기지로 데리고 돌아온다. 목축민들은 젖을 짜러 가기 전에 사료와 물을 먹이고 오후 5시경에 우유수급기지에서 그날의 두 번째 착유를 한다. 변함없이 관리인에게서 생산량을 확인받은 뒤 젖소들을 데리고 집으로 돌아온다.

마을에 젖소 사육을 장려하기 위해 건설된 신거주지는 우유수급기지를 중심으로 형성되어 있다. 또한 우유수급기지 근처에는 개별가정에 축사를 지어주어 편리를 도모했다. 그러나 문제는 각 개별가정 소

[그림 3-22] 유제품(나이도우푸) 만들기(14시)

유 초지가 마을 곳곳에 분산되어 있어서 젖소를 방목하려면 목축민들이 자기 초지까지 아침 착유와 저녁 착유 시간 사이에 먼 거리를 이동해야 한다는 점이다. 가까운 곳에 거주하는 사람들은 크게 문제되지 않지만, 먼 곳에 살던 사람들은 그 거리가 왕복 수 킬로미터에 이른다.

그래서 자신의 원거주지와 초지가 우유수급기지와 거리가 먼 일부 목축민들은 젖소를 구입했음에도 새로 지은 주택으로 이사하지 않고 우유수급기지에 직접 우유를 공급하지도 않는다. 그 대신 젖소에서 얻은 우유로 나이도우푸 같은 몽골족 전통 유제품을 만들어 시내에서 판매한다(그림 3-22). 그러나 토종소에서 비교적 적은 양의 우유를 얻어 가내식용인 유제품을 만드는 것과 달리 토종소의 몇 배가 넘는 많은 우유를 직접 손으로 짜야 한다. 전기가 우유수급기지와 신거주지를 거점으로 대로변과 신거주지를 연결하는 도로를 따라서만 들어오다 보니 산재하는 목축민 가구들 중 일부는 여전히 전기 없이 생활한다. 전기가 들어오는 가구에서는 개별적으로 전기 유축기를 구입하여 사용하지만 그렇지 않은 가정에서는 여성이 직접 손으로 젖을 짠다.

나이가 들거나 관절염 등 건강상 이유로 젖짜기와 유제품 제조과정을 스스로 감당할 수 없는 목축민 가정에서는 다른 마을에 있는 유제품 제조공장이나 2011년부터 마을 내에 새로 문을 연 유제품 가내수공업 제조공장으로 우유를 납품하여 일손을 덜기도 한다.

12월이 되면 젖소도 축사 안에서 생활한다. 그러나 토종소가 축사에서 저녁에 건초와 물을 먹고 휴식을 취하는 것과 달리, 젖소는 추운 겨울바람과 눈을 뚫고 우유수급기지로 가 젖을 짜야 한다. 구거주지에서 젖소를 사육하는 사람들도 겨울 추위를 무릅쓰고 축사에 가 하루에 두 번 직접 매일 젖을 짜서 유제품을 만들어야 하는 것은 마찬가지다. 토종소가 고기를 위한 육우라 겨울에는 젖을 짤 필요가 없는 반면 젖소는 젖을 짜려는 것이므로 하루라도 젖을 짜 주지 않으면 젖이 붇기 때문이다. 젖소를 기르는 목축민들은 365일 단 하루도 쉬지 않고 일하는 바쁜 하루하루를 사계절 내내 보낸다.

3) 닭을 기르는 목축민의 하루와 사계절

닭 사육은 크게 병아리의 실내 사육 시기(脫溫育雛期)와 초원에서 사육하는 닭의 방목 시기(野外放養期)로 나뉜다. 닭은 4월 말에서 5월 초 달걀에서 막 부화했을 때 네이멍구로 데려와서 사육한다.

첫째, 목축민은 병아리들이 초원에 적응할 수 있게 45일간 축사에서 사육한다. 목축민은 매일 아침저녁으로(보통 오전 7-8시와 오후 2-3시경) 병아리에게 성장기 전용 사료(育雛飼料)와 물을 먹인다. 병아리는 아직 면역력이 형성되지 않아서 병에 걸리지 않도록 항생제를 물에 타서 물을 마실 때 함께 공급한다.

닭이 사료를 다 먹고 나서야 목축민들도 나이차를 마시고 아침 식사를 한다. 오전에는 병아리 배설물을 청소한다. 초원에서 생활하기 이전 단계에는 병아리가 실내 축사에서 생활할 뿐만 아니라 면역체계가 완성되지 않았으므로 더욱 위생에 신경 써야 한다. 또한 병아리 사육 기간에는 닭이 초원에서 방목되기 전 초원의 보금자리인 이동식 소형 닭장을 미리 보수하고 부족한 것들은 새로 만드는 작업을 틈틈이 한다.

6월 중순, 닭이 초원에 나가서 생활이 가능할 정도로 자라면 닭을 플라스틱 상자에 잡아넣어 초원에 일정한 간격으로 배치한 소형 이동식 닭장으로 옮긴다. 이 시기에는 가족뿐만 아니라 친지들까지 함께 모여 닭 수천 마리를 며칠 밤 안에 초원의 닭장으로 이동시킨다. 해가 지고 나서 닭의 움직임이 둔해졌을 때 상자에 옮겨 넣어야 이동이 가능하기 때문이다. 그들은 닭을 실내 축사의 닭장에서 플라스틱 상자로 옮겨 차에 싣고 초원에 있는 소형 이동식 닭장으로 옮긴다. 소형 닭장 하나에는 100-150마리씩 거주한다. 그들은 마릿수를 세어 이 숫자에 도달하면 닭장 문을 닫고 다음 닭장으로 옮겨가는 식으로 닭을 배분한다. 닭을 초원의 이동식 닭장으로 옮기고 나서 며칠 동안은 닭이 아직 자기 닭장을 인지하지 못해서 제대로 닭장을 찾아가지 못한다. 이 기간에 목축민은 저녁에 어두워지면 막대기를 들고 닭장 밖을 돌아다니는 닭을 잡으러 초원 곳곳을 누벼야 한다. 그들은 손전등을 들고 돌아다니면서 낮은 나무 위아래나 철조망 근처에 산재하는 닭을 가까이 다가가 손으로 직접 잡아서 닭장에 집어넣는 번거로운 작업을 계속해야 한다. 3절에서 기술했듯이, 닭이 야외에서 밤을 보내면 야생동물의 위협으로부터 안전하지 못하므로 이 기간에 닭을 잡아서 닭장에 넣고, 스스로 닭장에 돌아가기까지 관리하는 것은 닭의 초기 초원 적응기에 가장 중요한 일이다.

둘째, 닭의 초원 방목은 6월 중순에서 이르면 9월 말 늦으면 10월 초까지 약 4개월 동안 이루어진다. 동이 트기 전인 오전 4시 반부터 닭 사육이 시작된다. 목축민은 아침 일찍 일어나자마자 닭장 문을 열고 닭들이 초원으로 나와 움직이도록 한다. 그들은 닭장 문을 다 열고 나서 사료와 물을 닭장 앞에 있는 사료통과 물통에 분배한다. 보통 8시 정도 되면 사료와 물을 주는 일이 마무리된다. 사료와 물 분배가 끝나고 나면 초원을 돌아다니며 곳곳에 닭이 낳은 알을 수거하는 작업도 오전에 한다.

목축민은 닭의 아침 식사를 챙기고 난 후에야 뒤늦게 나이차와 궈즈로 간단히 아침 식사를 할 여유가 생긴다. 그들이 부릴 수 있는 유일한 사치는 닭이 갓 낳은 신선한 무공해 유기농 달걀을 삶아서 하나씩 아침 식사로 먹는 것이다.

먹이를 다 주고 난 후 여유가 생기는 낮에는 사료 창고에서 사료로 쓰일 옥수수를 닭이 먹기 쉬운 상태로 만들기 위해 분쇄하는 작업을 2-3일에 한 번 한다. 초원에 방목한 이후에는 면역력이 생긴 닭과 태양광으로 살균소독하는 닭장을 위해 따로 위생관리를 하지 않아도 된다. 점심 식사를 마치고 오후 3시 반 정도 되면 닭에게 사료와 물을 한 번 더 준다.

닭장 위치를 익히는 초원 적응 기간에는 매일 저녁 어두워지면 닭을 잡아 닭장에 넣는 일을 반복해야 한다. 그리고 닭들이 보금자리로 다 돌아가고 나면 야생동물의 피해를 막기 위해 닭장 문을 닫는다. 저녁 7시에서 8시 사이 계절에 따라 해 지는 시간이 늦어지거나 빨라지는 것에 맞춰 닭이 닭장에 다 돌아갈 즈음 문을 닫는다. 그렇게 닭 초원 방목 시기의 하루 일과가 마무리된다.

여름 내내 기르던 닭을 9월 말에서 10월 초에 도살한다. 닭 도살은 약 2주간 이루어진다. 이 기간에는 일꾼을 고용해 하루 종일 닭을 도살하는데, 닭을 기르는 목축민이 1년 중 가장 바쁜 시간이다. 마을에는 도시와 같은 대규모 도살장이 없어서 직접 일꾼을 고용해 도살해야 한다. 따라서 도살 작업은 사육 규모에 따라 며칠이 걸린다. 2011년에는

1만 3,000마리를 도살하기 위해 장장 2주가 소요되었다. 이 기간에는 한편으로는 닭을 도살하면서도 달걀을 얻기 위해 남겨둔 암탉과 도살되기를 기다리는 닭에게 지속적으로 사료와 물을 주며 관리해야 한다. 즉 닭 사육과 도살 작업 두 가지를 동시에 하는 것이다. 또 일하느라 바쁜 여러 일꾼의 식사도 삼시 세끼 준비해야 한다.

10월 초중순이면 도살 작업이 완료되며, 달걀 생산을 위해 남겨진 암탉들은 네이멍구의 이른 겨울을 피해 실내 축사로 보금자리를 옮긴다. 이때부터 본격적인 겨울 사육이 시작된다. 실내로 보금자리를 옮긴 이후에는 초원에서 방목할 때처럼 닭장 문을 여닫거나, 사료와 물을 주기 위해서 넓은 초원을 돌아다니지 않아도 된다. 그 대신 실내 사육은 매일 축사를 청소하는 등 위생관리를 다시 해야 한다.

[사례 3-8] 닭 사육 목축민의 하루

아침 8시경 우 서기는 새로 만든 수레에 사료를 실어 축사 내 닭장의 암탉에게 주고 급수기 레버를 열어 닭에게 마실 물을 공급한다. 먹이를 다 분배하고 나서 배설물로 지저분해진 닭장 바닥을 청소한다. 야외에서 방목할 때와 다르게 매일 축사 바닥에 생기는 배설물을 청소하는 번거로움이 있다. 우 서기와 어르글러는 물이 멀리까지 분사되는 호스와 빗자루로 바닥의 오물들을 깨끗하게 씻어낸다.

그들은 사료와 물을 주고 청소를 마치고 나서 닭장 사이를 돌아다니면서 달걀을 수거한다. 수거한 달걀은 개수를 세어 지푸라기로 덮어 깨지지 않게 상자에 넣는다. 달걀은 베이징의 판매점으로 보내는데, 3일에 한 번 정도 일정량이 모이면 베이징으로 가는 차편을 이용해 배송한다.

점심을 먹고 오후에는 닭에게 줄 옥수수 사료를 분쇄하는 작업을 한다. 저녁에는 5시경에 닭에게 사료와 물을 한 번 더 준다. 네이멍구는 저녁에 이른 시간부터 어두워지지만 우 서기에 따르면, 닭이 사료를 잘 먹게 하려고 저녁 8시까지는 축사 불을 켜둔다고 한다.(2011. 10. 1. 우 서기 닭 사육 참여관찰 자료)

남겨진 암탉은 10월 초부터 알을 낳는다. 2010년 가을부터 2011년 여름까지 1년을 주기로 살펴보면, 암탉 1,000마리는 10월에 달걀을 낳기 시작하여 11월에는 100-200개를 낳는다. 12월에서 3월까지는 약 600-700개로 70%의 산란율을 보이며 그 수가 절정에 이른다. 하지만 4-5월에는 300개, 6-7월에는 100-200개로 확 줄어드는 경향을 보인다. 8월이 되면 달걀 수는 수십 개밖에 되지 않는다. 이렇게 절정기를 지난 암탉은 이듬해 도살해 판매한다.

네이멍구의 겨울은 길고 춥지만 수백 마리 암탉이 함께 있어서 축사는 비교적 항온이 유지되고, 아주 추운 기간에만 난로로 난방을 해준다. 긴 겨울이 지나고 다시 5월이 되면, 닭장 속에 있던 암탉들은 초원으로 나와 생활하게 된다. 새로운 5월에는 갓 부화한 새 병아리가 네이멍구에 도착하고 다시 새로운 주기의 닭 사육이 시작된다.

[사례 3-9] 닭 사육 성공 요인

Q(필자): 다른 사람들이 닭 방목을 성공하지 못한 이유는 무엇이라고 생각하는가?

A(우 서기): 첫해에는 실패할 수도 있다. 실패한 이후 경험이 생기면 잘 기를 수 있는데, 처음에 실패했다고 안 길러 버리면 안 된다.

Q: 닭을 기르는 데 요구되는 것은 무엇인가?

A: 부지런함이 요구된다. 닭을 기르려면 아무래도 좀 더 부지런해야 한다. 토종소니 앙은 여름에는 다른 관리 없이 물만 제때 먹이면 된다. 철조망 안 초지에 넣어두고 목마르지만 않게 관리하면 3-4일도 상

[표 3-3] 목축민의 사계절

<table>
<tr><th></th><th>닭</th><th>양</th><th>토종소</th><th colspan="2">젖소</th></tr>
<tr><td>봄</td><td>1) 기존의 닭: 닭장에서 사육(-4월) 후 방목
2) 새로운 병아리(4월 말-) 사육 시작</td><td>2월 말-4월 중순
새끼 출산</td><td>송아지 출산
젖짜기(1회)</td><td>송아지
출산</td><td rowspan="5">하루
두 번
젖짜기

유제품
제조</td></tr>
<tr><td rowspan="2">여름</td><td rowspan="2">방목 시작(6월 초)
저녁에 닭 잡아서
닭장에 넣기</td><td>양젖 짜기(4월 중순-7월 중순)
양털 깎기(6월 중순)</td><td>송아지 출산
젖짜기(2회)</td><td>송아지
출산</td></tr>
<tr><td colspan="3">풀베기 및 나르기: 8-9월</td></tr>
<tr><td>가을</td><td>닭 도살(9월 말-10월 초)
닭장에서 사육,
암탉 알 낳기 시작
(10월-)</td><td>양, 어린 양 판매</td><td>소, 송아지 판매
젖짜기(1회)</td><td>소,
송아지
판매</td></tr>
<tr><td>겨울</td><td>실내 닭장에서 사육</td><td>축사 생활</td><td>축사 생활
젖짜기(1회)</td><td>축사
생활</td></tr>
</table>

[표 3-4] 목축민의 하루

<table>
<tr><th rowspan="2"></th><th colspan="2">닭</th><th colspan="2">양</th><th colspan="2">토종소</th><th>젖소</th></tr>
<tr><th>방목
(하절기)</th><th>실내
(동절기)</th><th>하절기</th><th>동절기</th><th>하절기</th><th>동절기</th><th>매일</th></tr>
<tr><td rowspan="2">아침</td><td>닭장 문
열기(새벽)</td><td>닭장
청소</td><td>양젖
짜기</td><td rowspan="3">양젖
짜기</td><td>소젖
짜기</td><td rowspan="3">소젖
짜기</td><td rowspan="2">젖짜기, 사료,
물주기
(오전 4-5시)</td></tr>
<tr><td colspan="2">달걀 수집
사료, 물주기</td><td rowspan="2">물주기,
방목</td><td rowspan="2">물주기,
방목</td></tr>
<tr><td>점심</td><td colspan="2">사료, 물주기
(오후 3-5시)</td><td>물주기, 방목
(겨울 건초)</td></tr>
<tr><td rowspan="2">저녁</td><td rowspan="2">닭장 문 닫기(야생동물
피해방지)</td><td rowspan="2"></td><td></td><td>물주기,
건초
(해 질 무렵)</td><td></td><td>물주기,
건초
(해 질 무렵)</td><td>젖짜기, 사료,
물주기</td></tr>
<tr><td>초지</td><td>축사</td><td>초지</td><td>축사</td><td>축사(겨울)</td></tr>
</table>

관없다. 그 외에 아무래도 닭을 기르는 것이 토종소를 기르는 것보다 신경 써야 할 것이 많다.(2011. 10. 9. 우 서기 면담 자료)

목축민은 이전까지는 소시계에 맞추어 하루의 일과를 해왔다. 그들에게 부지런함이란 아침 일찍 일어나 소젖을 짜고, 시간에 맞추어 소에게 풀을 뜯기고, 사료를 먹이며, 물을 주는 것이다. 그들은 소가 먹을 풀의 변화에 따라 하루에도 이쪽 초지에서 저쪽 초지로, 계절을 따라 저쪽에서 이쪽으로 부지런히 움직인다.

그러나 닭을 사육하는 목금민이 된 마을 사람들에게 부지런함이란 닭을 잘 길러내는 일련의 활동을 수행하는 것을 의미하게 되었다. 아침에 일어나 닭장 문을 열고, 하루에 두 번씩 제시간에 사료와 물을 주고, 저녁에는 늦지 않게 닭장 문을 닫아야 한다. 또한 겨울이 되어 실내 축사에서 달걀을 낳기 위해 사육하는 닭에게는 부지런히 사료와 물을 공급하고 위생을 유지하기 위해 청소를 해주어야 한다(표 3-3, 3-4).

위 면담에서 우 서기가 대답한 부지런함은 목축민과 목금민에게 동일한 의미가 아니다. 닭의 생태계와 성장 변화에 따라 그에 적절한 '부지런함'을 실천하는 것이 목축민에게 필요하다. 그는 몇 년의 닭 사육으로 이러한 부지런함을 습득하고 체현하여 목금 생태시계에 맞추어 하루를 꾸려가게 되었다.

4) '소시계'에서 '닭시계'로

다양하고 급격한 외부세계의 변화와 상호작용하면서 목축민들은 상황에 따라 복잡한 선택의 순간순간을 결정하며 살아가야 한다. 토종소, 젖소, 닭으로 대표되는 목축민들의 삶은 고정된 것이 아니라 여러 관계망과 상황 변동에 따라 다시 달라지고 변화되고 적응하는 과정에 있다.

초원에서 생활하는 목축민들은 급변하는 외부적 조건 속에서도 탄력적으로 적응하고 문제를 해결해 나가는 모습을 보여주고 있다.[20]

앞선 세 가지 항에서 살펴보았듯이 바인후수 마을의 주민들은 토종소(양), 젖소, 닭으로 상징적으로 대표되는 선택 가능한 생활양식을 가지고 있다고 볼 수 있다.[21] 바인후수 마을의 사람들은 양과 토종소를 기르면서 생활해 왔다. 그러나 2007년 양 사육이 금지되고 나서는 양은 선택지에서 제외되었다. 아직 몇몇 가구에서는 몇 마리 기르기도 하지만 대부분 가구에서는 양을 기르지 않는다. 2010년, 2011년의 금목정책으로 토종소 역시 선택지에서 제외될 위기에 놓였다. 그러나 양처럼 완전한 금지가 아닌 150무당 1마리로 사육을 제한했기 때문에 토종소가 바인후수에서 사라지지는 않을 것이다.

젖소 사육시설의 건립과 운영으로 마을의 목축민들은 젖소를 기르게 되었다. 그렇지만 토종소를 다 팔아버리지는 않았다. 2010년 체결된 5년짜리 금목계약이 무효가 되고 2011년에 다시 5년짜리가 체결되었다. 5년을 약속한 계약이 1년도 지켜지지 않고 번복되는 상황이 발생했다. 그뿐만 아니라 2011년 새로 체결된 보조금 계약도 계약이 끝나는 5년 후에는 보장받을 수 없다. 마을 사람들은 정부정책을 신뢰할 수 없게 되었다.

하지만 젖소를 기르는 것은 이제 더는 그들에게는 피할 수 없는 주요한 일상생활과 경제소득원이 되었다. 그들은 불안정한 상황에서도 우유를 팔 수 없을 때는 직접 유제품을 만들어 판매하기도 하고, 목한

20 비평형 생태학에서는 예기치 못한 외부의 혼란 속에서도 그것을 완화하고 수용하는 능력을 고안하는 것을 주요한 특성으로 보았다(Holling, 1973).

21 젊은 사람들은 새로운 기회를 찾아 외지로 나가는 선택지가 있으나 여기에서는 마을에서 주가 되는 중장년층을 중심으로 다루었다.

기에는 실험기지나 가까운 시내에서 임시직에 종사하면서 부족한 돈을 메꾸기도 한다. 특히 젊은 사람들은 새로운 기회를 찾아 외부로 나가거나 나가려는 사람들도 있다.

닭은 과학자들의 프로젝트와 정부의 초원정책 실시, 목축민들의 사육으로 토종소, 젖소와 초원생태계에서 함께 살아가는 구성원이 되었다. 마을 목축민들은 여러 선택지에 대한 가능성을 항상 열어놓고 생활한다. 젖소를 기르지만 토종소를 완전히 포기하지는 않으며, 목축을 하지만 다른 일에 참여하면서 돈을 벌기도 한다. 지난 2009년과 2010년 중국과학원의 초원목계 프로젝트가 대규모로 운영되던 시기에는 몇몇 마을 사람이 동원되어 일하고 그곳에서 수익을 얻기도 했다. 목축민들은 자신들에게 주어진 상황에 따라 초원의 생태계 속에서 가축이나 가금을 기르면서 '탄력적'(Holling, 1973)으로 생활해 나가고 있다.

중국과학원 과학자들은 우 서기 가족이 2012년부터 자립적으로 닭을 기르는 것을 일컬어 '우리의 프로젝트는 성공했다'고 이야기했다. 우 서기를 제외한 바인후수의 다수 마을 사람들이 닭 방목에 참여하지 않는다는 점에서 이 프로젝트가 마을의 전반적 변화를 가져왔다고 일반화할 수는 없다. 그리고 중국과학원 과학자들이 이야기하는 '성공'의 의미 역시 그러한 것은 아니다. 그러나 적어도 우 서기처럼 양계에 성공한 몽골족 '목금민'의 생활양식의 변화는 이전의 바인후수 마을 목축민들에게는 생각하지 못했던 일이다.

중국과학원의 프로젝트로 시작되었지만 자립적으로 닭을 기르게 된 우 서기의 이야기는 초원에서 닭을 방목할 수 있다는 것을 보여주는 하나의 사례로 제시될 수 있다. 그리고 아직까지 직접 참여하지는 않지만 바인후수의 다른 주민들 또는 이웃 사람들에게 '닭 방목'이 하나의 선택지가 될 가능성을 제시했다는 점에서 의의가 있다.

닭시계에 따라 사는 사람들의 등장은 소시계의 생활방식을 고수해 왔던 사람들과의 갈등으로 이어질까? 새로운 세계상의 등장이 기존의 세계상과 갈등할 것이라는 모델에 우리는 익숙하다. 하지만 새로운 생활양식의 형성이 꼭 기존의 생활양식과 경합하거나 갈등하는 것은 아니다. 여러 질서, 양식, 논리, 세계상이 공존하는 다중성(multiplicity)(Law and Mol, 2002: 11)을 보이기도 한다. 초원목계의 생태계는 가축을 중심으로 구성된 생태계와도 공존한다. 필자는 소시계의 생활양식을 따르는 마을 주민들이 닭시계 생활양식과 그 결과물에 대해 어떤 태도를 보이는지 살펴보았다.

필자가 2010년과 2011년 마을 사람들과 나눈 면담에서 그들은 양계에 관심이 많지 않았고, 양계에 관련된 질문들에 무성의하게 대답하는 경우가 있었다. 그들은 2009년 여덟 가구의 닭 사육을 지켜보았고, 사육 결과가 좋지 않았다는 것을 직접 확인했다. 따라서 첫해의 호기심은 무관심으로 바뀌었다. 필자는 갈등이나 적대관계가 있지 않을까 해서 다방면으로 질문을 던지고, 그들의 행동을 관찰했지만 찾아내기 어려웠다. 그들은 자신의 이해관계와 직접 연관되지 않는 이상 우 서기의 양계에 부정적이지는 않았다. 이들은 자신의 초지를 분배받아 서로 가까이는 수백 미터에서 멀리는 몇 킬로미터 떨어진 곳에 살면서 개별가정에 분배된 초지에서 목축을 한다. 서로 초지를 침범하지 않는 이상 그들은 적대적 태도를 보일 이유가 없었다. 오히려 자신의 초지 옆에 방목하는 옆집 사람의 가축이 허술한 철조망을 뚫고 넘어오는 데는 민감하게 반응하고 필자에게 불평을 늘어놓았다. 도로가 닦인 길가에 사는 사람들은 교류가 비교적 빈번하지만, 길이 험한 하오터에 사는 사람들은 서로 교류하기가 어렵다. 그래서 그들은 양계에 대해 알고 있지만 적극적으로 관여하기 어려운 지리적 환경에 놓여 있었다.

직접 닭을 기르지 않는다고 해서 마을 사람들이 닭과 전혀 관계없이 살아가는 것은 아니다. [그림 3-20]의 우 서기 큰아들 결혼식에서 우 서기는 자신이 직접 기른 닭과 달걀로 만든 요리를 잔치음식에 특별히 추가했다. 잔치가 끝나고 나서 우 서기 직계 친척과 가족들이 남은 음식들을 가지고 뒤풀이 연회를 하면서 '닭고기' 이야기를 했다. 음식점에서 준비한 기름진 닭 요리는 아무도 먹지 않고 통째로 남았다. 그러나 우 서기가 따로 준비한 닭고기는 사람들이 다 먹어 거의 남지 않았다. 우 서기는 이러한 점을 외국인인 필자와 초원기지 연구원들에게 자랑스럽게 이야기했다. 마을 사람들도 자신의 손님을 접대하거나 집안 행사가 있을 때 우 서기 양계장에 와서 닭고기와 달걀을 사갔다. 이로써 몽골족 마을 사람들이 직접 닭을 기르지는 않지만 닭시계를 긍정적으로 받아들인다는 것을 발견했다.

나이뉴촌에 사는 한 마을 사람은 2011년 여름 우 서기에게 먹기 위해 구입했던 달걀을 부화시켜 닭 서너 마리를 직접 기르기 시작했다. 그는 닭을 길러 알을 낳으면 매일 달걀을 섭취할 계획이라고 했다. 또한 바인후수 마을을 마을 이름 대신 '양계장(鷄場)'으로 부르면 주변 지역 사람들은 다 알아듣는다. 주변에서 통용되는 것이다. 서로 다른 시계 또는 생활양식 사이는 갈등이나 경계, 경합보다는 '무관심'이나 '지켜보기'라는 말이 더 어울릴 수 있다. 이렇게 해서 서로 다른 세계상이 공존한다.

5. '목금'이라는 새로운 생태계

중국과학원 식물연구소에서는 사막화를 방지하기 위한 프로젝트의 일환으로 연구기지가 위치한 훈산다커 사지 목축마을에서 2009년 닭 사육을 시작했다. 식물연구소의 생태학자들은 닭 방목으로 초원생태계 회복을 보여주는 것, 즉 닭을 기르는 것이 초원에 미치는 영향을 과학적으로 증명하는 것이 목표이다. 이를 위해서 그들은 초원에서 실험하고 시범을 보였다.

생태학자는 자신들의 프로젝트에 대한 과학적 데이터를 획득하기 위해 조건화된 실험[試驗]을 실시했다. 초원에 철조망을 설치하고 닭 사육환경과 방목 밀도를 통제하여 닭이 초원환경에서 성공적으로 사육될 수 있는지, 닭 사육이 초원의 회복에 미치는 영향이 어느 정도 수준인지 증명하려고 했다. 이러한 과학적 통제 실험의 주요한 설득 대상은 동료 과학자들로, 그들은 생태학자들의 실험으로 사막화를 방지하는 하나의 새로운 방식인 초원의 닭 방목을 그들의 과학언어로 구성해 나가는 과정이 바로 실험이었다고 볼 수 있다.

다음으로 '실험'에 대비하여 '시범(示範)'은 실제 초원에서 목축민들에게 닭을 기르도록 지원하여 그와 관련된 생태적 영향, 몽골족들의 경제적 상황 변화 등을 복합적으로 보여주는 것을 목적으로 했다. 생태학자는 제한된 구역의 통제 실험 성공만으로는 프로젝트와 연관된 이해관계 당사자들을 설득시킬 수 없다. 몽골족 목축민들에게나 기업가, 정부, 소비자 등과 같은 행위자들에게 실제로 마을에서 닭을 사육했을 때 소득 증가, 시장 개척 등과 같은 가능성을 제시할 수 있어야 하기 때문이다.

2009년 처음 실시될 당시에 마을에서 이루어진 시범사업은 이중 구조로 운영되었다. 한편에서는 닭 사육 경험이 있는 외부에서 온 한족 농민들이 과학원의 지휘 아래 임대한 땅에서 대규모로 닭을 사육했다. 다른 한편에서는 마을의 몽골족 목축민들이 병아리, 사료, 축사 등 제반 시설과 기술교육 등을 중국과학원으로부터 제공받아 자기 집 앞 초지에서 소규모로 닭을 사육했다.

초원에서 닭을 사육하는 것은 쉽지 않았다. 생태학자, 기술원, 일꾼을 비롯한 한족들은 농촌에서는 닭을 길러보았지만 '초원'에서는 처음이었다. 몽골족 목축민들은 초원에서 소나 양은 길러보았지만 '닭'은 길러보지 않았다. 2009년 실시 첫해의 닭 방목은 여러 가지 어려움에 봉착했고, 그 속에서 많은 닭이 위기를 극복하지 못하고 죽었다. 이러한 난관 속에서 초원목계와 연관된 행위자들, 예를 들어 첫해에 사육이 성공적이지 않았던 목축민들은 다음 해에는 닭을 기르지 않게 되었지만, 금목정책 등의 상황으로 다른 경제적 소득이 제한된 사람들은 닭을 계속 기르기로 했다. 이들은 네트워크를 이탈하기도 하고, 다시 돌아오기도 하는 과정을 거쳐 생태학자와 함께 프로젝트를 둘러싼 협상을 지속해 나갔다.

첫해의 시행착오를 바탕으로 2010년 두 번째 해에는 생태학자가 '소형 이동식 닭장'과 같은 혁신적 장치를 만들어 목축민들의 사육방식에 변화를 주었고, 닭은 토착화 과정을 거쳐 초원에 적응할 수 있는 습성을 보여주기 시작했다. 닭에게 초원에 적합한 습성을 발현시키기 위해서 생태학자들은 혁신적 장치를 발명하고, 초원목계와 관련된 행위자들이 내는 목소리를 듣고, 그들의 이해관계가 닭 방목과 부합되어 나갈 수 있도록 지속적인 진단과 협상 과정을 거치면서 프로젝트를 진행해 나갔다.

초원의 퇴화를 방지하고 목축민들의 경제적 수익을 창출하기 위해 실행된 닭 방목 실험과 시범사업은 프로젝트의 중요한 이해관계 당사자인 몽골족 목축민들의 생활양식에 변화를 불러왔다. 소와 양 같은 가축을 중심으로 생활하던 목축민들은 이제 닭을 중심으로 하루와 계절, 1년을 계획하기 시작했다. 시범사업이 있기 전 마을 사람들은 '소시계'를 중심으로 생활했다면, 시범사업 이후 몽골족들은 '닭시계'를 중심으로 한 삶의 방식을 체득하게 되었다. 특히 사육 첫해인 2009년부터 2021년 현재까지 지속적으로 닭을 방목한 '우 서기' 가족과 그를 도와 양계에 참여한 일부 목금민들에게는 생활양식의 전반적 변화를 야기했다. 우 서기와 그의 둘째 아들 후허는 매해 양계를 반복적으로 수행하면서 2009년 첫해에만 닭을 사육하고 포기해 버린 다른 마을 사람들이 체득할 수 없었던 닭 방목에 대한 정교한 지식을 반복되는 경험 속에서 체득했다고 할 수 있다.

초원목계에 참여하는 행위자들은 닭과 양계를 제안한 생태학자를 매개로 하여 이전과는 다른 방식으로 서로 관계가 재배치되고 재구성되었다. 이 장에서 보여준 실험시범사업의 전개 속에서 그들은 '목금(牧禽)'이라는 새로운 생태계를 구성하는 생태정치의 과정에 참여하기 시작했다.

제4장

생태 모델의 모범적 전시장

중국 사회에서 모델은 중요한 의미가 있다. 모범시민 또는 모범마을은 차이는 있지만, "한 사회가 추구하는 가치를 훌륭하게 수행해 냄으로써 타인에게 행동 지침을 제공해 주는 존재"(양한순, 2007: 130)를 말한다. 최근 들어 중국에서는 급속한 경제발전과 더불어 환경·생태문제에 적극적인 관심이 고조되고 있다. 사회주의 시기에는 사회주의 모델이, 개혁개방 이후에는 경제발전과 부에 대한 사회의 열망을 반영하는 시장 모델이 주요하게 등장했다면, 최근에는 생태적으로 지속가능한 경제발전을 도모하려는 생태 모델이 사람들의 관심을 받고 있다고 할 수 있다.

초원목계의 생태학자는 생태 모델을 통해 자신의 실험시범사업의 유효성을 증명하고 인정받게 된다는 점에서 적극적으로 생태 모델을 고안하고 추진하고 지속해 나간다. 바인후수 마을의 사람들은 초원의 금목정책의 제한을 받지 않는 초원목계의 생태 모델을 받아들였다. 그래서 마을 사람들은 '가축(畜)'을 기르기 어렵게 되었지만 '놓아기르기(牧)'를 지속할 기회를 제공받게 되었다. 이러한 양자의 이해관계가 맞아떨어졌을 때 초원에서의 생태 모델은 가동하게 되는 것이다.

과학자와 목축민으로 대표되는 두 집단은 생태 모델을 실제 초원과 목축민의 상황에 적용하는 과정에서 시행착오를 겪는다. 보통의 마을 사람들은 이 과정에서 닭 방목을 포기했다. 그러나 마을 서기인 우르투는 유일하게 남아 닭을 계속 기르고 있다. '서기'라는 지위와 그가 중국과학원에 빌려준 초지 그리고 생태학자들과의 관계 속에서 닭 방목으로 얻는 단순한 경제적 소득 이상의 이익을 얻을 수 있기 때문이다.

이번 장에서는 중국에서 중요한 위치로 부상하고 있는 생태 모델이 만들어지고 지속적으로 유지되는 과정을 밝힌다. 생태 모델을 둘러싸고 생태학자와 우 서기로 대표되는 서로 다른 이해관계를 가지고 있는 두 집단이 갈등 속에서도 서로 타협하는 과정에서 생태 모델은 타인들에게 전시(demonstration)되고 전파되었다. 여기서 미디어는 우 서기가 대표가 되어 초원에서 닭을 방목하는 순간을 생태 모델로 담아냈다. 중국적 상황에서 초원목계 생태 모델의 전시와 전파는 우 서기 가족을 과학기술 시범농가로, 농목민 합작사를 시범사로, 바인후수 마을을 선진 단위로, 중국과학원 훈산다커 실험연구기지를 시범 과학연구 실천기지로 만들어주었다. 결국, 초원의 환경·생태보존이라는 시대적 목적과 과학자, 목축민의 의도가 번역되어 구체화될 수 있었고, 초원목계의 생태 모델은 중국 사회의 다른 모델들과 마찬가지로 다양한 레벨의 모범 집단을 탄생시키게 되었다.

1. 한 마을 촌장이 찾아오다

[사례 4-1] 부르둔 마을 촌장의 기지 방문

2011년 7월 6일 한 남성이 기지를 방문했다. 그는 시린궈러맹과 이웃한 츠펑시(赤峰市) 하이라쑤진(海拉蘇鎮)의 부르둔가차(布日敦嘎查)에서 온 몽골족 바오원성(鮑文生)이었다. 그는 부르듄 발전을 위해 고심하던 중 네이멍구 지역방송국에서 방영된 닭 방목 소개 프로그램을 보고,

자기 마을에서도 닭 사육을 실시하면 좋겠다고 생각하게 되었다. 우 서기 가족과 기지 연구원들 그리고 학생들은 그를 반갑게 맞았다. 그에세 닭 사육 기지와 마을을 소개해 주었고, 기지 숙소를 내주었으며, 음식과 술을 대접했다.

7월 7일 아침 필자는 바오원성을 만나 이야기를 나누었다. 부르둔은 마을 규모가 작아 1인당 200무 정도 초지를 분배받았다. 이는 바인후수의 300여 무보다 적다. 초지가 적어 부르둔은 한 가구당 토종소 5-6마리와 양 10여 마리를 키우는 것이 생계의 전부라고 한다. 게다가 그의 마을 초지의 많은 부분도 사구(沙丘)로 이루어져 초지 조건이 좋은 편이 아니라고 한다. 마을 여건상 적은 초지로도 닭을 사육할 수 있다는 점이 크게 다가왔다고 한다.

찾아갔을 때, 바오원성은 우 서기의 '초원목계 운영을 위한 마을 합작사' 자료를 읽어보고 있었다. 그는 자신이 작성한 부르둔 마을의 프로젝트 제안서를 나에게 보여주며 바인후수 자료와 비교 설명해 주었다. 만약 프로젝트 제안서가 지방정부에서 의결된다면 2012년에는 마을 개발 계획을 실시할 수 있을 것으로 내다보았다. 바오원성은 이야기를 마치고 나서 마을 구석구석을 직접 둘러보았다. 닭 사육기지뿐만 아니라 젖소 사육시설과 신거주지도 둘러보았다. 그렇게 그는 하룻밤 더 묵고 다음 날 바인후수를 떠났다.(2011. 7. 6-7. 바오원성 면담 및 참여관찰 자료)

중국의 다자이촌(大寨村)은 사회주의 시기에 '마을 자립경제'의 모델이었고, 화시촌(華西村)은 개혁개방 시기 시장경제 발전을 이룩한 마을의 모델이었다. 다자이촌과 화시촌은 각각 사회주의 모델과 시장 모델을 대표하는 마을로, 두 마을을 본받고자 시찰 온 사람들은 이 마을들에서 각 시기의 모범적 삶의 방식을 학습해 갔다. 2011년 여름 부르둔 마을 촌장 바오원성은 생태 모델을 학습하기 위해 네이멍구 초원지역 바인후수 마을을 방문했다. 그가 생각하기에 바인후수의 양계 시범기지는 초원 마을이 나아가야 할 방향에 대한 모델 또는 모범을 제시하고 있었다.

바오원성은 자신이 촌장으로 있는 부르둔이 바인후수와 유사한 자연환경에 놓였다는 점에서 양계를 도입한 생태 모델을 배워가서 적용하는 것이 가능할 것이라고 판단했다. 첫째, 그의 마을도 바인후수처럼 황막초원 지역으로 초지의 많은 부분이 모래언덕으로 되어 있다. 둘째, 그의 마을도 가구별로 분배된 초지의 면적이 작다. 바인후수는 1인당 300여 무의 초지를 분배받은 반면에, 부르둔은 1인당 200여 무의 초지밖에 분배받지 못했다. 따라서 부르둔 마을의 목축민들은 가축을 길러서는 높은 소득을 얻기 어려운 여건에 놓여 있다. 실제로 부르둔 마을 사람들은 토종소 몇 마리와 양 10여 마리를 기르면서 생계를 이어가고 있다.

그의 프로젝트 제안서는 ① 새로운 생산방식의 도입, ② 신거주지의 건설, ③ 사료 작물의 재배로 나뉜다. 첫째, 초지가 많이 필요한 가축 대신 협소한 초지에서 닭을 사육하여 소득을 증진할 것을 제안하고 있다. 둘째, 바인후수의 나이뉴촌과 같은 신거주지를 건설하여 마을 사람들이 개선된 거주환경 속에서 함께 모여 살 것을 계획하고 있다. 셋째, 초지의 풀을 보충하는 사료작물을 재배하는 것을 제안하고 있다.

이와 같은 계획을 품고 찾아온 그를 우 서기와 리용겅을 비롯한 연구원들은 기쁘게 맞이하고 대접했다. 연구원들은 바오원성 이외에도 양계 시범사업 이야기를 듣고 찾아온 다른 마을의 사람들을 손님으로 대접하면서 양계 시범기지에 대해 설명하고 참관하도록 했으며, 기지에 머물면서 편하게 둘러보고 휴식을 취하도록 편의를 제공했다.

2. 사회주의 모델, 시장 모델, 그리고 생태 모델

여기서는 네이멍구에 등장하고 있는 새로운 생태 모델을 다루기 전에 먼저 중국 사회에서 모델의 의미를 살펴보려고 한다. 중국 사회에서 중시되는 모델의 변천 과정 속에서 생태 모델이 어떤 위치를 차지하고 있는지 그 지점을 정확히 파악하는 것이 중요하다.

생태 모델의 출현은 중국의 사회문화적 질서의 생산과정에 분명한 변화가 일어나고 있음을 드러낸다. '모델의 정치학(model politics)'은 모델의 변천이 사회문화적 질서의 생산과정의 역동성을 보여준다는 것을 일컫는 개념이다(양한순, 2007: 131). 사회주의 시대의 자립경제 모델들을 대표하는 지역은 다자이(大寨)다. 다자이 마을의 서기 천융구이(陳永貴)가 주도해서 농업을 발전시키고, 자연재해를 극복한 사례는 사회주의 시기에 귀감이 되었다(양한순, 2007: 143). 다른 지역 마을들이 다자이 모델을 배워가면서 이 모델은 중국 전역으로 확산되었는데, 이처럼 사회주의 시기 중국 정부는 사회주의 모델을 적극적으로 생산하여 대중운동과 이데올로기 교육에 이용했음을 알 수 있다(양한순, 2007: 131). 농업과 공업에서 훌륭한 성과를 거둔 다칭(大慶)과 다자이에 대한 연구를 수많은 학자가 하면서 사회주의 모델은 지식 생산을 통한 이데올로기의 강화와도 연계되었다.

불락(Bulag)을 비롯한 학자들은 사회주의 시기 초원, 목축, 몽골족을 둘러싸고 전개되었던 모델의 형성과 전파 그리고 민족관계(ethnic relations)를 분석하기도 했다. 사회주의 시기 목축을 하는 네이멍구 지역에서도 1964년 겨울, 한 자매가 혹한의 날씨 속에서 여러 역경을 딛고 양떼를 무사히 구한 이야기가 알려지면서 몽골족의 레이펑(雷鋒)[1]으로 불리게 되었다(Bulag, 1999: 21-22).

중국에서 시장경제가 확장되면서 모델 역시 변화했다. 양한순은 개혁개방 이후 탈사회주의 시기 중국인에게 시장경제 원리와 가치가 주요한 영향력을 행사하고 있으며, 시장경제에서 성공해 탄생한 시장 모델이 주를 이루게 되었다고 주장했다. 이러한 시장 모델의 대표적 예가 다추촌(大邱村)(Gilley, 2001)과 화시촌(Yang, 2006)이다. 마을들은 개혁개방 시기 앞선 변화를 시도해 공업 생산으로 부를 획득했다는 점에서 시장 모델의 대표적 모범마을이 되었다. 시장 모델의 성공으로 명성을 얻게 되면서 점점 더 많은 사람이 화시촌 등을 찾게 되었고 관광지로도 널리 알려지게 되었다. 개혁개방 이후 모델들은 국가의 인정을 통해서가 아니라 국가의 통제 바깥에서 일반 중국인이 시장경제에 적응하려고 노력하는 과정에서 생겨났다고 보았다(양한순, 2007: 148).

한편, 개혁개방 이후 이동의 증가와 관광산업의 발달은 사회주의 모델의 대표적 모범촌이었던 다자이촌의 관광 활성화를 야기했다. 사회주의 모델의 선봉에 섰으나 실패한 마을로 간주되던 다자이촌은 개혁개방 이후 공업으로 재기를 시도하게 되었고, 나아가 '정치적 순례지로서 명성을 활용해 관광산업을 부양(박충환, 2014: 24)'하게 되었다. 다자이촌과 화시촌 등과 같은 유명한 모범촌은 공통적으로 그 명성을 바탕으로 관광수익을 거두었다.

20세기 후반부터 진보와 발전 방향으로만 향하던 모델의 전개과정에 환경과 생태의 문제가 개입했다. 1990년대 후반부터 최근에 이르기까지 중국 정부의 환경·생태 강조는 생태 모델로 관심이 이동한 것을 반영한다고 할 수 있다.

바인후수 마을에서 초원목계 프로젝트로 나타나는 생태 모델은

1 레이펑은 중국 인민해방군 모범 병사이다. 그의 희생과 봉사, 혁명 정신은 문화대혁명 시기 마오쩌둥의 "레이펑 동지로부터 배우자"라는 슬로건과 함께 널리 알려졌으며, 현재까지도 중국인들의 우상으로 자리하고 있다.

이러한 중국 내 환경과 생태에 대한 관심을 적극적으로 보여준다. 사회주의 시기 네이멍구 초원에서 중국 정부는 농업과 개간 위주의 정책(Smil, 1993)을 펼쳤고, 불락의 '모범자매' 이야기에서 드러나듯이 사회주의의 모범이 되는 인민을 선전하고자 했다. 개혁개방 시기 네이멍구에서는 개별 가구에 초지를 분배하고 가축을 개인에게 전이시켜 시장경제에 적응해 나가는 과정을 거쳤다면, 1990년대 후반부터 현재에 이르기까지는 초원생태계 회복을 위한 환경보존 정책을 발전정책과 함께 실시하고 있다.

중국 정부는 네이멍구를 비롯한 북방 초원지역에서 사막화 방지를 위해 생태이민(生態移民) 사업을 실시했다(新吉樂圖, 2005). 이는 정부 주도로 이루어지는 대표적인 환경보존 정책이라고 볼 수 있다. 생태이민 정책은 초원이 퇴화되고 있는 지역의 마을 사람들을 특정 지역으로 이주시켜 정착촌을 형성토록 하고 지하수를 개발해 식수를 공급하며 경작을 실시하여 농업을 하거나 가축을 기르도록 하는 지원 사업이다. 생태이민이 성공적으로 실시된 사례들은 정부의 지원 아래 널리 보도되고 알려진다. 반면, 이 사업은 북방 건조지역의 특성과 몽골족을 비롯한 목축민들의 생활양식을 고려하지 않은 한족 농업 정착민 위주 생태정책의 특성으로 수많은 시행착오를 겪기도 했다.

그런데 초원목계 프로젝트의 생태 모델은 과학자가 적극적으로 제안했다는 점에서 다른 모델들과 구별된다. 사회주의 모델이 국가가 주도하는 정치 이데올로기 교육을 목적으로 형성되고, 시장 모델이 개개인의 자발적 시장경제로 적응하는 과정에서 생겨났다면, 바인후수 마을은 과학자라는 전문가 집단이 모델을 형성·유지하고 전파하는 데 앞장서고 있다는 점에서 기존의 사회주의 모델이나 시장 모델과 구분된다. 과학자 집단이 주도하는 모델에는 지식 생산의 소명이라는 새로운 요소가 첨가된다. 이에 더해 닭과 초원이라는 생태환경을 구성하는 사물들이 모델의 주요 구성요소로 등장했다는 점 역시 주목할 만하다. 모델의 정치에 과학자 집단과 사물들이 더해지면서 정치적 의미에서 모델과 과학에서 모델을 명확히 구분할 필요가 없게 만드는 것이 생태 모델의 또 하나의 특징이다.

3. 몽골족 목축민과 과학자의 갈등과 타협

과학자, 초원, 닭, 몽골족 목축민 등 여러 참여자 간의 협상을 전제로 한다는 점에서 생태 모델의 형성과정은 여러 집단의 협상과 타협의 산물이다. 아래에서 과학자와 몽골족 목축민을 중심으로 전개된 갈등과 타협 과정을 살펴보고, 그 결과물로서 생태 모델이 여전히 잠재하는 갈등 속에서도 어떻게 전시되고 더 먼 곳으로 이동할 수 있었는지를 살펴본다. 그럼으로써 어떻게 생태 모델이 부르둔 마을에서 온 몽골족 바오원성과 같은 촌장의 방문을 이끌어내는지 이해할 수 있다.

1) 갈등: 경제적 이익과 지식의 생산

생태학자들은 초원의 식생을 조사·실험하고 초원생태를 연구하여 새로운 과학적 지식을 생산하는 것을 주요한 목표로 설정한다. 그런 점에서 중국과학원 생태학자 리용경과 연구원들에게 초원은 실험을 위해 정리되고 준비된 공간이어야 한다. 따라서 기지가 위치한 바인후수 마을은 중국과학원 훈산다커 닭 사육 실험시범기지로 면모를 갖추어야 한다고 생각한다.

실험은 증명(demonstration)을 해야 하고, 증명의 핵심은 '보여주기'이다. '보여주기'는 정치적 시위(demonstration), 예술작품의 전시

(demonstration)와 마찬가지로 과학적 실험의 핵심적 실천이라 할 수 있다(Barry, 2001: 176). 생태학자가 실험을 보여주어야 할 사람들은 일차적으로 또 다른 생태학자, 즉 '이금대축(以禽代畜)' 모델에 관심이 있는 동료 연구자 공동체이기 때문에 이들의 '시선'이 일차 고려 대상이 된다.

[사례 4-2] 우 서기의 거위와 과학자의 갈등: 기지 관리 문제

거위(鵝) 십수 마리는 아침부터 저녁까지 떼를 지어 꽥꽥 소리를 내면서 닭 사육기지 전체를 돌아다닌다. 오전 일과를 마치고 낮잠을 자는 숙소 뒤편 창문가에서도 소리가 들린다. 거위떼는 무리 지어 닭 방목 초지를 가로질러 분주하게 움직인다. 거위떼는 사람이 나타나면 소리를 내며 도망가지만 다시 주변에 나타난다.

2011년 6월 21일 기지에 난징(南京)에서 양계를 하는 룽(戎) 씨 성을 가진 사업가가 방문했다. 기지 구성원들은 그를 환영하기 위해 저녁 식사를 함께했다. 그 자리에서 리용경 연구원은 우 서기에게 닭 사육 시범기지를 돌아다니는 거위들을 묶어놓으라고 당부했다. 거위는 우 서기 가족이 2010년부터 사육해 왔다. 리용경은 거위떼가 계속 돌아다니면 닭 사육기지 초지 식생에 안 좋은 영향을 주기 때문에 거위를 기지에서 2킬로미터 정도 떨어진 우 서기 집 주변 방목지로 옮겨달라고 이야기했다. 그는 초원을 연구하는 생태학자가 실험과 시범사업을 진행하는 과학연구기지 내 풀들이 거위 때문에 잘 자라지 않으면 안 된다고 이야기했다. 그러나 우 서기는 리용경의 제안에 정확한 대답을 회피했다.

리용경은 거위 문제를 기지 초지 관리 문제로 연결해 계속 이야기를 이어나갔다. 기지 입구와 숙소 앞은 사람들이 많이 지나다녀서 다른 초지에 비해 황토가 많이 노출되어 보였다. 그는 기지 관리를 담당하는 우 서기에게 기지 입구와 건물 앞쪽에 위치한 초지의 푸르름을 위해서 물을 자주 주라는 당부를 했다.

이러한 당부에 대해 우 서기는 지하수를 퍼서 물을 사용하는데, 전기세가 많이 나올까 봐 걱정된다고 대답했다. 리용경은 전기요금은 중국과학원에서 내주니 비용 걱정은 하지 말고, 기지 관리를 잘하라고 했다. 또 그는 절약도 중요하지만, 전기를 잘 사용해서 풀을 잘 자라게 하면 좋은 것이 아니냐고 이야기했다. 우 서기는 이에 대해 알겠다는 대답을 계속했다.

리용경은 우 서기가 초지 녹화 문제에 대답하자 초지 녹화와 거위 문제를 다시 연결했다. 리용경은 우선 기지 환경을 녹색으로 만들고 초원의 식생 상황이 좋아지면 거위를 다시 기지로 데려다가 풀어놓자고 이야기했다. 그러자 우 서기는 자신이 너무 소중하게 생각하고 사랑하는 거위를 눈에 보이지 않는 곳으로 보낼 수 없다고 이야기했다.(2011. 6. 21. 시범기지 저녁 식사 참여관찰 자료)

리용경 연구원이 보기에 실험시범기지 내에서 거위들이 떼를 지어 움직이는 행위는 기지의 목적에 위배되는 모습이었다. 거위떼가 풀을 큰 발로 밟고 지나다니거나 풀을 뜯어 먹는 등의 모습은 그의 눈에 거슬렸다. 과학자들이나 우 서기 가족 등 실험기지의 구성원들끼리만 함께 생활할 때는 이러한 점들이 거슬리지만 크게 문제 되지 않았다. 그러나 과학자, 학생, 관리 등과 같은 방문객들이 기지에 시찰을 왔을 때는 문제가 되었다. 그의 동료 생태연구자들 눈에는 통제 실험 및 시범 사육을 실시하는 구역을 제지 없이 거위가 넘나든다는 점은 실험의 정확성과 신뢰도를 낮추는 방해요인이 되기에 그의 실험에 문제가 있는 것으로 '보일' 것이다.

그러나 우 서기 생각은 생태학자와 달랐다. 중국과학원이 장기 임대계약을 체결한 기지의 초지는 우 서기의 것이었기 때문에 우 서기는 그 초지가 결국 자기 초지라 생각했고 거위를 기르는 것은 자기 마음이라고 생각했다. 거위는 오리와 더불어 사육하는 데 물이 많이 필요하다. 따라서 건조지역에서 적은 물을 공급하고도 사육이 가능한 닭과 달리, 거위는 소규모로 사육할 때는 물웅덩이가 필요하고 대규모 사육일 때는 급수시설이 필수적이다. 우 서기네 집 주변 방목지에는 거위들이 노닐 물웅덩이가 없었기에 그는 기지 안에 있는 물웅덩이를 이용해 거위를 사육하고 싶어 했다.

우 서기는 생태학자의 견제에 대항하여 거위를 기지에서 기를 명분을 만들기 위해 노력을 기울였다. 연구원들이 식사하거나 외부에서 손님이 왔을 때 거위알로 만든 요리를 대접하는 것은 그러한 노력의 일환이었다. 몽골족 목축민들에게 행사가 있거나 손님이 방문할 경우 양고기와 소고기로 만든 '서우바러우(手把肉)' 같은 고기 음식을 접대하는 것은 전통적으로 환영의 의미를 지닌다. 바인후수 양계 시범기지에서는 손님을 접대할 때 이와 같은 몽골족 전통 음식과 더불어 초원비계 닭고기와 달걀로 만든 음식이 꼭 포함된다. 이는 생태학자가 양계 시범기지를 선전하는 대표적 방식 중 하나로, 닭장에서 사육되는 닭이나 달걀과 달리 육질이 쫄깃한 닭고기와 노른자가 샛노란 달걀로 만든 달걀부침은 시범사업의 성과를 효과적으로 알리는 데 주요한 역할을 해왔다. 요리와 손님 접대를 담당하는 우 서기는 음식을 준비할 때 거위알로 만든 요리를 함께 내와 자신의 거위를 초지에서 기르는 것을 정당화하려는 노력을 기울였다. 결국, 손님 접대를 위한 상차림은 시범기지에서 구축되는 생태계 구성을 제시하는 동시에 몽골족 목축민과 과학자들 간 그리고 초원의 풀과 거위 간의 갈등 관계를 드러냈다.

시범기지 주변으로 철제 담장을 설치하여 주변 지역과 기지의 숙소와 실험실, 닭 사육지를 분리하는 등 생태학자는 초원의 생태 모델을 대표할 시범기지의 면모를 갖추려고 여러 가지 노력을 기울였다. 크게 분실한 물건은 없었지만 2010년 도둑이 들었던 사건을 계기로, 수천 위안을 들여 닭장 주변에 감시카메라를 설치하기도 했다. 그는 기지관리를 담당하는 우 서기에게 거위의 이동뿐만 아니라 기지 앞마당과 닭 사육지의 쓰레기를 잘 치우고 잡초들을 뽑는 등 기지 미화 활동을 꾸준히 해달라고 요구했다. 또한 외부인과 구분하기 위해서 직위와 이름이 적힌 명찰을 만들어 기지 내에서 활동할 때 걸고 다니라고 당부하기도 했다.

하지만 목축민의 관심사는 이러한 과학자의 관심사와는 다르다. 목축민에게 초원은 삶의 터전이며 생계를 위해 소득을 창출하는 공간이다. 소와 양 같은 가축이 그들에게 생활에 필요한 주요한 소득을 가져다주듯이, 목축민들이 닭을 기르려는 주요한 목적 역시 소득 창출이다. 우 서기 가족은 닭을 사육해서 이익을 극대화하고자 했다. 닭은 소나 양과 마찬가지로 소득을 증대하기 위한 또 하나의 소득원일 뿐이다. 이러한 이익 극대화 과정에서 우 서기가 보이는 행위들은 중국과학원과 과학자의 목표와 충돌하기도 한다. 그중 대표적인 사건은 병아리가 닭이 되어 실내 사육시설에서 초원으로 옮겨지던 시기에 일어났다.

[사례 4-3] 닭을 초원의 닭장으로 옮기기

병아리 상태의 어린 닭은 실내 사육 공간에서 40여 일간 기른 후 초원으로 내보내서 야외에서 길러진다. 오늘은 4월에 노착한 병아리들을 초원에 있는 소형 이동식 닭장으로 내보내는 날이다. 닭을 옮기는 작업을 하려고 사람들이 모였다.

밤이 되어야 닭의 활동이 둔해져 닭을 잡기가 수월하므로 저녁 9시가 되어서야 작업이 시작되었다. 마을에서는 우 서기의 가족과 친척, 지인 등 십여 명이 한자리에 모였다. 중국과학원에서는 관리인 장비아오와 장빙, 쉬홍 연구원과 대학원생 왕종솨이와 저우메이화가 일을 도왔다. 모두 열일곱 명이다. 사람들은 두셋씩 짝을 지어 실내 사육시설에 있는 닭을 잡아 이동식 플라스틱 상자에 넣는 작업을 했다. 상자가 소형 트랙터에 가득 차면 트랙터를 운전해서 우 서기네 초지로 향했다.

올해(2011년) 기르기로 한 닭은 1만 3,000마리인데 그중에서 3,000마리를 우 서기네서 기르기로 했다. 중국과학원 관리인 장비아오와 장빙에게 닭은 1마리당 5위안의 병아리 사육 비용을 받고 분배하는 것이므로 초원으로 옮겨지는 병아리 숫자를 정확하게 세는 것은 닭 사육과정에서 중요한 일이었다. 그러나 십수 명이 동시에 닭 수천 마리를 잡아 하루저녁에 옮기면서 상자마다 들어가는 마릿수를 일일이 감시하는 것은 쉬운 일이 아니었다.

장비아오와 장빙은 우 서기 가족이 닭을 더 많이 가져가는지 확인하는 수단으로 닭 상자 무게를 재보기로 결정했다. 우 서기 부인인 사런가오와가 잡아넣은 상자의 무게는 기술원인 장빙이 쟀다. 상자를 포함한 닭의 무게는 61근(1斤=500g)이 나왔다. 그런데 이후 다른 상자의 무게를 재보니 49근밖에 나오지 않았다. 한 상자에는 30마리씩 모두 100상자가 오늘 옮겨질 분량이다. 전자는 1마리에 평균 1근 6량의 무게이고, 후자는 1근 조금 넘는 무게로 차이가 많이 났다.

그들은 49근인 상자의 무게가 상대적으로 적게 나간다는 판단 아래 그 상자 닭의 마릿수를 세어 보았다. 그 결과 30마리가 맞았고, 주로 덩치가 작은 암탉이 들어 있었다. 이미 61근인 상자는 초지로 보내졌으므로 무게가 많이 나가는 상자 안의 닭 숫자를 셀 수는 없었다. 그 대신에 따로 큰 수탉만 30마리를 채워서 무게를 달아보았는데, 그 상자는 맨 처음에 달았던 61근에는 미치지 못했다.

이러한 측정 결과에 근거해 기지 관리인 장빙과 장비아오는 우 서기네 몇몇 사람이 원래 약속한 한 상자당 30마리보다 더 많은 닭을 상자에 넣었고, 관리인과 과학자들의 눈을 속여 더 많은 닭을 가져가려고 했다고 필자에게 이야기했다. 관리인들은 의심을 버리지 못했지만 닭을 신속하게 옮기는 것도 중요했으므로 문제를 직접적으로 제기하지는 않은 채 그날 밤 이동은 마무리되었다.

다음 날 아침 식사를 하면서 연구원, 관리인, 학생들이 하는 이야기를 들었다. 그들은 우 서기 초지의 닭장에 닭을 옮겨 넣을 때 확인차 마릿수를 세었다고 했다. 학생들이 셀 때 상자당 닭의 마릿수는 30-31마리여서 모자란 상자가 없었다. 학생들이 센 것 중에서 어떤 것은 상자에서 초원의 닭장으로 옮겨놓을 때 35마리까지 나왔다고 했다. 그들은 사런가오와가 닭을 기준량보다 많이 넣었을 것이라고 이야기했다. 그런데 우 서기의 아들 후허가 세었을 때는 28-29마리로 모자라게 세어졌다고 한다. 그들은 당연히 우 서기 아들인 후허가 셀 경우 30마리가 넘을 수 없다며 비꼬는 말투로 이야기를 이어나갔다.(2011. 7. 1. 참여관찰 자료)

위 사례에서는 닭을 둘러싸고 생태학자(와 관리인) 대 목축민(우 서기)의 이익을 극대화하려는 갈등이 잘 드러나 있다. 닭을 잡아서 이동시키는 과정에서 3,000마리의 비용을 지불하고 더 많은 닭을 가져가려는 우 서기 가족과 정확한 숫자만을 보내려는 프로젝트 관계자들 사이에 긴장감이 형성되었다. 사런가오와는 자신의 초지로 가는 상자에는 더 많은 닭을 잡아넣었고, 후허는 닭을 상자에서 초지의 닭장으로 옮길 때 상자 속 닭의 마릿수를 적게 세어 한 마리라도 더 닭을 챙겨 이득을 보고자 했다.[2]

2 이익을 둘러싼 갈등은 닭을 초지에 보낼 때만 발생하지 않았다. 2011년 11월 베이징의 초원비계 판매점에서 현지조사를 진행할 때 필자는 판매점 사장 수정푸를 도와 판매점 일을 하기도 했다. 그 당시 수정푸가 필자에게 맡긴 것 중 하나는 네이멍구에서 온 달걀의 개수를 세는 일이었다. 아침 일찍 차편으로 달걀을 보내면서 우 서기 아들 후허는 수정푸에게 달걀 개수를 알려주

그러나 관리인과 우 서기가 닭의 마릿수를 가지고 실랑이를 벌일 때 과학자가 염려하는 것은 단순히 비용이나 이득 문제 때문만이 아니다. 과학자가 진행하는 시범과 실험은 실험설계와 시행 그리고 결과 산출과정에서 정확성이 무엇보다 중요하다. 과학자는 1년의 실험과 시범 계획을 가지고 계획된 수의 닭 종란을 구입하여 네이멍구로 운송해 왔다. 실험 및 시범사업에서 설계한 닭의 사육두수에서 정확성이 확보되지 않을 경우 초원에서 실시하는 초원퇴화 및 회복과 관련된 생태 실험 데이터가 신뢰할 수 없게 되어 버리기 때문이다. 우 서기는 이득, 관리인들은 비용, 과학자는 실험으로, 같은 문제에서도 서로 다른 이해관계가 드러났다.

우 서기는 자기 이익을 늘리려고 노력했을 뿐만 아니라, 친지들을 각종 경제적 이득을 얻을 수 있는 상황에 동원하여 소득을 올리도록 도움을 주려고 했다.

먼저, 우 서기는 닭을 기르는 가구 선정에서부터 자기 친척들과 친밀한 관계를 맺은 사람들이 닭을 기르도록 소개했다. 2009년 첫해에 닭을 기른 여덟 가구 중 소이라토와 리우즈창의 두 가구를 제외하고는 그의 친인척들이었다. 그중 한 가구는 옆 마을에 살던 우 서기의 사촌 부부였다. 우 서기와 별로 친하지 않은 마을 사람들이 닭 사육에 대해 잘 몰랐던 것과 달리, 사촌 부부는 닭 사육에 대한 구체적 정보들을 접했다. 그들은 우 서기가 제공한 정보를 바탕으로 이러한 닭 사육의 가능성을 타진했다. 그들은 닭 사육 첫해인 2009년 자신의 소들은 마을

는데, 필자가 달걀 개수를 센 11월 7일에는 몇 개 차이 나지는 않았지만 말해준 개수에 비해 부족한 달걀이 도착했다. 수정푸는 후허에게 전화해 달걀을 보내주어 고맙다고 말하면서 달걀 개수를 정확하게 세어서 보내달라고 당부하기도 했다.

사람들에게 대리 사육을 맡기고, 바인후수 마을에 거주하는 여동생 집에 기거하면서 여동생 부부와 함께 닭을 사육했다.

다음으로, 우 서기는 닭 사육 및 연구기지와 관련된 잡일들에 친지뿐만 아니라 마을 사람들을 고용하고 일당을 지급하는 중개자 역할을 했다. 기지에 상주하는 연구원과 대학원생, 소수 고용인만으로는 실험 시범사업 진행과정에서 파생되는 일들, 즉 닭을 기르기 위해 초원에 놓아야 하는 이동식 닭장을 만드는 것에서 닭에게 먹일 사료인 옥수수를 나르는 일, 과학자들이 하는 닭 방목 실험을 위해 구역을 나누고 기둥을 땅에 박고 그물망을 설치하는 일, 닭이 다 자라면 도살하고 가공하여 도시로 보내는 일 등을 수행하기 힘들었다. 따라서 우 서기와 친한 마을 사람들은 이러한 부업으로 추가 소득을 올릴 수 있었다.

그러나 마을 사람들은 우 서기 의도대로 생각하거나 행동하지는 않았다. 그들은 이러한 임시직으로 고용되어 소득을 얻게 되었음에도, 우 서기에게 고마워하기보다는 이러저러해서 일이 힘들다거나 보수가 적다는 등 불평을 말하기도 했다. 바인후수 마을이 시내에서 수십 킬로미터 떨어져서 외부에서 사람을 고용하여 일을 진행하기가 쉽지 않다는 사실을 그들 스스로도 잘 알았으므로 적은 돈을 제시하면 일을 하려고 하지 않았다. 또한 마을 사람들은 우 서기가 임시 일자리를 구해주는 것에 그다지 고마워하지 않는 척하기도 했다.

마을 사람들은 자신의 구미에 맞는 편하고 돈을 많이 받는 일은 서로 하려 했으나 힘들거나 자신들의 생활양식이나 문화적 습관과 다르거나 익숙하지 않은 일은 하고 싶어 하지 않았다. 예를 들어, 실험 데이터를 수집하기 위해 연구원과 학생들을 도와 식물을 측정하거나 표본을 채취하는 작업, 그물망을 두르고 실험구역을 설치하는 작업과 같은 쉬운 일은 우 서기의 가장 가까운 친척들이 도맡아 했다. 그러나 마을 사람들은 옥수수 포대 나르는 것과 같이 힘이 드는 일은 하지 않으려고 해서 마을 전체를 수소문해도 사람들을 구하기가 쉽지 않았다.

2011년 봄 시범기지와 우 시기네 초지에서 기르는 닭에게 먹일 사료를 대규모로 들여오는 작업을 했다. 마을의 남성 장정들은 트럭에서 창고로 옥수수 포대를 옮기는 작업에 동원되었다. 시내에서 짐을 전문적으로 나르는 일꾼들과 달리, 마을 사람들은 무거운 물건을 옮기는 요령이 없어서 일하는 속도가 느렸을 뿐만 아니라, 힘들다고 포기하는 사람도 나왔다. 당시에 옥수수를 싣고 온 트럭운전사가 다른 일을 위해서 빨리 가야 한다고 사람들을 재촉했지만, 옥수수 포대를 옮기는 작업은 쉽게 마무리되지 못했다. 중간에 길이 막혀 큰 트럭에서 길가에 옥수수를 내려놓고 그것을 다시 마을에 있는 리우즈위안의 소형 트럭으로 두 번 옮기는 작업을 했다. 그날의 고생을 계기로 사람들이 옥수수 포대 나르는 일은 더 하려고 하지 않았다. 그 이후 장비아오는 옥수수를 주문할 때 옥수수 포대 내릴 한족 일꾼까지 수소문해서 구해 왔고, 그들이 신속하게 옥수수 포대를 창고에 정리하고 시내로 돌아갔다.

닭 도살 작업(제6장 상술)은 가장 돈을 많이 받을 수 있는데도 마을 사람들이 꺼리는 일자리였다. 목축민들은 이 일을 자신들의 목축 전통 생활양식과 다른 일로 간주하고 하려 들지 않았다. 소나 양을 도살하는 것은 집안의 연장자 남성이 주관하는 신성한 행위다. 고기를 분해하는 것 역시 남성에게 맡겨진다. 그리고 창자나 피를 정리하는 일은 여성이 하게 되어 있다. 몽골족 목축민들에게 도살의 의례와 성역할의 분담은 양이나 소의 도살과 분리할 수 없다. 하지만 닭을 도살하는 것은 몽골족 목축민들의 분류체계 어느 곳에도 속하지 않는다. 이 때문에 닭의 도살을 어떻게 성별과 연령에 따라 분담해야 할지, 도살의 의미가 무엇인지, 그것이 신성한 행위인지 천한 행위인지 어느 것도 정해져 있지 않다.

이에 더해 소와 양을 중심으로 구성된 목축 생태계의 시계는 제3

장에서 살펴본 바와 같이 목금 생태계와 일치하지 않았다. 목축을 하는 몽골족에게 닭을 사육하는 것은 여전히 익숙하지 않을 뿐만 아니라 많은 목축민이 닭시계보다는 소시계 시간을 선택하는 것이 현실이었다. 닭을 도살하는 9월 말에서 10월 초는 목한기였는데도 마을 사람들은 급여(100위안)를 다른 임시일자리(40-80위안)에 비해 많이 준다 해도 닭 도살을 하려 들지 않았다. 몽골족 목축민은 소나 양을 도살하는 행위는 마을의 남성 어른이 하는 주요한 의례이지만, 닭을 도살하는 것은 그들 관습에서 벗어난 일이라고 생각했다.

닭 도살 작업뿐만 아니라 어린 닭, 병아리를 사육하는 작업도 몽골족 목축민들의 가치관과 생활양식 범위 내에서는 선호되는 일이 아니었다. 예를 들어, 2011년 시범기지에서 병아리 1만 3,000마리를 사육하는 일을 도맡아서 할 사람으로 우 서기의 조카 터모르를 고용했다. 2009년과 2010년에는 외부에서 한족 일꾼을 고용했지만, 2011년에는 외부 인력을 고용하지 않기로 결정한 대신에 터모르를 고용한 것이었다. 전체 약 한 달 반의 병아리 사육기간의 절반 정도인 전반기에 터모르는 일을 잘했다. 그가 원래 사는 집은 우 서기 집에서 몇 킬로미터나 떨어져 있었으므로 기지 숙소에서 숙식을 함께하면서 일을 도왔다. 그는 요리사로 근무한 경력도 있었으므로 요리를 잘하지 못하는 우 서기 아내를 도와 음식을 만드는 등 기지 운영에도 도움이 되었다.

기후변화 등의 요인으로 자신들의 초지가 부족해지면 다른 마을로 가축들을 데리고 가서 방목하는 몽골족 목축민들의 목축 관습을 '아오터얼을 간다(走敖特爾)'고 이야기한다.[3] 기지에서 일손을 돕던 터

3 아오터얼을 가는 것은 네이멍구 목축민들이 자기 지역 초지에 기상 조건이 불리한 상황이 출현했을 때, 예를 들어 간한이나 폭풍 또는 폭설이 왔을 때 가축을 피해를 보지 않은 인근 지역으로 옮겨 방목하다가 조건이 개선된 이

모르는 그해 자신의 초지 풀만으로는 가축들을 충분히 먹일 수 없는 상황에 놓이게 되자 인근 지역의 초지를 임대해 임시 거처(세르)를 세우고 그곳에서 생활하면서 가축들을 돌보러 떠났다. 자기 가축을 판매·정리하고 생태학자 곁에서 그를 보조하며 함께 생활하는 우 서기 가족과 달리, 터모르와 같이 아직 토종소를 기르는 목축민들에게는 그들 생활의 주요한 부분인 목축이 여전히 우선순위를 차지했다. 따라서 그는 익숙하지 않은 닭 사육 관리 일 대신에 자기 가축을 돌보는 일을 우선순위로 선택해 다시 가축들 사이로 돌아갔다.

양계와 기지를 관리하는 장빙과 장비아오는 일손이 부족한 상황에서 터모르가 약속을 지키지 않고 떠나자 무책임한 행동이라면서 터모르가 게으른데다 이 일을 하기 싫어서 떠난 것이라고 불만을 표출했다. 이는 결국 터모르에게 맡겼던 병아리 사육 일을 그 둘이 직접 나서서 해야 했기 때문이기도 했다.

바인후수 마을에서 만들어지는 생태 모델을 둘러싼 행위자들의 세계관 차이는 마을로 들어가는 입구와 기지 앞에 세워진 안내표지판을 계기로 드러났다.

바인후수 마을로 들어오는 길목인 206번 국도 대로변에는 '훈산다커 사지 가오거스타이강 자가운전 관광지(渾善達克沙地高格斯台河自駕旅遊區)'라는 안내표지판이 세워져 있다. 이 표지판은 '훈산다커 사지와 가오거스타이강을 자가용을 타고 운전해서 여행할 수 있는 지역'이라는 의미이다. 206번 국도변에 있는 다른 마을로 들어가는 입구에도 서로 다른 지역명을 따서 지은 안내표지판이 세워져 있다. 사람들이 여름이면 민물고기를 잡으러 가기도 하는 가오거스타이강(河) 이름을 따서 지

후 가축을 내리고 돌아오는 것을 말한다(葛根高娃·烏雲巴圖, 2004; 李文軍·張倩, 2009: 203; 王建革, 2006; Sneath, 2000).

어진 것이라고 볼 수 있다. 중국과학원 관리인과 학생들도 여름에 그물을 가지고 직접 운전해 그곳에 가서 고기를 잡아 요리해 먹기도 했다.

이 표지판은 이전부터 세워져 있었는데, 사람들이 시내에 물건을 사러 외출했다가 돌아오는 길에 표지판을 발견하고는 이에 대한 이야기를 하게 되었다. 생태학자와 우 서기는 207번 국도변의 표지판은 바인후수 마을과 과학 시범기지에 대한 정보를 제대로 제공하지 못하므로 새로 표지판을 세워야 한다는 점에는 동의했다. 그러나 그들은 안내표지판에 어떤 문구를 새겨야 하는지에는 견해를 달리했다.

우 서기는 안내표지판에 '바인후수훈산다커풍경구(巴音胡舒渾善達克沙地風景區)'라고 표기했으면 한다고 이야기했다. 리용경 연구원은 제일 앞부분에 '중국과학원(中國科學院)'이라는 표기가 추가되어야 하며 '훈산다커 사지'를 이야기했지만 '바인후수'는 이야기하지 않았다. 그리고 추가로 '과학기술부(科技部)/환경보호부(環保部), 임업국(林業局)/발전국(發展局)'이라는 용어도 들어가야 한다는 의견을 표했다.

중국의 유명 관광지 안내표지판에는 지역명 맨 끝에 '풍경구(風景區)'라는 어구가 붙어 우리말의 관광지와 같은 의미를 지닌다. 우 서기가 마을 이름인 '바인후수'와 '풍경구'라는 단어를 넣기를 원한다는 것은 바인후수 마을을 관광지로 삼아 명성을 얻어 돈을 벌고 싶다는 욕심을 드러낸 것이다. 그는 기지를 관리하는 대신에 중국과학원으로부터 기지를 이용해서 얻을 수 있는 숙박 등 가외 소득을 챙길 수 있도록 보장받았다. 따라서 외부에서 온 관광객들을 마을로 유인해서 소득을 창출하는 것은 우 서기에게 매력적인 일이었다. 관광객들이 표지판을 보고 바인후수 마을로 관광을 오게 된다면, 기지의 남는 숙소 방을 이용해서 사람들을 재우고, 양고기나 닭고기와 같은 음식을 대접하고, 말을 태우거나 주변 초원 경관의 관광을 도움으로써 돈을 벌 수 있었기 때문이다.

그러나 과학자가 표지판에 가장 먼저 들어가야 할 것으로 이야기한 것은 '중국과학원(中國科學院)'이라는 기관 명칭이었다. 그다음에는 '훈산다커 사지'라는 이 지역의 지리적 특성을 나타내는 말이었다. 그는 '바인후수'라는 마을 이름이 반드시 들어가야 한다고는 말하지 않았다. 그가 제일 먼저 언급한 '중국과학원'은 과학연구기지가 있다는 점을 가장 알리고자 하는 마음을 드러낸 것이다. 그다음으로는 그들의 연구대상을 드러내는 훈산다커 사지에 대해 이야기했다. 리용경을 비롯한 중국과학원의 연구원들은 바인후수가 관광지가 아닌 과학실험·시범기지로 널리 알려지기를 원했다. 그뿐만 아니라 그는 위에서 언급한 정부 기관들과 밀접한 관계가 있음을 알리고 싶어 했다. 그리고 그는 우 서기가 '풍경구'라고 이름 붙이는 것에 불편한 심기를 드러냈다.

이러한 논쟁이 있고 얼마 되지 않아서 중국과학원의 리용경 연구원은 국도변의 표지판을 바꾸지는 않았지만 마을 기지 입구에 새로운 안내표지판을 세웠다. 중국어로는 '중국과학원 탄소고정기술(초원목계) 실험시범기지', 영어로는 '중국과학원 초원목계 연구개발센터'라고 적혀 있다(그림 4-1). 그리고 우 서기가 닭을 사육하는 그의 초지 앞에는 '초원목계 생태양식구역: 정란기 바인후수 바이거리양식합작사'라는 푯말을 세워주었다(그림 4-2). 그러나 정부에서 세운 것으로 추정되는 207번 국도의 마을 입구 표지판은 현재까지 그대로 있다. 우 서기가 원하던 '풍경구'도, 과학자가 원하던 '중국과학원'도 국도변 안내표지판에 반영되지 않았지만 생태학자가 이곳에서 양계 시범기지를 운영하고 있음을 명확하게 드러내는 두 표지판이 마을의 기지 앞에 세워진 것이다.

위 사례들에서 살펴본 바와 같이, 초원목계 프로젝트 시범사업을 실행하는 과정에서 만들어지는 생태 모델은 단일 행위자의 노력으로만 완성되기 어려운 복잡한 과정으로 구성되어 있다. 외부로부터 다양

[그림 4-1] 중국과학원탄소고정기술(초원목계) 시범기지 안내표지판

[그림 4-2] 초원목계 생태양식구역: 정란기 바인후수 바이거리양식합작사

한 사람과 사물들이 오고 가는 흐름 속에서 시범사업은 진행되며, 그 과정에서 참여하는 다양한 행위자의 서로 다른 이해관계와 가치관이 만나면서 다른 의도들이 충돌하여 갈등이 드러나고 있음을 발견할 수 있다.

생태 모델이 유지되려면 우 서기와 과학자가 타협할 필요도 있지만, 마을 구성원들인 목축민들의 도움이 필요하다. 마을 사람들은 협조적일 때도 있지만 우 서기나 과학자가 원하는 대로 생각하거나 행동하지 않기도 한다. 그 이유는 몽골족 목축민들 사이에도 서로 이해관계와 중시하는 우선순위가 다르기 때문이다. 앞에서 살펴보았듯이, 닭 사육이나 도살과 같은 새로운 생활습관보다 가축을 돌보고 유지하는 활동이 마을의 몽골족 목축민들에게는 더 중요할 수 있다. 몽골족 관습에서 닭 도살은 중요한 가치를 지니는 행위가 아니기 때문에 돈을 많이 준다고 해도 하려고 하지 않는다. 이런 맥락에서 병아리 사육을 맡아서 해주기로 했으면서도 자기 가축을 돌보는 일을 더 중요하게 여겨 다른 곳으로 가버리는 상황도 발생하는 것이다.

과학자와 그를 도와 기지를 관리하는 우 서기는 생태 모델을 유지하기 위해서 마을 사람들의 습성을 변형시켜 생태 모델을 만들고 유지해야 할 과제가 있다. 그러나 과학자와 우 서기 양자 사이에도 서로 이해관계가 충돌하면서 생태 모델을 통해 달성하고자 하는 목표가 다르다는 사실이 관찰되었다.

2) 타협: 감수하기와 묵인하기

과학자는 생태 모델로 과학자로서 명성을 재생산하고 유지하는 것을 목표로 한다. 그들에게 무엇보다 중요한 것은 동료 과학자들에게서 인정받을 수 있는 과학지식을 생산하는 것이므로 이익을 극대화하려는 기업가와 달리 과학지식의 생산과 시범사업의 성공을 위해 금전적인 투자를 하고 손해를 감수하는 모습을 보이기도 한다.

2009년 초원목계 프로젝트의 시범사업이 첫해에 진행될 당시 중국과학원 딩 부원장이 이 프로젝트에 큰 관심을 가지고 선전의 투자회사를 끌어들여 400만 위안의 자금을 투자하게 했다. 제3장에서 이야기했듯이, 2009년 첫해 사육은 딩 부원장과 선전 투자회사가 예상했던 만큼 이익이 발생하지 않았다. 따라서 원래 400만 위안을 단계적으로 투자하기로 했던 선전의 회사는 이익이 되지 않는 일에 더는 투자하지 않기로 판단을 내렸다. 그들은 첫해 지원예정금액에 미치지 못하는 150만 위안을 투자하고는 프로젝트에서 물러났다.

그러나 리용경 연구원을 비롯한 과학자들에게 가장 중요한 것은 금전적 이익이 아니라 생태 시범 프로젝트의 지속가능한 진행이었으므로, 금전적 손해가 발생한다고 해서 프로젝트를 바로 포기하거나 중지하지 않고 손해를 감수하면서도 진행해 나갔다.

리용경은 프로젝트를 지속적으로 진행하려고 자기 연구비와 월급을 프로젝트에 쏟아부었고, 다른 연구원들의 연구비 일부도 프로젝트를 진행하는 데 갹출하기도 했다.

과학자들이 예상했던 것보다 초원목계 프로젝트에 들어가는 닭의 생산·판매 비용은 높았지만, 리용경은 프로젝트를 유지하기 위해 금전적 손해를 감수하면서까지 목축민들의 마리당 닭 사육비를 지급했고, 판매회사에는 마리당 판매 수익을 지급했다. 그가 계산한 바에 따르면, 2009년에 닭 사육에 든 비용은 1마리당 100위안 정도이고, 2011년에는 60위안 정도라고 한다(2011. 9. 18. 리용경 면담). 2009년에 베이징에서 닭 1마리를 도매가격 78위안에 판매했다는 것은 1마리를 판매할 때마다 중국과학원 초원목계 연구팀에 20여 위안의 손해가 발생한다는 것을 의미한다. 2011년에는 닭 한 마리를 도매가격 98위안에 판매했는데, 예전에 비해 비용을 줄여 이익이 약 28위안 발생하는 것처럼 보인다. 그러나 그해에는 리용경 연구원이 판매회사 책임자 수정푸에게 1마리를 판매하는 대가로 30위안의 고정 소득을 주기로 약속한 상태였으므로 이러한 비용까지 계산한다면 중국과학원에서는 아무런 이득을 남기지 못한 것이 된다. 게다가 이러한 손익 계산은 닭이 모두 판매되었을 때 이익을 가정한 것이므로 그해 사육된 닭이 다 판매되기 이전에 이미 지출한 비용을 부담하는 것은 프로젝트 연구팀과 리용경의 몫이 되었다.

첫해 사육 이후 계속되는 적자를 감수하면서 규모를 확장해 나갈 수 없었던 리용경은 2010년에는 시범기지 운영비용을 줄이기 위해 닭 사육 규모를 5만 마리에서 2만 마리로, 닭 사육을 하는 목축민 가구 수도 8가구에서 1가구로 줄였다. 첫해 닭 사육에서 소기의 성과를 달성하지 못했더라도 과학자가 진행하는 시범사업의 주요한 주체인 목축민이 닭 사육에서 제외되는 것은 과학자로서는 있을 수 없는 일이었다. 목축민이 참여하지 않으면 시범사업은 더 이상 시범사업이 아니다. 따라서 과학자는 손해와 어려움을 감수하고도 목축민들을 끌어들일 수 있어야 했다. 그러나 과학자들에게는 시범사업에 참여하는 목축민이 마을 전체일 필요는 없었다. 과학자들은 그들에게 협조적이고 관계가 오래되어 서로 잘 아는 우 서기를 목축민 대표(representative)로 선택하였고, 생태 모델에서 목축민 대표인 우 서기에게는 손해를 감수하고라도 지원과 투자를 하게 되었다. 따라서 과학자의 선택을 받아들이면서 우 서기는 마을 목축민들을 대표하는 역할을 맡게 되었고, 그의 사육 성공은 과학자들의 생태 모델에서 삼각형(과학자-목축민-기업)의 한 꼭짓점에 해당하는 목축민의 성공을 의미하게 되었다.

과학자들이 생태 모델의 삼각형에서 몽골족 목축민의 대표로 우 서기를 선택한 것은 다음 이유에서다. 우 서기는 바인후수 마을의 정치적 간부 역할을 해왔다. 외지로부터 온 이질적인 사람들로 구성되는 도시와 달리, 촌락(농목촌)에서는 혈연과 친밀성을 바탕으로 가족과 사회생활이 하나로 이어져 있으며, 촌락에서 간부는 공동체 성원으로 마을 구성원들과 긴밀한 관계를 맺고 있다(김광억, 2000: 59).

마을에 큰일이 있을 때마다 우 서기는 촌장(가차장)과 함께 의사결정에 참여해 왔다. 마을의 '정치적' 대표로 마을에서 기본적인 신임을 받으며 마을의 목소리를 대변하는 위치에 있음을 알 수 있다.

선택받지 못한 다른 마을 사람들은 프로젝트 사업에 소극적일 수밖에 없었다. 그들은 금목정책으로 더는 충분한 가축을 기를 수 없게 되면서 어려움에 처했다. 과학자가 금목에 대한 해결책으로 제시했던 닭 사육은 그들에게는 수입의 증가를 가져올 수 있는 수많은 선택지 중 하나였다. 따라서 목축민들은 닭 사육이 성공적일 경우에는 적극적으로 모델의 재생산과정에 참여하게 되겠지만, 그렇지 않으면 닭 사육보다는 기존의 목축을 유지하는 데 힘쓰거나 다른 기회를 찾아 나서게 될 것이다. 2009년 첫해에 성공적이지 못했던 닭 사육 결과를 보고 마을 사람들은 닭 사육에 대한 기대감이 줄어들었고, 그들이 선택할 수 있는 카드 중에서 닭 사육은 우선순위에서 밀려나게 되었다.

그러나 다른 마을 사람들의 무관심이 반드시 시범사업의 실패 또는 생태 모델의 실패로 이어지는 것이라고 볼 수는 없다. 오히려 과학자들은 자신들이 통제하고 경영할 수 있는 규모와 수준에서 프로젝트를 진행하기를 원했다. 과학자들이 시범사업과 생태 모델에 대해 가지는 태도는 그들이 가설을 세우고 실험하여 법칙을 만든 뒤 그 법칙을 응용하기까지 과정과 유사했다. 그들은 표본을 채취해 실험 결과를 전체 군락에 적용하여 연구의 가설을 증명하듯이, 먼저 초원목계 생태 모델의 소규모 사례를 성공적으로 완성한 다음에는 이를 전체 초원이나 목축민 가구로 확장할 수 있다고 보았다. 오히려 그들이 보기에 첫해에 성급하고 통제 불가능했던 여덟 가구의 마을 사람들과 중국과학원 내부의 대규모 사육이 좋은 결과를 낳지 못했다고 생각했다.

이상에서 살펴본 바에 따르면, 과학자들은 소수의 '통제 가능한' 목축민이 모든 목축민을 대표할 수 있다는 과학지식 생산과정에서의 묵인을 바탕으로 생태 모델의 적용 가능성을 만들어 나갈 수 있었다.[4] 이러한 '감수'와 '묵인'은 과학자들 사이에서뿐만 아니라 과학자와 몽골족 목축민들 사이에서도 요구된다.

제3장에서 혁신을 이끌었던 소형 이동식 닭장의 변화로 과학자와 목축민(우 서기)이 서로 생태 모델을 완성하기 위해 손해를 감수하고 있음을 발견할 수 있다. 소형 이동식 닭장은 야생농불의 피해를 줄여주는 등 어려움을 해결하는 데 도움이 되었다. 2010년 발명 첫해에는 나무 합판으로 닭장을 제작했는데, 네이멍구의 춥고 혹독한 겨울을 지나면서 닭장의 판이 뒤틀리는 변형이 일어났다. 2011년에는 나무 합판 재질의 닭장은 오래 쓸 수 없다는 판단 아래 플라스틱 합판으로 더 견고

4 초원의 과학지식 생산과정은 제5장에서 자세하게 논의할 예정이다.

하고 반영구적인 닭장을 제작하게 되었다.

시범사업을 관장하는 과학자로서는 닭장의 발명은 많은 문제를 해결해 주는 혁신이기도 하지만 닭 사육 비용 증가로 이어지고, 기존에는 예상하지 못했던 시범사업의 예산 증가를 야기하는 주요한 요인이 되었다. 반대로 우 서기는 닭장을 초원에 놓음으로써 닭을 살릴 수 있었지만, 아침저녁으로 닭장 문을 여닫는 번거로움 그리고 닭을 초원의 이동식 닭장에 내놓고 닭이 집을 찾아 들어갈 수 있을 때까지 일정 기간 저녁에 손전등을 들고 닭을 잡으러 돌아다니는 수고로움을 감수해야만 했다. 목축민에게 소형 이동식 닭장은 닭을 사육하는 데 할 일들이 증가하는 것을 의미했다. 자기 이익을 극대화하기 위해 닭 사육 일이 더 많아지는 번거로움을 감수하기로 했다고 볼 수 있다.

과학자와 몽골족 목축민 모두 묵인과 감수로 잃는 것이 있는 반면 그만큼 얻는 것이 있다. 이해관계의 득실을 따지는 과정에서 각자 잃는 것이 있더라도 더 큰 이득을 볼 수 있다는 점에서 이러한 묵인과 감수가 가능해진다. 그리고 그 결과 타협이 가능해지고 각자 이득을 더 크게 할 수 있다.

중국과학원 식물연구소 훈산다커 생태 연구기지의 연구원들은 2001년 이곳에서 실험과 연구를 진행하기 시작한 이래 2009년 정식 실험기지 건물을 지을 때까지 우 서기 집에서 숙식하면서 그의 창고를 개조한 실험공간에서 마을 주변의 초지를 대상으로 연구 활동을 해왔다. 이에 대한 대가로 중국과학원에서는 그에게 숙식을 비롯한 편의를 제공하는 비용을 지불해 왔다. 2009년 초원목계 프로젝트 실시를 계기로 대규모 예산을 집행받아 중국과학원이 세운 실험기지의 부지 역시 우 서기 가족의 초지 위였다. 그의 협력은 실험기지가 원활하게 운영되는 데 주요한 역할을 하는 것이다.

우 서기는 자기 초지와 마을 일부가 과학실험의 공간으로 사용되는 것에 이의를 제기하지 않았다. 오히려 그는 공간 사용에 대한 대가를 받고 기지를 관리하고 운영·지원하는 명목으로 월급을 받았으므로 가축을 더는 기르지 않고도 생활이 가능하게 되었다.

중국과학원에서는 2009년 기지가 건설되고 난 후 기지 관리를 우 서기에게 맡겼다. 우 서기네와 그와 함께 일하는 사람들은 기지를 지키고(看門), 기지에 머무는 사람들에게 식사를 제공하며 숙소의 위생과 청결 등을 관장한다. 그 대신에 중국과학원에서는 우 서기네 가족에게 기지 숙소 일부분을 내주어 생활할 수 있도록 했다. 또한 기지에서 사용하는 전기요금을 연구원/우 서기 가족의 사용분을 구분하지 않고 모두 냈고, 우 서기에게 한 달에 500위안의 관리책임자에 해당하는 월급까지 지급했다.

실험활동이 진행되는 여름 몇 개월을 제외하고는 우 서기는 도둑이 들지 않도록 기지를 지키는 일 외에는 특별한 업무를 하지 않으므로 관리인으로 받는 월급은 많지 않다고 한다. 그 대신에 과학자들이 많이 방문하여 머무는 여름 동안에는 그들에게 숙식비를 60위안/인(2011년, 50위안/인-2010년)을 받아 우 서기에게 준다. 우 서기는 그 돈으로 식재료를 구입하여 식사를 만들어 제공하고 침대보, 이불, 청소도구 등과 같이 관리에 드는 비용을 충당한다. 그리고 이러한 비용 외에 남는 돈은 그들의 순수 소득이 된다.[5] 이와 같이 리융성을 비롯한 중국과학원 연구소의 과학자들은 그들의 생태연구와 시범사업을 원활히 진행하려 우 서기에게 다양한 편의를 제공받고 대가를 제공한다.

5 비교하여, 다른 지역에 위치한 중국과학원 시린하오터 연구기지가 과학원 자체적으로 직원을 고용하여 직접 운영되는 것과 달리, 바인후수 마을에 위치한 훈산다커 연구기지는 소규모이기 때문에 마을에서 영향력 있는 우 서기에게 관리를 맡기고 있다고 한다.

우 서기는 관리책임자로서의 월급과 중국과학원 과학자와 대학원생들의 숙식비 이외에 외부에서 손님이 오거나 관광객이 올 경우에도 이득을 볼 수 있었다. 필자가 머무는 동안 기지를 방문했던 베이징의 대학생들, 중국과학원의 다양한 과학자와 그들의 지인들, 또는 관광객들 모두 동일하게 기지에 머물면 하루에 60위안을 내야 했고, 우 서기네 가족은 기지에 많은 손님이 오는 것이 수입 증가로 직결되므로 좋아했다. 필자도 기지에 머물면서 과학자들과 동일한 숙식비를 내고 생활했다. 리융정을 비롯한 과학자들 역시 이러한 소득을 우 서기에게 제공하는 것은 앞으로의 협력 관계를 위해서 필요한 일이라고 생각했다.

2절의 표지판 논쟁에서도 드러났듯이 과학자들에게 관광 활동과 그에 따른 우 서기의 소득 증대는 그들의 과학 활동보다 우선시될 수 없었다. 따라서 기지를 원활하게 운영하려고 생태학자는 우 서기에게 연구원과 대학원생의 숙식비를 지급할 뿐만 아니라 1년 내내 기지를 유지하기 위해 필요한 전기요금 등과 같은 운영비용을 대부분 중국과학원의 프로젝트 연구비로 충당하고 있었다. 여기서 우 서기는 과외로 얻는 수입을 온전히 자신의 이득으로 취할 수 있었다. 과하지 않은 수준에서라면 과학자와 우 서기의 서로 다른 목적의 추구는 기지가 원활하게 돌아가는 바탕이 된다.

2011년 7월, 리융정은 베이징임업대학에서 자전거 국토횡단을 온 학생 20여 명을 마을로 초대했다. 리융정은 기지 숙소와 마을 사람들 집에 학생들을 나누어 묵게 하고 숙박과 식사에 드는 비용을 모두 중국과학원 측에서 내는 것으로 했다. 그들이 방문했을 당시에는 풀베기가 한창이었던 터라 학생들은 목축민들의 생산 활동과 의식주를 모두 경험할 수 있었고, 일손을 덜어준 학생들 덕분에 마을 사람들은 이득을 볼 수 있었다. 8월에는 판매회사 책임자인 수정푸의 산둥 향우회 사람들이 방문하여 이틀간 머물다 갔다. 이러한 소득은 우 서기뿐만 아니라 관광 활동에 참여한 모든 마을 사람에게 이득이 돌아가는 것이었다.

우 서기의 적극적인 프로젝트 참여는 단지 부수입 증대만을 위한 것은 아니었다. 사업 초기에는 우 서기로서도 어쩔 수 없는 선택이기도 했다. 그는 초원목계 프로젝트가 시작되기 이전에는 토종소를 기르면서 중국과학원의 초원연구 활동을 지원하며 생활했다. 2008년부터 바인후수 마을은 정부의 신농촌신목구정책 실시의 일환으로 젖소를 사육하게 되었다. 우 서기는 서기 역할을 수행하기 위해 정책실행에 적극적으로 참여했고, 2008년 여름 마을 남성들과 함께 동북지방으로 가서 젖소 300여 마리를 구입해 왔다. 우 서기도 젖소 10마리를 구입하여 마을에 새로 조성된 나이뉴촌에서 거주하며 젖소를 길렀다. 우 서기나 마을 사람들이 기르게 된 젖소는 젖이 기대했던 것과 달리 잘 나오지 않았다. 은행 대출을 받아 구입한 젖소가 이득을 내지 못하는 상황이 된 것이다. 마을 사람들은 손해를 감수하고라도 젖소를 기르거나 팔아버릴 수밖에 없었고, 손해를 줄이려는 자구책은 직접 찾아나가야 했다.

바로 이 시점에 우 서기에게는 중국과학원이라는 기댈 수 있는 또 다른 선택지가 있었다. 마침 2009년 리용겅 연구원의 프로젝트 제안이 통과되었고 중국과학원은 연구기지를 새로 짓고 확장함과 동시에 닭 사육 프로젝트를 대규모로 진행하게 되었다. 우 서기는 2009년부터 중국과학원 기지의 관리자가 되었으며, 초원에서 닭을 기르게 된 것이다.

우 서기는 중국과학원의 기지 관리를 돕기 위해 돌아왔다고 이야기했지만, 젖소 사육이 실패로 돌아가면서 다시 과학자들과 타협을 시도한 것이라고 볼 수 있다. 우 서기는 중국과학원과 맺은 그동안의 관계를 바탕으로 젖소에서 입은 손실은 물론 금목정책으로 인해 목축 가능한 가축두수의 제한으로 줄어든 수익을 메꿀 새로운 기회를 얻었다. 그는 기지관리를 대가로 월급과 닭 사육을 지원받았으며, 닭과 달걀 판매로 얻을 수 있는 새로운 수익을 창출한 것이다.

중국과학원 역시 우 서기와 동맹함으로써 초원에서 실험활동을 전개할 물적·인적·공간적 자원을 확보할 수 있었다. 그들은 우 시기 땅에 기지를 건설했으며, 그의 초지에서 생태실험과 시범사업을 실시하고 있다. 이러한 중국과학원의 주요 활동들은 단순히 토지 임대나 노동력 제공의 차원을 넘어 마을에서 광범위한 영향력을 행사하고 있는 우 '서기'의 전폭적 지원 없이는 이루어지기 어렵다.

그들의 서로 다른 목적은 타협을 이루었다. 이 타협은 각자 이해관계의 추구가 그대로 인정되면서도 묵인과 감수를 바탕으로 각각의 이득을 증대하는 협상의 결과임을 알 수 있다.

4. 함께 모델이 되다

2011년 6월 24일 오후, 베이징에서 봉황위성 방송국(鳳凰衛視) 촬영팀이 바인후수 마을의 중국과학원 실험시범기지를 방문했다. 그들은 도착하자마자 날이 어두워지기 전에 우 서기와 면담을 진행했다(그림 4-3). 그의 면담이 끝나자마자 다음으로 중국과학원의 연구원을 면담했다.

봉황위성 촬영팀은 황사의 발원지에 대한 다큐멘터리를 제작하기 위해 조직된 팀으로, 10년 전인 2000년대 초반에 이미 같은 제목으로 다큐멘터리를 만들었다. 이들은 그 10년 후 초원의 변화에 대한 다큐멘터리를 만들기 위해 네이멍구를 방문한 것이다. 촬영팀은 생태학자와 목축민의 닭 사육, 마을 사람들의 생활, 주변 초원지역 경관 등을 종합적으로 기록하며 2박 3일 동안 머물렀다.

리용경 연구원은 외부인 임시출입증을 만들어 사람들에게 배부하라고 지시했으며, 특히 출입증 없이는 기지 숙소 뒤편에 있는 닭 사육 실험시범구역에 드나들지 못하도록 주의할 것을 당부했다. 또한 실험

[그림 4-3] 봉황위성의 우 서기 면담 촬영 장면

시범구역으로 들어가는 입구에는 '사육 중요 지역 진입 금지(養殖重地禁止進入)'라고 쓰인 푯말을 철조망에 달았다. 생태학자에게 출입증과 철조망 위의 푯말 두 가지는 시범기지를 엄격히 관리하기 위해 반드시 필요한 것들이다. 또한 이러한 것들은 생태 모델이 제대로 진행되고 있음을 보여주는 장치이다. 이미 6월 중순경부터 함께 생활하는 기지 사람들 사이에 손님들이 이곳을 방문할 예정이라는 이야기가 오가고 있었다. 평소에 기지 사람들은 실험을 하거나 닭을 돌보거나 음식을 만들어 숙소 사람들에게 제공하는 것 등과 같은 일상적인 일과를 매일 반복한다. 그러나 일단 손님이 방문하면 기지의 모든 사람은 분주해졌다.

봉황위성 촬영팀은 바인후수 마을에서 벌어지는 다양한 일을 카메라에 담기 위해 곳곳을 누볐다. 닭 사육 및 실험구역을 방문하여 촬영하고, 연구원들을 면담했다. 연구원들은 닭 사육지역과 실험구역뿐만 아니라 자신들이 초원의 생태회복과 보존을 위해 노력하고 있음을 보여주려고 촬영팀을 4만 무나 되는 여름방목지의 보호구역으로 데려가 10년간의 초지 식생 변화를 설명했다.

촬영팀은 이러한 변화를 증명하는 사람으로 과학자 대신 목축민을 선택했다. 목축민들의 입에서 초원의 변화가 이야기되고, 마을 사람들의 생활 변화도 증명되기 시작했다. 목축민들은 평소에는 침묵하지만 방문객들과 만나는 순간 생태 모델을 구성하는 주요한 요소로 등장한다. 방문객들은 젖소 사육기지를 찾아 새로운 가축의 사육 변화를 보기도 하고, 아직 토종소를 기르는 사람들과 철조망을 두른 그들의 초지에서 면담하기도 했다. 또한 사람들과 함께 양고기와 같은 전통 음식과 닭고기와 같은 새로운 음식을 먹고 노래를 불렀다.

봉황위성팀은 떠나기 전 기지 입구에 있는 전통 거주공간인 게르와 그 앞에 있는 몽골족 전통 창을 배경으로 기념사진을 찍고, 마을 아저씨가 끌고 온 말을 타며 즐거워했다. 우 서기는 그들이 오기 전날인 23일 전통 창을 게르 앞에 설치했다. 과학자들이 실험기지를 둘러싼 철조망을 두르고 출입증을 만드는 등 통제 기제를 작동했다면, 우 서기는 철조망으로 만들어진 문과 푯말 입구에 과학실험기지와는 대비되는 몽골족 전통 가옥인 게르를 짓고 게르 앞에 몽골족의 상징인 창을 양옆에 설치했다. 이곳을 방문한 외부인들은 대조적인 두 상징물 앞에서 사진을 찍었다(그림 4-4).

갈등과 타협을 반복하던 생태 모델의 구성 요소들이 촬영팀의 이동에 맞추어 그들의 카메라 앞에 나란히 정렬되었음을 볼 수 있다. 카메라 앞에서 몽골족 목축민들은 '목금민'으로서 자신들의 삶이 어떻게 바뀌었는지를 말한다. 시범기지는 출입증이 있는 사람만 지나다닐 수 있는 엄밀한 실험 장소가 된다. 초원에서 길러진 닭고기가 상에 차려진다. 게르와 전통 창 그리고 토종말을 끌고 온 마을 아저씨가 촬영팀을 관광객으로 만든다.

이곳 기지에는 봉황위성팀뿐만 아니라 다양한 방문객이 찾아오는데, 이곳에서 실험하려는 대학원생이나 중국과학원 또는 다른 초원을 연구하는 학술기관의 연구원들이다. 봉황위성팀을 시작으로 더 유명한

[그림 4-4] 기지출입증을 목에 걸고 게르와 창을 배경으로 방문객(오른쪽)과 함께 찍은 기념사진

프로그램을 제작하는 CCTV의 촬영진이 세 팀이나 마을을 방문하여 시범기지 모습을 카메라에 담아 전국적으로 방영했다. 닭고기가 맛있다는 것을 보여주기 위해 학생들과 연구원들이 직접 시식 장면에 출연했다. 제3장에서 다룬 닭의 토착화 과정을 우 서기의 아들 후허가 주인공이 되어 어려움을 극복하고 사육에 성공하는 재연드라마도 촬영했다.

갈등을 겪기도 했던 연구원들과 우 서기는 그늘의 카메라 앞에서는 더할 나위 없이 좋은 협력자와 조력자가 된다. 닭, 소, 젖소, 양, 말 등과 같이 서로 우선순위를 다투던 가축들은 생태 모델을 재연하는 자리에서는 서로 어우러져 경관을 형성한다. 면담과 재연드라마 또는 시식 장면에서는 생태 모델이 아름다운 것으로 그려진다. 그 이면에 여전히 갈등이 있을지라도, 여러 속셈과 명분이 이해관계 속에 얽혀 있을지라도 방문객들의 시선에서 생태 모델 구성원들은 초원비계의 생존과 초원 회복을 위해 함께 노력하는 것처럼 그려진다.

기지에 외부인들이 방문하는 순간은 서로 다른 목적을 가지고 갈등과 타협을 오가던 행위자들이 생태 모델을 아름답게 완성하는 진정한 타협의 순간이기도 하다. 하지만 방문객들이 떠나고 나면 다시 자신의 이해관계를 드러내고 갈등과 협상 그리고 새로운 타협을 시도하는 모습으로 돌아간다.

그러한 잠재적 갈등에도 불구하고 타협과 재연 과정을 거쳐 생태 모델은 '불변 가동물(immutable mobile)'(Latour, 1987: 7)이 된다. 다양한 이해관계 당사자 간의 갈등과 협상의 역동성으로 구성된 초원목계의 생태 모델은 이때부터 변형 없이 하나의 개체로 중국의 다른 지역으로 이동하게 된다.

초원목계의 생태 모델은 중국 사회의 다른 모델들과 마찬가지로 다양한 층위의 모범 집단을 구성했다. 2008년 우 서기 가구는 중국과학원과의 공조로 이미 과학시범호 칭호를 얻었다(그림 4-5). 그리고 2012년에는 닭 사육으로 이름을 알린 바인후수 마을이 시린궈러맹의 과학보급에 모범을 보인 농촌 단위로 선정되어 현판을 받았다. 2013년에는 수도 베이징에서, 중국과학원 식물연구소 훈산다커 생태 연구기지는 그 성과를 인정받아 베이징 청소년 과학기술 후속세대를 양성할 수 있는 과학 연구 '실천 기지'로 선정되었다. 2014년에는 닭 방목 보급에 기여한 우 서기의 합작사가 네이멍구자치구 농목축민 합작사들의 시범사로 선정되었다.

당대 중국에서 모델은 다양한 수단으로 빠르게 확산되고 있다. 생태학자가 제시하는 초원목계 프로젝트의 '이금대축(以禽代畜)' 모델은 다양한 경로를 거쳐 다른 지역으로 확산되는데, 가장 대표적인 경로가 미디어이다. 앞에서 소개한 바오원성은 네이멍구 지역방송 프로그램을 보고 초원목계를 알게 되었다고 했다. 바인후수 마을 초원목계 프로젝트의 자세한 내용은 중국 국영방송 CCTV의 다양한 프로그램에서도

과학기술 시범호 현판(2008)

전맹과보혜농흥촌 선진단위 시린궈러맹 과학반
시린궈러맹 재정국(2012)

베이징청소년과학기술후속세대조기배양계획
과학연구 실천 기지(2013)

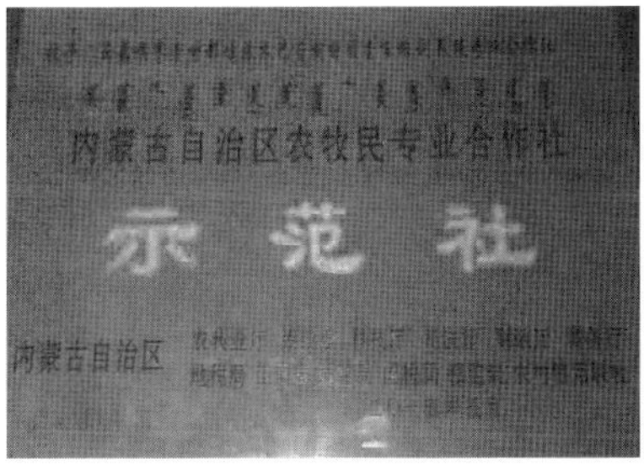

네이멍구자치구 농목민 전문 합작사 시범사(2014)

[그림 4-5] 모범 현판

방영되었다. 필자가 현지조사를 진행하던 2011년에만 두 팀이 방문했다. 그중에서도 '커지위안(科技苑)' CCTV 프로그램은 전국 시청률 순위에서 상위권에 속한다. 리용경 연구원은 자신들의 초원목계가 방영된 커지위안 프로그램이 중국 전역에 저녁 7시만 되면 모든 방송에서 의무적으로 방송하는 뉴스 프로그램인 '신원롄보(新聞聯播)'보다 시청률이 높다고 자랑하기도 했다.

이렇게 해서 초원목계의 생태 모델은 변형 없이 이동하기 시작했고 방문자 수 증가와 함께 더 많은 중국 지역으로 이동할 수 있다. 각각의 이동 과정에서 다큐멘터리 촬영팀, 방문객, 모델을 실천하는 목축민, 생태 모델을 인증하는 정부기관, 또 다른 초원에서 길러지는 닭의 수가 늘어날지도 모른다. 그럼으로써 더 넓은 네이멍구의 황막초원 식생이 개선될 것이라고 예견할 수도 있다. 아직은 우 서기와 몇몇 참여자로만 대표되는 몽골족 목축민들이 모델의 이동과 성공에 따라 다수의 몽골족 목축민으로 숫자가 늘어날 가능성 역시 품고 있다.

제5장

이산화탄소를 줄이고 수익을 늘려라

초원에서 닭을 기른다고 해서 사막화 방지가 될까? 초원에서 닭이 자라는 것과 사막화 방지 사이에는 거대한 간극이 있는 것처럼 보인다. 이 글에서는 언어와 자연의 간극에 기대는 인식론이나 비판적 논의에서 더 나아가 언어와 자연 사이에 과학자들이 구축해 놓은 징검다리, 즉 지시체(reference)[1]의 이동을 부각해 보고자 한다. 이 징검다리가 잘 구축되어 있다면, 독자들은 초원의 닭에서 사막화 방지에 이르는, 즉 자연에서 언어에 이르는 여행을 안전하게 할 것이다. 만약 이 징검다리가 제대로 놓이지 않는다면 독자들은 초원의 닭에서 출발하지만 사막화 방지까지는 이르지 못할 수 있다. 그 독자들은 동료 과학자, 정부 관리, 기업가, 목축민, 도시 소비자들이다. 이들이 이 징검다리를 잘 건너

* 이 장의 일부는 2018년 3월 「초원과 닭의 세계상: 중국 북방 초원 사막화 방지와 생태 실험」(『공간과 사회』 28(1): 150-193)이라는 제목으로 발표된 바 있다.

1 지시(체)(reference)는 명제가 절합되기까지 행해지는 많은 실천을 의미한다. 이는 말과 세계 간 양분된 거리를 전제하지 않는다는 점이 특징이다. "지시(체)"는 아무런 의미 없이 외부의 지시물(referent)을 지시하는 것이 아니다. 그보다는 변형의 연쇄로 순환의 활성화를 지시한다. "내적 지시물(internal referent)"은 텍스트와 외부 세계 간 그리고 텍스트를 의미화하는 여러 단계에서 차이를 생산하는 모는 요소를 의미하는 기호학 용어이다. 지시(체)는 이동(shifting)의 개념과 연계된다(Latour, 1999: 310).

온다면 소비자들은 초원비계를 구입할 테고, 정부의 관리는 정책에 반영할 테고, 기업가는 초원비계 유통망에 투자할 것이며, 동료 과학자는 초원목계의 논문을 하나의 지식으로 인정할 것이다.

과학자는 자신의 지시체를 만들기 위해 다른 지시체들을 불러온다. 그는 이미 견고하게 만들어진 지시체 동맹들과 제휴해서 주장을 더욱 강화한다. 동맹은 다른 생태학자, 식물학자, 동물학자, 곤충학자, 경제학자의 연구소에서 만들어진 문헌들을 말한다. 왜 그런 요소들과 결합하려 하는가? 문헌들은 이미 출판되었고 그 내부 요소들을 알 수 없는 블랙박스[2]로 공고한 요새의 모습을 갖추었기 때문이다. 따라서 이러한 블랙박스와 동맹을 맺을 수 있다면, 생태학자는 초원목계가 사막화 방지에 기여할 수 있다는 제안을 훨씬 강화하게 된다. 다른 연구소에서 온 블랙박스들은 닭과 이산화탄소 배출량의 관계를 다룬 문헌, 병충해 방지를 통해 식생을 보호하고 경제적 이익을 확보하는 연구의 문헌 등이다. 이러한 블랙박스와 결합함으로써 초원의 닭을 연구하는 것은 협의의 생태학 연구의 범주를 넘어 대기 환경, 곤충학, 경제학 등과 같은 다른 학문분과와 동맹을 맺게 한다. 여기서 초원의 닭은 하나의 학문분과로 대상화되지 않으며, 학제 간 연구의 주제로 확장된다. 생태학자는 이산화탄소 배출량 등과 같은 강력한 블랙박스들과 동맹을 맺음으로써 사막화 방지를 연상시키는 나무 심기, 금목 등의 연합보다 상

2 과학적 논쟁 과정을 거쳐 견고해진 사실을 가리켜 블랙박스라고 한다. 블랙박스가 완성되는 순간 이전의 논쟁들은 봉쇄되고 사람들에게 권위를 갖게 된다. 과학자가 블랙박스를 자신의 지시체에 끌어들인다는 것은 그 블랙박스의 권위와 결합하는 것이다. 과학자의 주장을 확인하기 위해서는 블랙박스가 만들어진 다른 실험실까지 이해해야 한다는 것을 의미한다. 이러한 블랙박스를 해체하지 못하면 과학자가 인용한 지시체를 반박할 수 없다(Latour, 1987: 92-93).

력한 연합을 구축할 수 있게 된다.

또한 이러한 연합의 구축으로 생태학자와 목축민은 타협안을 마련할 수 있다. 생태학자는 목축을 금지하는 극단적 선택보다는 상대적으로 이산화탄소를 덜 배출하는 목금으로 초원의 생태계를 보존하려는 방안을 만들어냈다. 목축민들은 목축은 할 수 없게 되었지만, 금목이 아닌 목금은 할 수 있게 되었다. 그들은 축은 포기했지만 '목(牧)'[3]은 포기하지 않아도 되었다. 초원목계 프로젝트는 목축민에게는 기존의 생활방식을 고수할지, 포기할지 양극단의 문제를 넘어선 제3의 대안적 선택지를 제공했다. 과학자는 이러한 혁신으로 금목을 실시하려는 중국 정부와 목축민의 대립 구도에 타협 가능성을 제안하게 되었다.

이 장에서는 제3장과 4장에서 다룬 생태학자, 몽골족 목축민, 닭을 비롯한 동물 이야기만이 아니라 풀과 관목 등과 같은 초원을 구성하는 식물, 대기 중에서도 이산화탄소가 주요한 행위자임을 드러내고자 한다.

1. 1제곱미터의 세계: 표본 속의 초원

실험은 필드(field)에서만 하는 것이 아니다. 과학자들은 필드에서 표본을 채취하고, 건조하는 가공을 거쳐서 수치, 표, 그래프와 같은 2차원 데이터를 통해 실험을 진행한다. 생태학자는 초원 위에 실험구역을 설치하여 닭 방목이 초원에 미치는 영향을 파악하기 위한 식물과 토양을 채취해 측정한다. 3장에서 기술했듯이 초원 위에 실험구역을 설치하고 실험을 시작한 이후 한 달 간격을 두고 초원의 변화를 측정하기 위해

3 목(牧)은 방목, 즉 놓아 기르는 것이다.

지속적으로 표본을 채취했다. 2011년 8월 16일에도 연구원들과 학생들이 초원에 있는 실험구역의 변화를 측정하기 위해 1제곱미터의 사각틀과 다른 도구들을 가지고 초원에 모였다.

[사례 5-1] 식물 표본 측정 및 채취

먀오쉬를 비롯한 연구원과 대학원생들은 식물 표본을 측정하고 수집하기 위해 실험구역에 모였다. 그들은 실험구역 내의 닭장을 원점(0미터)으로 하여 2미터, 6미터, 14미터, 30미터, 62미터 떨어진 지점에서 구획법(quadrat method)[4]에 따라 1×1미터의 표본 채취 사각틀을 각 초지 위에 올려놓고 그 안의 식물을 측정한다.

왕종솨이는 노트와 펜을 들고 조사해야 할 식물종의 이름과 측정해야 할 항목을 노트에 기록한다. 그들은 실험구역과 주변 지역의 식물종을 조사해 실험에서 측정해야 할 식물종의 종류를 이미 확정했다. 한 명이 자를 들고 식물의 높이를 재서 크게 외치면, 다른 한 명은 이 수치를 기록한다. 높이를 재고 나면, 전체 1제곱미터 구역에서 1/8의 넓이를 잰 뒤 그 안에서 식물종별 개수를 센다. 이 개수 역시 노트에 기록된다. 나중에 1/8만 센 식물의 개수는 8을 곱한 후 전체 표본의 식물종 개수로 활용된다. 마지막으로 그 식물 표본을 채취한다. 식물종별로 줄기와 잎, 열매 부분이 모두 포함되도록 가위로 잘라 종이봉투에 넣는다.(2011. 8. 16. 참여관찰 자료)

4 쿼드랫법이라고도 한다. 동식물의 개체군 밀도나 분포양식 또는 군집의 종류 구성을 조사하기 위해 널리 사용된다. 식물군락의 종류나 구성조사에서는 종수-면적곡선으로부터 결정되는 최소면적을 구획의 크기로 하는 일이 많고, 그 넓이는 초원에서는 1제곱미터 전후인데, 삼림에서는 100제곱미터 이상에 이르는 경우도 있다.

[그림 5-1] 초원 실험구역에서 표본 채취하기

그들은 실험구역 내에 일정한 간격[5]으로 사각틀을 올려놓고 그 안에 있는 식물과 토양의 정보를 수집하고 표본을 채취한다. 먼저 식물의 생장 상태를 파악하기 위해 식물 높이를 자로 측정한다. 그리고 초원에 사는 다양한 식물의 분포와 밀도를 파악하기 위해 단위면적당 식물종별 개수를 센다. 측정된 수치들은 [그림 5-1]에서처럼 노트에 기록된다.

높이와 개수를 다 세고 나면 이제는 식물 표본을 채취할 차례이다.

5 생태학자들은 닭 방목이 야기하는 초원 식생 변화를 살펴보기 위해 방목 시작 전과 후의 식물 표본을 채취했다. 정확한 비교를 위해서 닭장에서 2미터, $6(2+2^2)$미터, $14(2+2^2+2^3)$미터, $30(2+2^2+2^3+2^4)$미터, $62(2+2^2+2^3+2^4+2^5)$미터 떨어진 지점에서 1×1미터의 표본지(樣方, quadrat) 조사로 식물 종류의 구성과 득성을 조사하고, 표본지 내 식물의 명칭, 수량, 매 물종의 식물체 수량 등을 기록했다(蘇本營, 2011: 23).

민들레나 강아지풀에서부터 쑥 등에 이르기까지 초원의 식물들은 연구자 손에 들린 가위를 만나는 순간 초원에서 떨어져 나가 노란 종이 봉투 속으로 들어가게 된다.

식물의 높이와 단위면적당 개수는 초원에서 과학자의 노트로 옮겨져 이동 가능한 형태로 변형된다. 이러한 수치는 과학자의 손에 들려 초원에서 실험실로 이동한다. 마찬가지로 가위로 잘린 풀과 파내어진 토양 표본 역시 종이봉투에 넣어져 초원에서 실험실로 옮겨진다.

훈산다커 사지의 모든 풀과 토양을 과학자의 실험실로 옮기는 일은 불가능하다. 그렇다고 해서 초원이 이동 불가능한 것은 아니다. 위에서처럼 과학자는 1제곱미터의 사각틀, 가위, 자 등의 도구를 이용해 초원을 이동 가능한 형태로 변형한 뒤 실험실로 옮길 수 있다.

이렇게 필드 작업에서 얻은 결과물들은 초원 세계와 과학자의 논문을 이어주는 역할을 한다. 여기서 우리는 실제 초원과 학술논문에서 '초원'이라고 이야기되는 수치와 표본의 간극을 연결하는 실마리를 발견하게 된다. 세계(world)와 말(word)의 간극 사이에서 연구자가 발견한 것은 여러 '지시체(reference)'이다(Latour, 1999: 24). 이 지시체는 초원이라는 세계와 생태학자의 논문 속 '초원'의 간극을 잇는 징검다리라는 점을 알 수 있다. 초원의 세계는 하나의 지시체로 변형되고 또다시 새로운 지시체로 재변형되면서 첫 번째 지시체에서 두 번째 지시체로 그리고 n번째 지시체로 변형을 거듭한다. 그 징검다리의 종착지에 초원 세계를 대표하는 몇몇 수치와 표와 말들이 적히는 논문이 있다. 이날 생태학자가 필드에서 채취한 표본은 변형을 거쳐 징검다리의 시작점을 놓는 지시체가 된다.

또한 생태학자는 식물과 토양의 표본을 수집하고 기록했을 뿐만 아니라 초원 방목 닭과 닭장 사육 닭의 전 성장 과정에 걸쳐 몸무게와 사료 섭취량 역시 기록했다.

초원에서 방목한 닭은 닭장에 가두어 사료만 먹여 기른 닭과 비교했을 때 성장 속도나 크기가 뒤처지지 않아야 한다. 이를 증명하기 위해 실험에서는 닭의 부화에서 성체에 이르기까지 닭장 닭과 초원 방목 닭의 생장 과정을 비교·분석했다. 생장 척도로는 닭의 중량을 매주 측정하여 기록했다.

아울러 생태학자들은 닭장 닭과 초원 방목 닭의 사료 섭취량 차이를 매일 측정하여 닭 사육 과정에서 필요한 사료 비용을 얼마나 절감할 수 있는지 측정했다. 닭은 잡식성 동물이다. 사료만 받아먹는 닭장 닭과 달리 초원 방목 닭은 사료 이외에도 풀, 곤충, 열매 등과 같은 다양한 먹이를 직접 섭취할 수 있다. 따라서 생태학자는 초원 방목 닭이 초원에서 사료 이외에 다양한 먹이를 스스로 섭취할 때 우리에 가두어 기른 닭보다 사료를 얼마나 덜 먹는지 실험을 진행했다.

여기서 닭장 닭과 초원 닭은 과학자의 실험실에서 이동 가능한 형태인 몸무게와 사료 섭취량 수치로 변형되었다. 풀과 토양에 이어 닭 역시 지시체로 변형됨으로써 초원을 벗어나 이동하기 시작했다.

마지막으로, 생태학자는 시범사업으로 목축민들이 닭을 방목할 때 발생하는 비용과 이익을 계산하기 위한 자료를 수집했다. 이러한 과정은 생태학자가 실험시범 프로젝트를 진행하면서 계획하고 집행하는 예산이 매일매일 지출되는 과정에서 기록된다. 그리고 생태학자는 목축민들이 중국과학원과 협의해 닭 사육 비용에 따른 금액을 지불하고, 닭 사육을 완료한 이후 닭을 수매해 소득을 획득하게 될 때까지 비용과 수익을 계산했다. 이는 닭 방목과 기존 가축 방목의 경제적 측면을 비교하려는 것이다.

이와 같이 필드에서 생태학자가 관심 있어 하는 초원, 닭, 목축민과 관련한 몇몇 표본과 대표들(delegates)이 초원에서 수집되었다. 생태학자는 초원 전체가 아닌 오직 그가 관심 있는 몇몇 표본과 대표를 수

집했을 뿐이다. 하지만 생태학자가 이 표본과 수치들을 자신의 연구실로 가져갔다고 해서 그가 초원과 멀리 떨어졌다고 이야기할 수는 없다. 표본과 대표들을 통해 생태학자는 초원과 가깝지도 멀지도 않은 '사이(in between)'(Latour, 1999: 36)에 있다고 말할 수 있다. 또 이러한 대표들을 매개로 초원을 손안에 가지고 있다고 말할 수도 있다. 그는 수치, 표본, 대표들을 통해 초원을 가까이 두고 이리저리 조합해 볼 수 있는 위치에 서게 되었다. 생태학자가 선택한 식물의 표본, 닭의 무게, 비용과 이익 같은 수치들은 초원의 대표가 되어 변형을 거쳐 초원의 특성을 보존한 채 이동을 시작했다.

2. 봉인과 이송: 멀리서도 초원을 눈앞에 두는 법

초원을 대표하기 위해 측정된 수치들과 채취된 표본들은 초원에서 분리되고 봉인되어 필드로부터 생태학자의 실험실 또는 연구실로 이송된다. 초원의 필드에서 변형되어 실험실로 온 이러한 지시체들은 다시 새로운 지시체로 변형되는 과정을 거친다. 기입(inscription)은 실체가 기호, 아카이브, 문서 등으로 물질화되는 모든 형태의 변형을 가리킨다. 초원의 풀, 나무, 토양과 같은 실체들 역시 사진기, 자, 저울, 펜과 공책 등과 같은 기입장치(inscription device)의 도움을 받아 실험실에서 사용할 수 있는 '2차원의, 포개놓을 수 있는, 조합 가능하며, 이동 가능한'(Latour, 1999: 29) 형태로 변형된다.

[사례 5-2] 식물 표본의 처리

초원의 필드에서 채취된 식물 표본은 종이봉투에 봉인된 채 생태학자의 실험실로 이동한다. 식물 표본이 담긴 봉투에는 채취한 풀의 정보가 기록되어 있다. 봉투 위에는 식물의 이름, 채취한 구역, 날짜가 쓰여 있다. 먀오쉬는 소수점 1/100까지 측정이 가능한 정밀 저울을 사용해 식물 표본의 중량을 측정한다. 그는 식물 표본의 무게를 측정해 노트 위 표에 기록한 다음 표본을 그대로 종이봉투에 넣는다. 중량을 모두 측정한 이후에는 열 건조기(烘箱)에 봉투째 넣고 80도에서 24시간 동안 열 건조를 한다. 그다음에는 다시 봉투에서 식물 표본을 꺼내 건조중량을 측정한다.(2011. 8. 19-20. 참여관찰 자료)

초원에서 채취된 표본은 자신이 온 초원의 정보를 보존한 채 이동된다. 그 내용은 생태학자가 실험실에 가져온 봉투 위에 기록되어 있는 이름, 구역, 날짜 등을 포함한다. 이 종이봉투 위의 내용을 지워버리면 식물 표본은 정보를 상실하게 된다. 하지만 종이봉투 위에 쓰인 내용과 함께 봉인된 식물 표본은 초원의 식물들을 대표하여, 그리고 자신의 종(種)을 대표하기 위하여 실험실로 이송되었다. 이렇게 초원에서 생겨나기 시작한 지시체들은 점차 생태학자의 논문으로 연결되는 징검다리를 하나씩 놓는 데 활용된다.

초원을 대표하기 위해 실험실에 온 지시체들은 실험실에서 여러 차례 변형된다. 그리고 생태학자는 각종 도구를 이용해 변형에 개입한다. 먼저 생태학자는 초원에서 온 식물 표본을 채취된 그대로 저울에 달아 중량을 측정하고 기록한다. 여기서 식물 표본은 중량 수치로 변형된다.

다음으로 열 건조기를 통과한 식물 표본은 구성성분에 변화가 일어난다. 식물 표본은 가지고 있던 많은 속성 중에서 수분이 탈락되었다. 식물 표본은 기입장치인 열 건조기를 거쳐 수분이 탈락되는 변형이 일어났고, 이제 과학자는 표본의 건조중량을 측정할 수 있다. 다시 말해, 식물 표본은 여러 변형 단계를 거치면서 특정한 정보가 탈락되는 과정에서 식물이 가지고 있는 다른 정보를 가시화하게 된다.

식물 표본은 여러 번 변형되어 생태학자가 그리고자 하는 표와 그래프의 수치를 제공하게 된다. 종이봉투를 들락날락하면서 변형과정을 거쳤음에도 식물 표본이 여전히 종이봉투에 봉인된 당시 초원을 대표한다는 점은 변하지 않으며, 종이봉투 위 꼬리표(tag)의 정보가 보증을 담당한다. 필드와 실험실에서 식물의 표본을 채취하고 측정하는 과정, 표본에 열 건조 등의 변형을 거쳐 만들어진 다양한 수치는 생태학자가 원하는 요소들을 채워나가 그의 주장을 뒷받침하는 역할을 한다.

생태학자는 이렇게 형식화 과정을 거쳐 만들어진 수치들을 가지고 초원이 얼마나 잘 자라고 있는지를 보여주는 대표적 지표 중 하나인 초원의 '생물량(生物量, biomass)'[6]을 계산한다. 따라서 서로 다른 밀도에서 닭을 방목했을 때 시간이 지남에 따라 생물량이 증가하는지 또는 감소하는지, 증감이 있었다면 어느 정도 비율인지를 표와 그래프로 보여줄 수 있다(그림 5-2, 5-3). 즉, 닭 방목과 초원 생산력의 관계를 다른 학자들 또는 학계에 보여줄 수 있는(demonstration) 형태로 변형시켜 제시할 수 있다.

생태학자는 이러한 과정을 거쳐 원하는 지역과 원하는 조건의 상황에 맞추어 변화된 변수들에 수치를 대입하여 공식의 값을, 그래프 기울기를 산출한다. 여기서 특징적인 것은 각 수치들은 그 수치가 기원한 특수한 시공간적 배경이 제거된 채 공식으로 등장한다는 점이다. 그리고 공식의 각 변수들은 서로 다른 시공간적 상황에 적용되는 힘을 가지게 된다. 이러한 과학지식의 형식화(information)[7]는 서로 다른 먼 곳

6 생물량은 일정한 지역 내에 생존하는 생물의 총중량, 난위년적당 생물체 혹은 그 건조중량을 측정한다.

7 형식화는 어떤 것에 형식(form)을 부여하는 행위이다. 형식은 변형을 통해

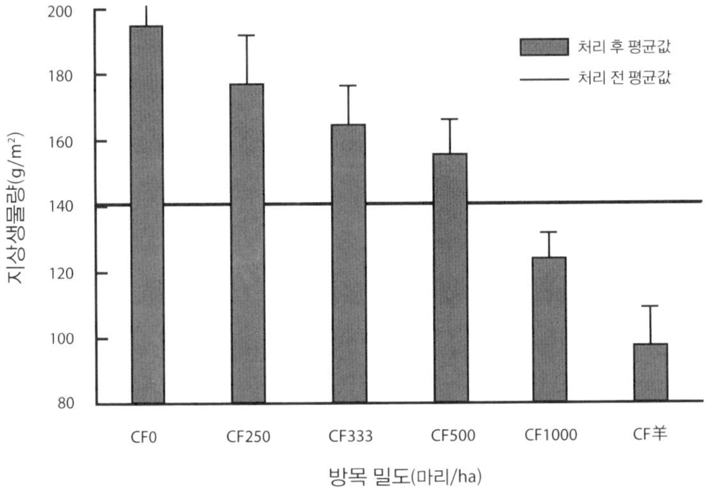

[그림 5-2] 서로 다른 방목 밀도에서 지상생물량의 변화

출처: 苗旭, 2013: 26.

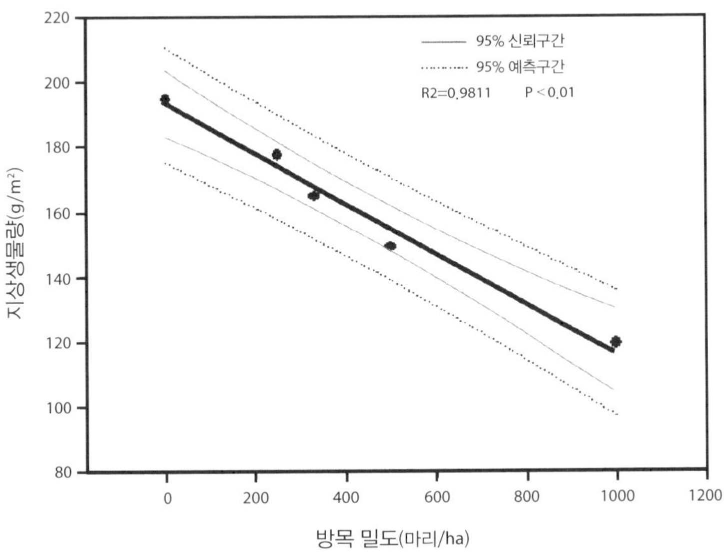

[그림 5-3] 방목 밀도와 지상생물량 간의 회귀관계

출처: 苗旭, 2013: 27.

에서 계산의 중심(centers of calculation)으로 온 다양한 요소의 특수성을 제거하여 이동 가능하고 안정적이며, 조합 가능한 형태로 만드는 것을 의미한다(Latour, 1987: 243).

이와 같은 봉인과 이송, 변형, 형식화 과정을 거친 결과를 바탕으로 생태학자는 아래와 같이 주장할 수 있다.

식물과 토양 표본을 분석한 결과, 고밀도(1,000마리/헥타르)에서보다 저밀도(250마리/헥타르)에서 초원 식생의 생물다양성, 풍부함, 균등성의 정도가 더 높아지며, 식물이 다양하게 분포하는 경향을 보인다. 다시 말해 초원에서 적정 밀도의 닭 방목은 초원 식생을 더 안정적이고 다양하게 유지시킨다는 사실을 실험으로 증명했다.[8]

다음으로 '닭장 사육 닭'은 1,664.7그램, '초원 방목 닭'은 1,644.1그램의 평균체중을 나타내 두 집단의 평균 무게 차이가 20그램 내외로 거의 나지 않는다(蘇本英, 2011: 28). 이러한 수치는 '닭'은 초원에서 잘 자란다는 것을 보여주었다고 볼 수 있다.

또한 닭의 사료 섭취량은 측정·기록되어 형식화를 거쳐 생태학자 논문 위의 표로 등장했다. 서로 다른 시공간에서 온 표본 수치들은 [표 5-1]에서처럼 평평한 테이블[9] 위에 서로 동시에 있게 되고, 동일한 시

어떤 것을 한 장소에서 다른 장소로 이동 가능하게 하는 번역(translation)의 유형 중 하나이다(Latour, 2005: 223).

8 종다양성(species diversity)은 종풍부도와 종균등도로 구성된다. 종풍부도(species richness)는 서로 다른 종들의 서로 다른 개체들의 집합의 수를 나타내는 것이다. 종풍부도는 단순히 종의 개수를 세는 것으로, 종의 빈도나 상대적 빈도 분포는 보여주지 못한다. 종균등도(species evenness)는 군집 구성 생물종 간 개체수의 균등성을 지시하는 지수 혹은 그 개념을 말한다. 적절한 밀도의 닭 방목은 군락 구성의 복잡성을 증가시키고, 그 피드백 체계와 환경의 완충작용을 강화하며, 물종 군락을 안정적으로 만든다(蘇本英, 2011).

9 테이블(table)은 보고서나 논문의 표(表), 실험을 위해 평평하게 만들어놓은 대(臺), 아니면 사람들이 주변에 모여 앉는 탁자 등의 중의적인 의미를 가지

[표 5-1] 서로 다른 사육방식에서 사료 요구량 비교

시기 구분	연령(주)	일일 사료 보충량		총사료량		사료량 차이
		방목	우리	방목	우리	
병아리 사육기	1-7	26.0±0.37	26.0±0.37	1271.6±18.06	1271.6±18.06	0.0±0.00
적응기	8	53.9±1.88	53.1±1.25	377.4±13.14	371.8±8.78	-5.6±17.35
사료 최저기	9-11	42.2±1.04	58.7±0.79	887.1±21.93	1232.6±16.56	345.5±7.42
상승기	12-16	48.3±0.28	72.4±085	1691.6±9.72	2535.0±29.63	843.5±19.92
안정기	17-21	52.2±0.72	78.2±0.47	1828.4±25.35	2735.9±16.59	907.5±21.82
하강기	22-25	51.0±1.91	69.9±1.81	1426.9±53.36	1957.9±50.56	531.0±93.93
평균		48.1±0.91	67.8±0.76	-	-	-
합계		-	-	7483.0±133.62	10104.8±112.71	2621.9±137.56

출처: 蘇本營, 2011: 61.

각 아래에서 가시적이 된다. 다시 말해, 생태학자는 형식화 과정을 거쳐 초원에서 방목한 닭(표의 왼쪽)과 우리에 가두어 기른 닭(표의 오른쪽), 즉 서로 다른 공간에서 자란 닭을 테이블의 행간(行間)에서 비교가 가능하도록 해주었다. 또한 서로 다른 시기 닭의 사료 요구량의 측정 수치는 서로 다른 시기 닭의 변화를 테이블의 열간(列間)에서 비교 가능하게 해주었다.

닭장 사육 닭의 마리당 총사료 소비량은 10,105그램이며, 초원 방목 닭의 마리당 총사료 소비량은 7,483그램으로, 닭장 사육 닭이 2,622그램이나 사료를 더 많이 먹는 것으로 드러났다(蘇本英, 2011: 28). 초원

고 있다. 사람들과 사물들은 협상과 동맹을 위해 테이블의 주변 또는 그 위에 함께 모였다(이강원, 2017: 203).

방목 닭은 닭장 사육 닭보다 약 26%의 사료 비용을 절감하여, 적은 비용으로 닭을 키워 유기농으로 높은 가격에 판매할 수 있다(蘇本英, 2011: 51).[10]

닭 역시 식물이나 토양과 마찬가지로 필드에서의 측량, 실험실로의 봉인과 이송 과정을 거쳐 그가 자라나고 생활하는 초원의 맥락에서 분리되고 나서야 생태학자들이 보여주고 싶은 특질을 가시적으로 나타냈다.

마지막으로, 생태학자는 몽골족 목축민의 닭 사육 과정과 결과 역시 그의 테이블 위로 이송해 온다. 몽골족 목축민의 닭 사육이라는 행위는 그의 기록으로 경제적 비용과 이익으로 변형된다. 이는 초원에서 닭을 성공적으로 사육할 수 있는지를 평가하는 척도가 되어 생태학자의 보고서에 등장한다.

3. 이산화탄소 배출량, 사료 비용, 병충해와 동맹

생태학자는 초원에서 스스로 진행한 닭 방목 실험에서 만들어진 지시체를 바탕으로 자신의 주장을 뒷받침하는 또 다른 지시체를 만들게 되었다. 그는 지시체를 만드는 과정에서 선행연구들의 지시체를 자신의

10 2010년 12월 기준, 1킬로그램의 닭을 생산하기 위해서는 초원 방목 시 10위안의 사료 비용이, 닭장 사육 시 13.4위안의 사료 비용이 소모되는 것으로 나타났다. 닭의 위장을 해부 및 분석한 실험 결과에 따르면, 풀과 곤충의 구성 비율이 약 30%에 달하는 것으로 드러났다. 이는 초원생태계의 광합성 작용(풀)과 그에 따른 2차 산물(곤충)이 닭을 거쳐 소비됨을 보여준다. 즉 초원 방목은 사료로 사용되는 양식(糧食)을 절약하면서도 고단백 식품인 닭고기를 생산하는 이점을 지닌다(蘇本英, 2011: 51).

[표 5-2] 가축 생산물 단위당 온실가스 배출량(CO_{2e}=carbon dioxide equivalents)

산물(product)		온실가스 배출량(GHG(kg CO_{2e}))		
		킬로그램당 생산물 (per kg product)	메가줄당 식용 생산물 (per MJ human-edible product)	킬로그램당 식용 단백질 (per kg human-edible protein)
우유		1	0.37	28.6
고기	가금(닭)	2.7	0.40	18.4
	돼지	3.9	0.30	34.2
	소	13	1.40	93.5
	양	13	1.51	92.9

출처: Gill et al., 2010: 326.

주장을 더욱 강화하는 데 이용한다.

첫째, 생태학자는 중국과학원 저탄소 프로젝트 연구보고서(李永庚, 2011b)에서 온실가스 배출량을 비교함으로써 초원에서의 닭 방목이 지구온난화를 늦추고 온실가스 배출량을 줄일 수 있다고 주장했다.

여기에 생태학자는 양이나 소보다 닭이 지구온난화에 부정적인 영향을 덜 미친다는 것을 증명하고자 했다. 즉, 가축(양, 소)보다 닭을 방목하는 것이 온실가스를 덜 배출한다고 주장하려는 것이다. 생태학자는 영국의 농축산업을 연구하는 동물학자들의 온실가스 배출 연구들과 동맹해 초원에서 탄소배출과 가축(소, 양, 돼지) 또는 가금(닭)의 관계에 대한 주장을 뒷받침할 근거를 마련했다. 생태학자가 참조한 문헌(Gill et al., 2010)에서 온 [표 5-2]에는 닭, 돼지, 소, 양과 같은 가축이 등장한다. 이 표는 각 가축들이 생산하는 온실가스 배출량(GHG)을 보여준다.

초원의 닭과 영국의 닭은 사실 같은 닭은 아니다. 하지만 생태학자 보고서에서는 영국 동물학자의 지시체에서 온 [표 5-2]의 동물들과 정보가 탈락되고 변형되어 이동 가능한 형태로 형식화된 초원의 닭과 양을 비교할 수 있게 되었다.

생태학자는 다른 동물들보다 닭이 온실가스를 덜 배출한다는 동물학자의 주장을 초원의 연구와 연계했다. 이로써 "초원에서 닭의 사육은 소나 양과 같은 가축을 기를 때보다 온실가스 배출량이 적기 때문에 생태보존에 도움이 될 수 있다"라고 이야기했다. 생태학자는 온실가스 배출량 실험을 직접 하지 않고도 자신의 실험 결과를 형식화해 다른 지시체와 결합해서 아래와 같이 확장된 주장을 하게 되었다.

> 길(Gill et al., 2010: 326)의 연구에 따르면, 단위 킬로그램당 닭고기를 생산하기 위해서 배출되는 온실가스 배출량은 2.7킬로그램인 데 반해, 초원의 주요한 가축인 소와 양은 13킬로그램으로 나타났다. 닭의 생산을 통해 나오는 온실가스 배출량은 소와 양의 배출량의 20.8%에 해당하는 것으로 거의 1/5 수준으로 낮게 나타난다. 따라서 우리는 중국 네이멍구 정란기 초원지역에서 향후 연간 10만 톤의 소고기와 양고기 생산이 닭고기로 대체될 때, 연간 103만 톤 이상의 이산화탄소를 줄일 수 있다고 전망한다. 이는 닭을 방목하는 것이 이산화탄소 배출 감소에 주는 편익에 대한 시작 단계의 생각을 명확하게 해준다(李永庚, 2011b: 13).

이 리용겅의 보고서에서처럼 영국 동물학자의 가축과 기후변화의 관계에 대한 지시체는 중국 네이멍구 초원의 닭과 소, 양을 사육했을 때 예상되는 탄소배출량에 대한 예측과 전망을 가능하게 돕는다. [표 5-2]에 따르면 동일한 중량의 소고기나 양고기를 닭고기로 대체하여 생산할 경우 온실가스 배출을 약 1/5로 줄일 수 있다. 결국 초원목계 연구팀은 다른 지시체와 동맹해 초원에서 사육하는 동물을 소나 양에서 닭으로 변화시킴으로써 탄소배출을 줄일 수 있다는 혁신적 제안을 하는 근거를 마련한 것이다.

둘째, 생태학자는 자신의 실험 결과를 바탕으로 여러 분야의 학자, 지시체와 동맹함으로써 초원의 닭 방목에 따른 다양한 편익[效益]을 산출하려고 했다.

먼저 생태학자는 방목 닭의 사료 소비량을 연구한 농학자는 물론 그의 지시체와 동맹해서 자신의 주장에 설득력을 확보했다. 파나티코(Panatico, 1998)는 야외에서 방목하는 닭은 자유롭게 식물, 씨앗, 곤충 등을 먹고 자랄 수 있으며 30% 정도 사료를 절약할 수 있다고 주장했다. 생태학자는 초원 방목 닭과 닭장 사육 닭의 사료 섭취량 비교실험을 진행했고, 초원 방목 닭이 사료를 26% 정도 덜 섭취하고도 비등한 성장을 보인다고 밝혔다. 여기서 파나티코의 연구는 생태학자의 선행연구로 등장하여 실험 결과의 설득력을 뒷받침하는 역할을 한다. 초원 방목이 농촌 사육에 비해 사료 소비량이 적다는 중국 내 선행연구들 역시 생태학자의 주장을 강화한다(烏雲塔娜 等, 2010).

이렇게 생태학자들은 사료 절감이 초원 닭 방목 비용 감소를 넘어서 식용 동물(가축) 사육의 사료 비용 절감, 식용 동물과 사람의 식량 경쟁의 감소로 이어진다고 보아 궁극적으로는 네이멍구, 중국을 넘어서 전 지구적인 식량 소비의 감소로 초원목계 프로젝트의 의의를 확장했다(蘇華 等, 2011).

다음으로, 생태학자는 곤충학자의 지시체와도 동맹을 맺는다. 초원은 하절기에 메뚜기(蝗蟲)떼 습격의 위협을 받는다. 충해(蟲害)는 초원생태계 식생을 파괴하고 초원의 목축민들에게 매우 큰 경제적 손실을 가져다주는 주요한 원인이다. 생태학자는 직접 충해와 닭 방목의 관계를 연구하지 않고도 중국 북서부 초원지역에서 실시된 곤충학자들의 선행연구를 가져와 그들 주장에 힘을 얻는 근거들을 마련했다. 다음은 연구팀 생태학자들이 함께 쓴 보고서의 일부이다.

중국의 서부 초원지역인 신장(新疆)과 칭하이(青海)에서 이미 닭 방목과 해충 박멸의 관계를 실험으로 밝혀냈다(盧俊德 等, 2006: 45-47). 닭의 해충을 잡아먹는 능력(捕食能力)은 비교적 큰 것으로 나타났는데, 닭 1마리가 하루 동안 메뚜기 150-180그램을 포식하는 것으로 드러났다. 싱하이현(興海縣)에서 실험한 결과 닭 5,000마리를 초지에서 60일 동안 방목하면 초원 면적 2.64×103헥타르의 메뚜기 중 약 94.6%를 박멸할 수 있는 것으로 나타났다. 이는 닭 한 마리당 평균 0.53헥타르의 초지 면적을 포괄할 수 있는 규모이다. 또한 667제곱미터에 닭을 방목해 메뚜기를 박멸하여 줄일 수 있는 목초의 손실은 74.6킬로그램에 달하는 것으로 계산되었다. 따라서 곤충의 감소로 풀 손실을 줄이는 만큼은 가금이나 가축을 사육하는 데 쓰일 수 있다는 점에서 경제적 효용가치가 두드러지게 나타난다(蘇華 等, 2011: 73-74).

생태학자는 곤충학자의 지시체와 동맹한 보고서에서 닭 방목으로 발생하는 충해의 예방과 목초의 손실 방지 효과의 근거를 마련했다. 목초의 손실 감소는 초원의 퇴화와 생산력 저하 방지로 이어질 수 있으며, 이를 다른 가축이나 가금의 방목에 활용할 수도 있다는 점에서 생태적 편익뿐만 아니라 경제적 편익이 높음을 주장하게 되었다. 이어서 연구팀의 수번잉(蘇本營, 2011)은 그의 논문에서 다음과 같이 영양학 연구들을 동원하여 닭 방목의 장점을 다시 한번 부각했다.

첫째, 닭이 초원에서 섭취하는 곤충과 벌레들은 콩(大豆)이나 어분(魚粉)과 같은 닭에게 단백질을 공급하기 위한 사료들보다 아미노산 함량이 높다고 한다(Swatson et al., 2003). 또한 이러한 곤충과 벌레의 단백질 흡수율은 표준사료에 비해 4배나 높다고 알려져 있다. 다음으로, 초원 목초(牧草)의 섬유질과 인(P) 함량이 곡물(사료)보다 높으며 회분(灰

分)[11]과 칼슘(Ca) 함량 역시 높은 것으로 보고되었다(Ali, 1995).

초원 방목 닭은 가둬 길러 사료만으로 사육한 닭보다 곤충과 벌레에서 양질의 단백질을, 약초(藥草, herb) 등 여러 풀에서 다양한 영양소를 섭취할 수 있다. 생태학자는 중국의 다른 지역에서 수행된 닭과 충해의 관계에 대한 곤충학자의 수치와 닭의 영양학적 측면에 대한 분석을 자신들의 보고서에 인용함으로써 직접 실험하지 않고도 초원 닭 방목 프로젝트의 생태 및 경제 편익에 대한 확장된 주장을 하게 되었다.

생태학자들은 동물학자, 농학자, 곤충학자 등 다양한 연관 분야의 학자들과 그들이 생산한 지시체들과 동맹해 자신의 주장을 확장하고 강화하며, 이러한 과정에서 과학자들의 지시체는 연쇄적으로 인용되고 확장되는 과정을 거친다고 볼 수 있다.

4. 최적의 그림 그리기

이 결과는 과도한 닭 방목은 전통적 방식의 소, 양 방목과 같이 초원 군락 조성에 상해를 입힐 수 있으며, 군락의 정상 구성과 기능에 영향을 미칠 수 있다는 것이다. 초지에서 과학적으로 닭을 기르기 위해서 각 군락의 지표가 전통적인 소, 양 방목 시 지표보다 우위를 점할 수 있는지를 고려해야 하며, 동시에 경제적 편익까지 고려했을 때 닭의 방목 밀도는 400마리/헥타르가 비교적 합리적임이 드러났다(苗旭, 2013: 25).

11 영양학에서, 음식물 속에 들어 있는 무기물 또는 그것의 전체 분량에 대한 비율을 이르는 말(표준국어대사전).

생태학자는 생태 실험에서 산출된 자료들을 바탕으로 하여 초원에서 닭을 기르는 것이 소나 양과 같은 가축을 기르는 것보다 초원의 생산력과 생물다양성에 덜 영향을 주면서 경제적으로도 이익을 낼 수 있다는 결론을 내리게 되었다. 단위 헥타르당 닭 400마리를 방목하는 것이 소나 양을 기르는 것보다 초원에 해를 덜 입히면서도 경제적 이익을 얻는다는 점을 계산하면서 적절한 방목 밀도도 제시하였다.

> 전통적인 목축방식으로 초지와 노동력을 투입하여 얻을 수 있는 경제적 이익은 150위안/헥타르이다. 닭의 출하율(出欄率)을 80%로 계산하여 초원에서 닭을 방목해 얻을 수 있는 경제적 이익을 계산해 보면 2,000위안/헥타르로, 초지 생산량을 하강시키지 않으면서도 1,850위안/헥타르의 수익을 올릴 수 있다. 그리고 닭의 성장주기는 180일 정도로 초원의 짧은 성장기 내에 사육할 수 있으며, 전통 초원에서 가축을 기를 때 제기되었던 '봄에는 여위고, 여름에는 살찌며, 겨울에는 말라가는(春瘦 , 夏肥 , 冬掉膘)' 문제를 피할 수 있다. 사육 기간을 하절기에 6개월로 단축함으로써 목축민들의 노동시간과 노동강도를 줄이면서도 유기농 닭과 달걀을 생산·판매할 수 있게 되었다(蘇本營, 2011: 63).

위의 논문은 목축민들과 동료 학자들에게 제시하는 수치로, 직접 드러나는 경제적 이익뿐만 아니라 새로운 동물(가금, 닭)의 사육으로 얻게 될 생활양식의 변화, 소비 시장의 개척 가능성에 관한 정보 역시 제공한다.

즉, 초원에서 적절한 밀도로 닭을 방목하는 것은 초원의 식생 생산력을 덜 감소시키면서도 사막화를 줄이고, 지구온난화를 야기하는 온실가스를 덜 배출하는 방향으로 초원을 이용하면서도 고부가가치의 유기농 식품을 생산·판매하여 경제적 이익까지 얻어 금목정책으로 어려움을 겪는 목축민들에게 보탬이 되는 새로운 생계양식으로 등장한 것이다.

① $C_t = F_b + C_b - Q_b$

② $M_t = F_a + P_a + L_a$

생태학자들은 그동안 진행된 연구들을 바탕으로 위의 두 공식을 산출했다. 전자는 탄소고정흡수량으로, 초원에서의 닭 방목으로 탄소를 얼마나 고정할 수 있는가, 즉 온실가스 배출량을 줄일 수 있는가를 평가하는 공식이다. 후자는 경제적 편익 공식으로, 초원 닭 방목으로 경제적 이익을 얼마나 얻을 수 있는가를 계산하려고 했다. 초원에서 시작된 과학지식의 생산과정은 이와 같은 두 공식으로 집약되었다.

① $C_t = F_b + C_b - Q_b$: 탄소고정흡수량(C_t)은 초원 식물의 광합성 작용으로 생성되는 탄소흡수량(F_b)[12]과 토양의 탄소흡수량(C_b)에서 가축(소와 양)과 가금(닭)을 사육하면서 발생하게 되는 탄소배출량(Q_b)을 뺀 나머지를 말한다. 이 공식에서 생태학자가 자신의 실험과 연구 결과로 기여할 수 있는 부분은 가축을 가금으로 대신 방목함으로써 단위생산량당 탄소배출량을 줄이는 것이다. 이미 앞에서 단위생산량당 닭고기의 탄소배출량은 소고기나 양고기보다 약 1/5 수준임을 보여주었다. 종과 사육두수에 변화를 주어 단위생산량당 온실가스 배출이 줄면, 지구온난화 방지에 도움이 된다고 주장할 수 있다. 여기서 닭은 과학자들과 그들의 공식에서 탄소배출량을 줄이는 역할을 부여받는다. 닭이 자신에게 부여된 역할을 잘 수행했을 때 초원생태계는 사막화 위험과 지구온난화 위협에서 조금이라도 더 벗어나게 된다.

12 식생(F_b) 및 토양(C_b) 변수는 농료 과학자들이 수행한 선행연구들을 바탕으로 제시되었다.

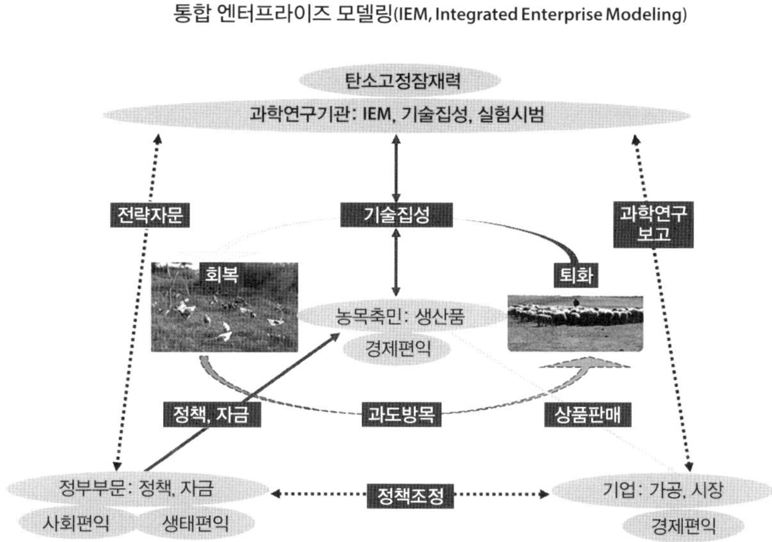

[그림 5-4] 초원목계의 세계상
출처: 李永庚, 2011a.

② Mt = Fa + Pa + La: 경제적 편익(Mt)은 식물에서 얻을 수 있는 경제적 이익(Fa)과 가금(닭) 사육으로 얻을 수 있는 경제적 이익(Pa) 그리고 가축 사육으로 얻을 수 있는 경제적 이익(La)의 총합이다. 생태학자들은 초원 닭 방목 실험에서 측정된 경제적 이익을 산출하고, 이를 바탕으로 가금 사육의 경제적 이익(Pa)을 극대화해 초원에서 획득 가능한 총이익(Mt)을 증대하는 데 기여하게 된다.

생태학자들은 그들의 언어인 공식으로 자신들의 주장을 간결하게 표현했다. 공식은 세상에 있는 어떤 것이 네트워크를 거쳐 옮겨옴으로써 만들어져 재현된 것이다. 현실에서 맺어져야 할 관계를 테이블 위에서 대표들 간의 관계로 맺어보는 것이다. 그래서 그들 논문에는 전 세계의 동식물, 실험실, 사육장, 표, 그래프, 과학자 등 온갖 곳에서 온 사물들과 사람들이 모여 있다. 공식은 이리저리 다양한 요소를 조합해서 나온 결과로, 이들이 역할에 따라서 관계를 맺는 방식을 표현한다. 즉, 공식은 이를 구성하는 행위자 집단들이 어떤 역할을 해야 하는지 보여준다.

생태학자는 [그림 5-4]와 같이 여러 행위자를 그가 제시한 새로운 세계상 속에서 관계 맺도록 했다. 그는 언뜻 서로 직접 관계를 맺는 것처럼 보이지 않는 닭, 탄소고정(생태 과학적 성과), 초원정책, 기업 운영을 하나로 연결하는 세계상을 제시하고 있다. 과학자가 제시하고, 만들어내기 이전에는 우리가 살아가는 세계가 이 그림과 같은 체계로 움직이지 않았다. 생태학자는 그림과 같은 체계에 맞추어 그가 사는 세계가 운영되도록 그에 필요한 여러 행위자를 동원하고 결합하는 하나의 세계상을 제시한 것이다.

세계상은 획일성을 요구하지 않으면서 통합에 대한 제안을 제공한다(Tresch, 2007). 새로운 세계상의 구축은 금목을 실시하려는 중국 정부와 목축민의 갈등에도 타협의 가능성을 제시하였다. 새롭게 구축된 초원과 닭의 생태계 속에서 소와 양의 금목정책으로 경제적 어려움에 처했던 목축민은 대안을 마련할 수 있게 되었다. 생태학자는 목축을 금지하는 극단적 선택보다는 상대적으로 이산화탄소를 덜 배출시키는 목금으로 초원의 생태계를 보존하려는 방안을 만들어냈다. 목축민들은 목축은 할 수 없게 되었지만, 금목(禁牧)이 아닌 목금(牧禽)을 할 수 있게 되었다. 그들은 축(畜)은 포기하였지만 '목(牧)'은 포기하지 않아도 되었다. 초원의 닭은 목축민에게는 기존의 생활방식을 고수할 것인가, 포기할 것인가 하는 양극단의 문제를 넘어선 제3의 선택지를 제공하였다고 볼 수 있다.

제6장

초원목계의 생태계

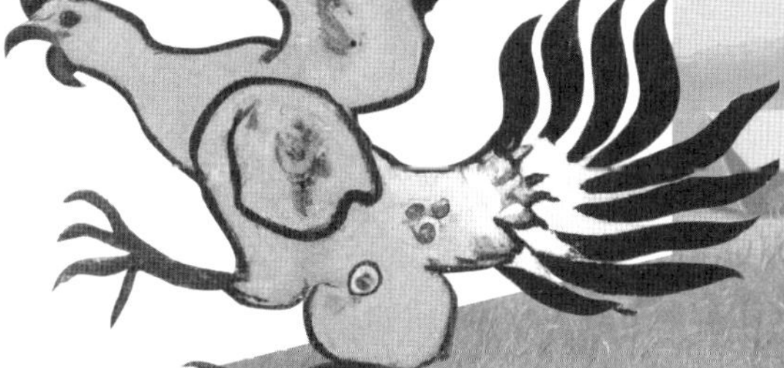

과학자의 역할은 공식을 만들고 그들이 원하는 세계상의 체계를 청사진으로 제시하는 데 그치지 않는다. 공식을 통해서 원칙적으로 제시되었던 생태학자의 세계상은 현실세계의 실천 속에서 네트워크를 확장하고 그 네트워크를 따라 이동할 수 있는 다양한 작업으로 실현될 수 있다. 실험기지 내의 실험시범사업에서 생태학자의 통제 아래 성공적으로 수행된 초원의 닭 방목이 다른 영역으로 그 네트워크를 확장하려면 다양한 방면에서 노력이 요구된다.

네이멍구 초원 위의 닭은 다 자랐다고 해서 저절로 판매되는 것이 아니다. 생산뿐만 아니라 가공, 운송, 판매 네트워크가 깔려야 닭이 도시로 옮겨가 소비자에게 이를 수 있다. 그 과정에서 닭털 뽑는 기계, 냉동고, 도살장, 도살 인부 고용문제 등과 같은 일련의 네트워크의 결절점을 무사히 통과해야 가능해진다. 이들 중 하나라도 단절되면 초원비계는 상품으로서 살아남을 수 없고, 생태학자들이 그려 놓은 세계상 역시 실현될 수 없다. 작은 기계, 단순 노동을 하는 인부 하나하나가 이러한 네트워크 구축에서는 모두 협상하고 타협해야 할 행위자들임을 알

* 이 장의 일부는 2017년 12월 「초원과 도시의 동맹: 윤리적 소비와 사막화 방지」(『도시로 읽는 현대중국2』, 역사비평: 386-421)라는 제목으로 발표된 바 있다.

수 있다. 이 모든 과정에서 과학자들이 세워놓은 계획대로 진행된 것은 없으며, 매 순간 이러한 결절점을 구축하는 정치적 협상을 거쳤어야만 했다.

사막화를 방지하고 초원을 회복하는 것은 네이멍구 초원지역에서 이루어지는 행위만으로는 완성되지 않는다. 닭이 도시의 시장에 도착하여 판매되고, 소비자에게 도달하여 그 이익이 다시 닭을 기른 목금민에게 돌아가야 초원목계의 네트워크는 유지되고 재생산되는 원동력을 얻을 수 있기 때문이다. 생태계(eco-system)와 경제(eco-nomy)가 하나의 단일한 체계 속에서 도시와 시골이 하나의 지역권(region)이 되는 또 하나의 '자연의 메트로폴리스(nature's metropolis)'(Cronon, 1991: 269)가 중국 네이멍구 초원지역과 베이징과 같은 대도시를 연결하는 네트워크 속에서 그 모습을 드러낸다. 초원목계는 이와 같이 생태계와 경제의 에코가 함께 운영되는 생태정치 과정에서 그 생명력과 지속성을 부여받을 수 있다.

1. 초원목계, 지식 공동체에 등록되다

2011년 9월 23일 중국과학원 식물연구소 회의실에서는 '훈산다커 사지 생태회복 10년(渾善達克沙地生態恢複十年)'이라는 주제로 학술대회가 개최되었다. 2011년은 중국과학원 식물연구소의 생태학자들이 바인후수 마을에 과학연구기지를 설립하고 훈산다커 사지에서 본격적으로 실험·연구 활동을 한 지 10주년이 되는 해이다. 10년 동안 수많은 연구가 훈산다커 생태 연구기지를 거점으로 이루어졌다. 그중에서도 대표적 연구들을 모아 『커지다오바오(科技導報)』 학술잡지에 특집호가 실리게 되었다. 이 학술대회는 지난 10년간 수행되고 축적된 훈산다커 사지 연구기지의 대표 연구 성과물을 발표하는 자리였다. 학술대회와 『커지다오바오』 특집호 연구 목록에는 초원목계 프로젝트에서 진행되었던 실험시범사업의 성과 역시 포함되었다.

『커지다오바오』 학술 살롱-훈산다커 사지 생태회복 특집 보고회

중국과학원에서는 훈산다커 사지에서 지난 10여 년간 지속적으로 진행되어 온 생태회복 실천과 획득의 중요한 과학연구의 진전과 진행에 대한 전면적인 보고회를 진행했다. 2001년 이래로 중국과학원 식물연구소는 네이멍구 정란기 훈산다커 사지에서 지속적으로 생태회복을 위한 대규모 실험활동을 개진해 왔으며, 명시적인 생태적·사회적·경제적 편익을 획득했다. 훈산다커 생태회복 사례는 『사이언스(*Science*)』뿐만 아니라 미국 대학의 교재에도 실렸다.

이번 보고회에서는 훈산다커 사지의 생태회복 효과, 식물생리·생태, 생태계 생산력, 생물다양성, '(목축민의) 생계방식을 (목계로) 대체하는' 방식의 사지 보호에 대한 학술발표와 토론을 진행할 뿐만 아니라 미디어를 초청하여 훈산다커 사지 생태회복 10년의 효과에 대해 발표하고, 동시에 『커지다오바오』 '생태회복십년특집호'의 발간식을 개최했다.

진행: 장가오밍 연구원

시간: 2011년 9월 23일 오전 9-12시

장소: 식물연구소 생태중심 2층 회의실

(중국과학원 식물연구소 보도 자료)[1]

이 학술대회에서 발표하는 사람들은 훈산다커 사지 황막초원에서

1 http://www.ibcas.ac.cn/xueshu/201109/t20110921_3352288.html

생태연구를 진행해 온 과학자들로 구성되어 있었다. 학술대회에 관심이 있는 주요 청중 역시 초원생태연구를 진행하는 동료 과학자들이었다.

발표자들은 훈산다커 사지에서 서로 다른 시기와 대상에 따라 다양한 연구를 진행했다. 그러나 그들은 다른 학자들과 함께 '초원생태계의 회복'이라는 공통의 거시적 관심사를 공유하고 초원퇴화와 사막화를 방지하기 위한 생태연구를 진행해 온 일군의 학자 집단이라고 볼 수 있다.

학술대회는 다음과 같이 구성되었다.

첫 두 연구자는 초원의 식생 중에서도 삼림지대를 중심으로 연구를 진행한 학자들이다. 위순리와 리강은 초원과 삼림의 중간지대에 해당하는 중국 온대 소림(疏林)[2] 지대의 지리적 분포, 생태적 지위, 생성 원인, 생산력을 분석해서 초원의 가축 방목에 비교적 유리한 지역과 취약한 지역을 구분하고 초지퇴화를 방지할 수 있는 식생 구성 원리를 밝히고자 했다.

다음 두 발표자는 초원의 식물과 기후, 식생퇴화의 관계를 분석하여 제시했다. 뉴슈리는 훈산다커 사지에서 방사(防沙)[3] 역할을 하는 콩과[豆科] 식물의 광합성 특성에 관한 연구 결과를 발표했다. 훈산다커 사지의 이동사구와 심각한 퇴화가 일어난 초지에서 콩과 식물이 우세하게 관찰되었다는 점을 바탕으로 콩과 식물이 간한(幹旱)의 환경 속에서도 살아남는 기제를 분석했다. 류메이전은 훈산다커 초원의 풀 중 간한에서도 잘 살아남을 수 있는 식물들의 대응 전략에 대한 분석을 시도했다. 이 두 생태학자의 연구는 리용겅 연구원의 설명에 따르면, 닭을 방목하는 초지에서 어느 정도 퇴화가 진행되었는지를 판단하는 지

2 나무가 듬성듬성한 숲.

3 모래 유동(流動) 또는 이동(移動)을 방지하는.

표로 사용될 수 있으며, 풀의 성장·번식과 관련한 사막화에 대처할 정보를 제공하는 역할을 한다고 한다.

그다음 두 연구자는 초원에서 자라는 나무의 특성에 대한 분석을 시도했다. 펑위는 훈산다커 사지 중부지역 느릅나무(楡樹) 소림의 경관 패턴 연구 결과를 발표했다. 왕징위안은 훈산다커 사지 느릅나무의 수액(樹液) 유동 연구 결과를 발표했다. 이 둘은 황막초원의 대표 수종(樹種)인 느릅나무의 생태환경을 분석해서 식물종별, 식생권별로 다른 사막화 방지 또는 생태회복 전략을 시행할 것을 제안했다.

앞선 과학자 여섯 명이 초원의 식생과 생태계에 대한 원론적 관심에서 출발하여 초원생태계의 사막화 방지와 회복에 관한 제언을 했다면, 뒤따르는 두 발표는 실제로 정부 또는 마을 사람들과 협력하여 실천시범사업을 실시한 결과를 발표한 것이라고 볼 수 있다.

장가오밍은 2001년 삼북방호림사업의 일환으로 실시된 바인후수 마을의 초지 4만 무에 철조망을 둘러 금목정책을 실시하고, 풀 종자를 뿌려 식생 회복을 도모한 생태회복사업의 결과와 전망을 발표했다. 장가오밍은 2001년 삼북방호림사업 시행 당시 훈산다커 사지 바인후수 마을을 담당한 책임자이다. 그의 연구 결과가 주장하는 바는 특별한 조치 없이도 방목 밀도를 줄이고 식생이 회복되는 시간이 마련될 경우 초원생태계는 몰라보게 빠른 속도로 회복된다는 것이다.

마지막으로 수번잉이 발표했다. 대학원생인 그는 2009년과 2010년에 초원목계 연구팀에서 닭 방목 실험을 직접 주도하고 진행했다. 그는 발표에서 생태계 회복을 위한 닭 방목 실험시범 프로젝트가 초원생태계와 목축민들에게 가져오는 생태적·경제적 편익에 대한 분석을 시도했다.

장가오밍의 발표가 초원생태계 회복 자체에 더 관심을 기울였다면, 수번잉의 발표는 초원을 터전으로 생계를 유지하는 목축민들의 지속가능한 경제활동과 초지 생산력의 상호작용에 더욱 무게를 두었다고 평가되었다. 특히 이 두 사례는 초원생태계와 그 회복에 대해 연구하는 학술대회 참가 과학자들에게 실험과 시범사업이 결합된 실천적 지식 생산의 일환으로 인식되고 있다. 수번잉이 학술회의에서 발표한 닭 방목 실험과 마을에서 진행된 시범사업은 중국과학원 식물연구소의 다른 과학자들에게 소개되었다.

이들의 발표와 연구 결과를 전해 들은 중국과학원 식물연구소 선양(沈陽)분소의 몇몇 생태학자는 그들의 연구지역인 둥베이 지역 커얼친(科爾沁) 사지에서도 닭 방목 실험을 진행하게 되었다. 그들은 둥베이 지역 커얼친 사지와 시린궈러맹의 전형초원 지대에서 닭 방목과 식생 그리고 토양의 상호관계에 대한 실험과 연구를 진행했다(史勝南 等, 2013). 그들의 연구 결과는 2013년 학술지에 발표되었다. 그들의 선행연구에는 앞선 바인후수 마을의 초원목계 실험시범사업의 연구 결과가 포함되어 있다. 선양분소 생태학자들은 초원목계 프로젝트 사례를 뒷받침하고 증명하는 동맹이 되었다.

훈산다커 사지 생태회복 10주년 기념 학술대회가 지역적 수준의 관심을 연구해 발표한 것이라면, 뒤이어 나올 학술대회는 전 지구적 차원의 관심과 맞물려 진행되는 연구에 대한 보고회 형식을 띤다.

중국과학원 지구화학연구소 주도로 '전형지역의 탄소고정흡수 기술체계 및 시범(典型區域固碳增彙技術體系及示範)'이라는 제목으로 개최된 학술회의에서는 중국과학원 내의 다양한 연구지역과 연구 분야에 종사하는 전문가들이 모여 전 지구적 문제인 지구온난화를 억제할 수 있는 온실가스를 고정하고 흡수하는 방법을 토론하는 자리를 함께 마련했다. 이는 탄소고정전문프로젝트(碳專項)로 선정된 일곱 분야의 중점 실험실 연구 결과를 발표하는 자리이기도 했다.

이 학술대회에는 시베이고원생물연구소, 화난식물원, 아열대농업

생태연구소 등 13개 과학연구 단위에서 총 40여 명이 참여했다. 하지만 과학자들 이외에도 자원환경국 생태처 양핑 주임, 프로젝트 수석과학자 등 관련 분야의 전문가와 실무자가 함께 참석했다.

초원목계 프로젝트 책임자 리용경 연구원은 초원에서 닭을 방목하는 것이 탄소고정에 미치는 영향에 대해 발표하고, 2011년 한 해 동안의 프로젝트 진행 상황을 소개했다. 그는 초원에 있는 닭과 풀을 직접 가져와 회의에 참석한 동료들에게 보여주는 대신 표 또는 그림(도식)으로 재현된 초원을 보여주고 공식을 이용해 측정과 예측의 결과물을 프레젠테이션 화면으로 제시했다. 제5장에서 살펴보았듯이, 초원의 닭과 풀 그리고 토양은 일련의 변형을 거쳐 실험실로, 논문으로 이동되었다. 그리고 이날은 학술대회가 열리는 회의실로 이송되었다.

리용경 연구원과 그의 과학자 동료들은 도표와 숫자가 쓰인 표를 가지고 발표하고 토론했다. 여기서 그들은 침묵하는 무수한 행위자 집단—닭, 풀, 탄소, 목축민, 생태학자—을 대변하는 역할을 했다.

리용경 연구원에 이어 우짠위안과 송스환 연구원의 닭 방목 실험과 탄소고정의 관련성에 대한 연구 성과 발표가 있었다. 자오량 등의 연구원은 퇴화초지 회복 관리(治理), 사료 목초(飼草) 기지 건설, 저탄소 목축업 생산, 탄소고정과 탄소배출 감소의 효과 및 탄소고정 잠재력의 평가에 대해 보고했다.

앞서 초원지대에서 진행되는 탄소고정 기술의 성과를 발표했다면 뒤이어 초원과 더불어 중국과학원 식물연구소에서 대표적으로 연구하는 삼림지대와 하천유역에서의 탄소고정 연구프로젝트에 대해 발표했다.

푸성레이 연구원은 삼림 탄소고정 프로젝트의 내용을 보고했다. 그는 수종에 따라 다양하게 나타나는 삼림유형(馬尾松林, 竹林, 橡膠樹林, 桉樹林, 杉木林, 雲杉林)에 따라 달라지는 탄소고정 기술 실험시범연구에

대하여 소개했다.

리용경 연구원은 탄소고정 기술 실험시범연구의 한 사례로 초원에서 닭을 방목하는 초원목계 실험시범프로젝트의 성과를 발표했다. 초원목계의 연구 결과는 학술대회의 주제와 성격에 맞게 탄소고정 기술에 대한 하나의 사례와 방법을 제시했다는 점에서 의의가 있다고 평가되었다. 그는 발표 후 면담에서 자신의 프로젝트와 같이 탄소고정에 도움이 되는 연구는 많지 않다고 자신감을 드러냈다.

이와 같은 자신감은 국제학술지 출판으로 이어졌다. 초원목계 프로젝트 연구팀의 연구 결과는 2014년 쉬홍 연구원의 주도 아래 『농업, 생태계, 환경(*Agriculture, Ecosystems and Environment*)』의 연구논문으로 발표되었다(Xu et al., 2014). 또 초원목계 프로젝트의 연구 결과는 초원생태계를 회복하고 '지속가능성(sustainability)'을 향상하는 사례로 출판되었다. 앞선 연구 결과들이 식생과 지상 생물량에 주목하여 데이터를 분석했다면, 2014년 발표된 논문은 토양과 지하 생물량에 대한 분석이 주를 이루었다. 초원목계 연구팀의 생태학자들은 토양 유기물(soil organic matter), 양분(fertility) 변화 그래프를 바탕으로 초원을 회복하고 지속가능한 발전을 이룰 수 있다고 주장했다.

요컨대, 초원목계 실험시범프로젝트는 학술대회에서 사막화를 방지하고 온실가스(탄소) 배출을 줄일 수 있는 초원생태계 회복을 위한 새로운 방안으로 학계에 발표되었다. 초원목계 연구팀의 연구 성과는 중국과학원에서 대학원생들의 학위논문으로, 중국과학원 프로젝트 연구팀의 결과보고서 형태로 그리고 『셩타이쉐바오(生態學報)』와 같은 중국의 대표적 생태학 학술지와 『커지다오바오』 등의 과학 학술잡지에서도 출판되었다. 나아가 전 세계에서 접근이 가능한 영문 학술지에서도 받아들여 초원목계는 다양한 지역의 초원생태계 연구자들에게 알려지는 기반을 다졌다.

학술대회에서의 발표와 토론으로 초원목계 프로젝트의 연구 결과를 제시한 수번잉, 쉬훙, 리융겅 같은 연구원들은 그 뒤에서 조용히 초원목계를 구성하고 유지하는 행위자들의 집단들을 책임지며, 행위자들의 동맹을 형성하고, 한 단위의 힘으로 행동하게 했다고 볼 수 있다(칼롱, 2010: 85-86). 연구원들은 함께할 수 없을 것처럼 보이던 행위자들을, 움직일 수 없는 것처럼 보이던 행위자들의 집단을 동일한 시공간상에서 관계 맺도록 하고, 그 네트워크를 학술대회와 학술논문에까지 이어지도록 연결했다.

제4장에서 초원목계 프로젝트는 미디어를 매개로 전국으로 알려지고 확산되는 기회를 얻었다. 제6장에 이르러서 초원목계 프로젝트는 과학자 집단의 도구인 학술대회 발표와 논문 출판이라는 매개로 과학자 동료들의 공식적 지지를 얻었다. 결국, 초원목계 프로젝트는 초원퇴화 및 사막화 방지 연구, 탄소배출 연구와 관련한 연구 목록에 새로이 추가되는 기회를 학술회의와 논문 출판으로 얻은 것이다. 이와 같이 초원목계의 연구 결과는 과학지식의 형태를 갖추고 학계와 정부정책에 적용될 수 있는 형태로 변형되어 이동하게 되었다.

2. 초업특구 건설을 제안하다

과학자의 역할은 과학지식의 생산, 발표, 출판에서 그치지 않는다. 그들은 자신들의 주장을 전달하기 위해 형식화한 지식을 가지고 정부에 초원정책과 관련한 아이디어를 제안하고 정책 수립과 결정 과정에 적극적으로 참여한다.

초원목계 프로젝트보다 9년 정도 앞선 2001년 훈산다커 사지 및 바인후수 마을에서 실시된 삼북방호림사업 산하의 초원생태 회복 정책[4]은 중국과학원 식물연구소 과학자들의 정책 제안과 정부의 자금 지원이 결합된 형태의 정책 실행이었다. 2009년부터 실시되고 있는 초원목계 프로젝트는 정부의 직접적 도움을 받지는 않았지만 정부 산하 연구기관에 속하는 중국과학원의 재정 지원을 받아 진행되는 사업이다.

2010년에는 과학자가 적극적으로 정부정책에 관여하는 또 다른 새로운 시도로, 중국과학원 식물연구소에서는 초업특구(草業特區) 건설계획을 정부에 제안했다. 초원특구 건설계획은 '초원목계 프로젝트'의 닭 방목 시범사업을 모델로 하여 확장되었다는 점에서 의미가 있다.

초원목계 프로젝트의 제안·실행자인 리용겅과 장가오밍 연구원, 한싱궈(韓興國) 중국과학원 식물연구소 선양분소 소장, 바이용페이(白永飛) 연구원 등 중국과학원 식물연구소의 핵심 인력을 필두로 한 과학자들은 초원생태계의 보전과 경제적 발전을 동시에 도모할 수 있는 초업특구 건설계획을 수립하게 되었다. 이들이 정의하는 '초업(草業)'은 초원에서 할 수 있는 목축업, 농업, 관광업 등과 같은 생산·서비스업 일체를 말한다. '특구(特區)'는 중국의 선전과 같은 경제개발특구를 지향하여 특구만의 독립적인 관리위원회와 행정관리기구를 두고, 과학자와 행정가가 연합하여 관련 정책을 수립하고 결정하는 지역을 만드는 것이다.[5]

> 초업특구 건설계획의 전반적인 방향[思路]은 다음과 같다. 지속가능한 과학의 기본원리와 방법에 의거하여, 수(水)자원 절약의 전제하에, 정확한 농업의 발전 방향을 초지의 건설과 관리실천에 도입하여, '정교한 생태초업', 즉 유기축산품의 생산과 가공을 주체로 하는 종합적 바

4 제2장 3절의 내용 참조.

5 「內蒙古正藍旗生態草業規劃方案」, 中國科學院植物研究所(北京, 2011. 12): 6.

이오산업경제시범구역을 설립한다. 고도의 인공 디자인을 연구개발하고, 초업생산기술의 정교한 관리로 작물농업(種植業), 축산업, 양식업, 가공업, 생물 기술 서비스 방면의 우수한 기준을 수립하여 최종적으로 특구의 '경제발전(經濟發展), 환경우호(環境友好), 사회화합(社會和諧)'의 목표를 실현하고자 한다.[6]

초업특구 건설계획의 주요 목표는 과학자들의 지식을 바탕으로 초원의 환경을 보전하면서도 그동안 네이멍구 발전의 근간을 이루어 온 목축업뿐만 아니라 농업, 양식업, 가공업, 관광업에 이르기까지 생산력을 증대시켜 경제발전을 꾀하는 지속가능한 발전을 지향하는 것이다. 이 계획은 행정가나 기업가의 구상에 따라 행정 편의적이거나 이윤 추구적인 것에만 머무르는 것이 아니라, 과학적인 기술과 관리체계를 도입하여 실행하는 것에 목적이 있다고 과학자들은 주장한다.

초원목계 프로젝트의 핵심 인물인 장가오밍 연구원은 초업특구 계획의 전체적인 밑그림(초안)을 담당하며, 리용경 연구원은 사업 진행 경험을 바탕으로 초업특구 계획의 구체적인 실행 과정에서 실질적인 조언을 해줄 것으로 기대되었다. 이는 초업특구 건설계획의 중심지역이 초원목계 프로젝트가 진행된 바인후수 마을이 속한 네이멍구 시린궈러맹 정란기로 결정되는 데도 영향을 미쳤다.

[그림 6-1]은 정란기 지역 지도 위에 생태초업특구의 소지역별 적정산업을 배치한 구상도이다. '① 초지생산력 제고 기술(草地生産力提高技術)', '② 정밀하고 세밀한 초업(精細草業)'은 생태환경이 양호하고 생산 잠재력이 높은 지역을 선정하여 목초의 인공 파종, 시비, 방목 방식

6 「內蒙古正藍旗生態草業規劃方案」: 14.

[그림 6-1] 생태초업 계획 표시도

출처: 「內蒙古正藍旗生態草業規劃方案」: 37.

개선 등 다양한 기술과 방법을 적용하여 초원생산력을 향상하려는 방안이다.

'③ 북번남육(北繁南育)'은 북쪽의 가축 종자를 번식시켜 남쪽에서 사육하자는 제안이다. 이는 제3장 2절에서 장가오밍 연구원이 주장한 '가축은 남쪽으로 가금은 북쪽으로'와 상통하는 정책이다. 북쪽의 초원을 남쪽의 농촌과 연계해서 품종이 우수한 송아지의 판로를 개척해 사료 부족과 경제적 효율성을 동시에 해결할 방안을 제시한다. '④ 생물산업과 바이오매스 에너지 개발(生物產業與生物質能開發)'은 초원에서 제약 및 에너지 산업의 발달을 촉진하는 것을 의미한다. 구체적으로는 네이멍구 초원에서 자생하는 약초를 가공해 네이멍구의 가축과 가금의 방역은 물론 병을 치료하는 약품을 생산하는 공장을 설립하고 풍력, 태양광, 바이오매스 등의 친환경에너지를 이용해 지역경제 발전을 도모하는 것이다.

'⑤ 초원양금(草原養禽)'은 초원에서 닭을 사육하자는 것이다. 이 항목은 이미 '초원목계 프로젝트'로 알려졌다시피 가축 대신 가금을 방목하여 가축 수를 줄이고 초원생태계를 회복하며, 목축민의 소득을 올릴 방안으로 제시되었다. 초원양금 실시지역은 지도 오른쪽 상단에 보이는 바인후수 마을이 위치한 상위행정구역 싸인후두가쑤무뿐만 아니라 사육 환경이 유사한 주변의 상건다라이진과 바오샤오쑤무에도 적용할 것이 제안되었다.

'⑥ 유기식품(有機食品)'은 네이멍구의 유기농 산업을 발전시키려는 계획을 의미한다. ⑤와 ⑥ 계획은 밀접하게 연관되어 있다고 볼 수 있다. 3절에서 더 자세히 언급하겠지만 초원비계의 닭은 이미 브랜드화되어 대도시에서 유통망을 가지고 유기농 식품으로 판매되고 있다. 과학자들은 이 모델을 바탕으로 닭고기뿐만 아니라 유제품, 소고기, 양고기 등과 같은 네이멍구의 특산물 가공식품 산업을 발전시키려고 한다. 과학자들은 초업특구를 건설해서 네이멍구 초원지역에서 품질을 인정받지 못하고 저가에 중개상에게 가축을 판매하던 판매구조의 조악한 체계를 변혁해 목축민과 지역의 발전을 도모하려고 한다. 그 모델 구상의 핵심은 초원목계 프로젝트의 유통망에 기반한다고 볼 수 있다.

'⑦ 생태관광(生態旅遊)'은 생태보호구역으로 선정된 지역을 중심으로 생태관광을 해서 지역 경제발전을 도모하려는 것이다. 이는 원나라의 여름 수도인 상두(上都)가 위치한 상두진(上都鎮) 지역과 연계해서 더욱 활발해질 것이다. '⑧ 생태성진(生態城鎮)'은 지역 중심지인 소성진(小城鎮)을 중심으로 교육, 교통, 목축업, 가공공업 및 상업 등의 생태 중심지로 발전시켜 목축지역의 인구 경제수요를 충족하려는 시도이다. 이는 증가하는 경제 인구를 흡수할 수 있는 중심지 개발 프로젝트라고 볼 수 있다.

'⑨ 초목공상무연합운영체제(草牧工商貿聯營體)'는 초(草)-목(牧)-공(工)-상(商)-무(貿)의 연합경영체제를 확립하여 목축민, 과학자, 기업가, 행정가가 함께 참여해 상품을 생산하고 대도시에 판매하는 과정까지 아우르는 연합체제를 성립하고자 하는 것이다. 마지막으로 '⑩ 온실난붕(溫室暖棚)'은 초원지역에 실내 축사와 비닐하우스 시설을 도입하여 겨울 추위를 피해 목축과 목금의 생산력 향상을 도모하고자 하는 것이다.

10가지 항목으로 나뉜 초업특구의 분야별 계획은 실제로 독립적으로 구분되어 실행된다기보다는 초원생태계(草)와 목축민(牧民), 가축(家畜), 가금(家禽)의 연관관계 속에서 파생될 수 있는 다양한 생산과 산업이 제시되고 있다. 과학자들은 과학지식과 기술, 경영에 대한 제안이 더해져 정부와 기업을 기존의 초, 민, 축, 금과 연계해 더욱 효과적으로 발전시키려고 시도하는 것이다.

2010년 10월 중국과학원 식물연구소는 '창신2020' 계획에서 '생태초업'의 발전을 '국가가 필요로 하는 중요한 방향'으로 설정했다. 제안을 책임진 바이용페이를 비롯한 과학자들은 2010년 11월부터 2011년 6월까지 7개월 동안에는 연구소 안팎 전문가들과 의견교환과 토론을 한 뒤 '네이멍구 생태초업특구 건설 및 중국 목축지역 경제발전의 신모델 탐구'의 초안을 완성하여 제시했다. 이 초업특구 계획의 초안은 위에서 제시한 10가지 항목에 기반을 둔 지속가능한 경제특별구역을 만드는 것을 목표로 한다고 이야기되었다.

'초업특구 건설계획'과 같은 정부정책을 제안하는 단계에 이르러서는 과학자와 정치가의 구분이 사라진다. 과학자들은 자신들의 정책 제안이 정부의 실제 정책에 반영되도록 끊임없이 관련 행위자들을 동원하고 네트워크를 연장하고 확장해 나가려고 시도한다.

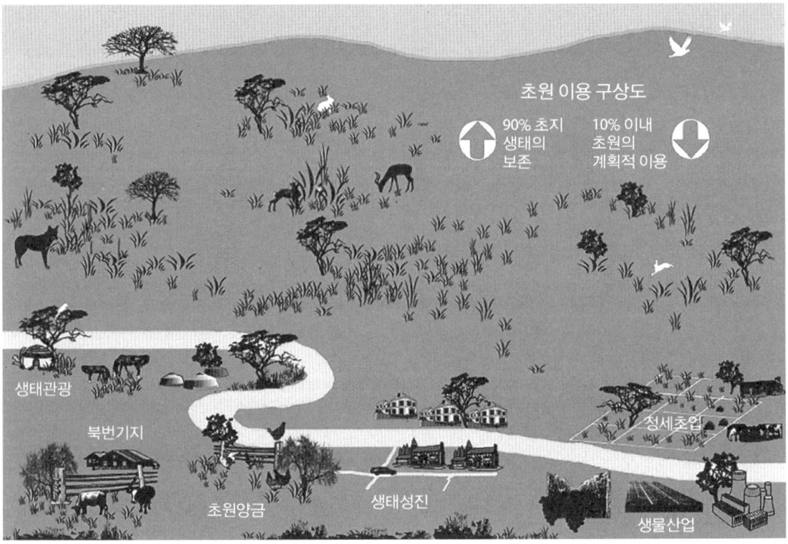

[그림 6-2] 훈산다커 사지 생태초업특구 개념도

출처: 「內蒙古正藍旗生態草業規劃方案」: 14.

중국과학원의 과학자들도 마찬가지다. 그들이 개최하는 초업특구 관련 학술토론회와 정책간담회의 규모가 계속 커지고, 연관 집단들의 수가 증가한다. 더 많은 집단이 동원될수록 초업특구 건설계획의 당위성 역시 커지게 된다.

초업특구의 첫 연합은 중국과학원 과학자와 지방 관리의 만남으로 시작되었다. 2011년 8월 1일과 2일에는 중국과학원의 과학자들과 초업특구 지역으로 선정된 네이멍구 시린궈러맹의 초업국 관리들이 모여 생태초업특구의 '사무(事務)'와 관련된 좌담회를 비공개로 했다. 비공개로 한 까닭에 자세한 내용은 참여자들만 공유했고, 그 소식은 중국과학원 식물연구소 안내 게시판에 소개되었다. 과학자들이 특구 건설 지역 관리들과 좌담회를 열어 그들에게 초업특구 계획을 알리고 지지를 요청한 것이라고 볼 수 있다.

다음으로, 과학자는 초원을 연구하는 동료 과학자들과 함께하는 학술대회를 개최했다. 2011년 10월 29-30일에는 베이징 중국과학원 식물연구소에서 초원연구 관련 전문가들을 초청하여 '네이멍구 생태 초업특구 건설 및 중국 목축지역 경제발전의 신모델 탐구' 학술토론회를 개최했다. 8월에 개최된 좌담회와 그 이전까지 진행된 계획서 초안 작성을 비공개로 한 것과 달리, 이 학술토론회는 초업특구 계획을 공론화하는 장이었다. 학술토론회는 중국과학원 초업특구 건설계획의 내용과 당위성을 설명하는 것으로 시작되었다. 이어서 중국과학원의 학자들뿐만 아니라 네이멍구대학, 네이멍구 농업과학원, 둥베이사범대학 등 초원연구로 유명한 연구기관의 연구자들이 자신들의 연구사례를 바탕으로 초원의 발전 방향을 제시했다. 그들 역시 자신의 연구 결과를 바탕으로, 초원에서 시행되어 온 크고 작은 초원정책의 계획을 제안해 온 초원 분야 전문가라고 볼 수 있다. 학술토론회 마지막에는 주최자인 중국과학원 과학자들, 외부 연구기관의 초원전문가들 그리고 농업국 관리들이 함께 초업특구 건설계획과 관련한 의견을 개진하는 라운드테이블을 했다(그림 6-3).

2012년에는 초업특구 계획이 계속 진행되지 않고 소강상태에 있었다. 2013년 2월 12-13일에는 중국과학원 식물연구소뿐만 아니라 네이멍구 농목과학원이 함께 제2차 '생태초업특구 건립 및 목축지역 신모델의 탐구'라는 동일한 주제 아래 전문가 자문위원회가 네이멍구자치구 중심지인 후허하오터에서 개최되었다.

2013년에 진행된 자문위원회에는 정부 관료, 동료 과학자, 농업국 관리에 더해 초업 계획 실행에 필수적인 기업까지 참여 범위가 확대되었다. 멍니우와 함께 중국의 대표적 낙농기업인 이리의 대표가 자문위원회에 참석했다. 그리고 초원을 연구하는 각계 학자[7]와 정치가[8] 등 60여 명이 토론회에 참석했다.

[그림 6-3] 중국과학원 원장의 생태초업특구 건설 모델에 대한 프레젠테이션

2011년 개최된 제1차 토론회가 학자들 간의 학술적 논의가 중심이었다면, 2013년 개최된 제2차 토론회는 행정 인사와 기업 인사들이 함께한 토론회였다.[9] 2013년 9월에는 초업특구 건설계획의 토론 참여자가 정부 고위층까지 확대되었다. 베이징에서 개최된 고층 자문위원회에서는 생태초업특구의 발전이념과 전체계획을 더욱 구체화했으며, 중국과학원 부위원장 리징하이와 네이멍구자치구 부주석 왕위밍 및 정협(政協) 부주석 동항위까지 참석했다.

초업특구 건설계획의 과학자들은 초원연구를 위한 연구비 획득 수준을 넘어 자신들의 과학적 지식을 기반으로 정부정책에 적극적으

7 중국공정원 원사, 란저우대학 교수 난즈비아오, 국무원참사(國務院參事), 중국사회과학원 연구원 쉬쑹링, 중국농업대학 교수, 국가 목초 단위 수석과학자 장잉취, 중국농업과학원 초원연구소소장 허우샹양, 신장농업대학, 네이멍구대학, 네이멍구농업대학 교수 등.

8 네이멍구자치구 과학기술청 부청장 장양제, 네이멍구 농목과학원 원장 자오춘파 등.

9 http://www.ibcas.ac.cn/News/201203/t20120305_3449068.html

로 관여하려는 노력을 기울이고 있었다.

초업특구 정책 제안의 성공과 실패를 논하기에는 아직 이르고, 대규모 예산 투입이 계획되어 있는 만큼 계획이 시행되려면 수많은 이해관계 당사자들의 합의와 협상 과정이 계속되어야 할 것이다. 이러한 큰 규모 생태사업 정책이 훈산다커 사지에서 생태학자가 제안하고 실행한 '초원목계 프로젝트'에서 시작되고 가능성을 검증받고 있다는 사실은 과학과 정책이 연계되어 어떻게 발전할 수 있는지를 보여주는 한 사례로 제시될 수 있다. 그리고 그 과정에서 과학자들이 목축민, 초원, 가축, 가금, 정치가들을 연결하는 구심점 역할을 하는 것은 명백하다.

3. 생산-운송-판매 시스템을 구축하다

앞선 장에서 살펴보았듯이 네이멍구 훈산다커 사지의 초원지역에서 과학자는 목축민뿐 아니라 닭을 비롯한 다양한 행위자를 동원하여 실험 및 시범 사육 프로젝트를 진행했다. 그러나 시범사업의 네트워크는 초원 위에서 시작된 닭의 방목에서 그치는 것이 아니다. 닭이 사육된 뒤에는 가공이 되어야 하며, 도시로 운송되어 판로를 통해 판매로 이어져야 한다. 네이멍구의 초원에서 생산되면서 시작된 네트워크가 도시 판매로까지 확장되어야 프로젝트가 성공했다고 볼 수 있다. 과학자의 역할은 실험을 통한 과학지식의 생산과 정책 참여에 그치지 않고 생산과 판매 및 소비를 연결하는 네트워크 구축에도 관여하고 있다.

1) 생산

① 생산회사의 설립과 운영

> 중국과학원 식물연구소는 계획을 세우고 기술을 지도하며, 네이멍구 현지 회사에서는 닭을 방목하는 데 필요한 관리·서비스를 제공하고 닭 종란 구입, 일상 사육, 방역, 도살, 급속냉동, 포장, 냉동(장)보관 등의 업무를 한다. 중국과학원에서는 이와 관련된 조정, 관리, 협의의 집행에 책임을 진다(초원목계 프로젝트 복무 협의서 1쪽).

위의 협의서 항목에 명시되어 있듯이 중국과학원의 과학자는 초원목계 프로젝트의 계획단계에서 이미 닭 방목뿐만 아니라 생산하고 가공하는 업무의 필요성과 역할을 인식했다. 따라서 프로젝트에서 기획과 예산의 많은 부분이 생산과 가공·판매 체계를 수립하는 데 할애되었다.

초원목계 연구팀은 네이멍구 현지에서 닭 방목을 책임지고 생산 부문을 운영하는 체계를 수립하기 위한 일련의 과정을 진행했다. 중국과학원에서는 프로젝트가 실시된 첫해인 2009년부터 닭 방목 프로젝트를 진행할 연구 인력 및 실무 인력을 확보하고 생산 준비에 들어갔다.

프로젝트 연구팀은 생산 체계를 갖추기 위해 무엇보다 우선 법률 및 제도적 기반을 마련하는 것이 요청되었다. 연구팀 수장 리융경 연구원을 필두로 연구원들은 2009년 프로젝트 진행과 시범사업을 원활하게 지원할 주식회사를 설립해 그 기반하에서 모든 사업을 진행하도록 체계를 세웠다. 먼저 연구팀에서는 네이멍구 현지에서 '정란기초원비계과학기술서비스유한공사(正藍旗草原飛鷄科技服務有限公司, 이하 생산회사)'를 설립하고, 실무를 담당할 전담인력을 고용했다. 리용경 연구원과 쉬훙, 수화 연구원은 직접 일정 자본을 투자하여 주주가 되었으며, 회사의 운영을 지원하고 감독했다. 장비아오는 생산회사 책임자가 되었으며, 장빙은 닭 사육과 관련된 제반 기술을 전수하고 관리하는 기술원 직위를 맡았다.

생산회사는 네이멍구에서 닭을 사육하는 데 필요한 생산과정 전반을 총괄하고 운영하는 역할을 담당했다. 바이거리 합작사는 생산회사와 생산-출하의 계약관계를 맺고, 기술·시설·자금 등의 지원을 받아 닭 사육을 직접 하는 주체가 되었다. 마지막으로 네이멍구에서 생산된 닭과 달걀을 대도시에 판매하는 판매회사가 베이징에 설립되었다.

생산회사는 아무런 기반이 없던 네이멍구 초원에서 닭을 방목할 수 있는 체계를 하나씩 만들어 나갔다. 실무 책임자인 장비아오는 2009년 5월 네이멍구에 도착하자마자 가장 먼저 갓 부화한 병아리를 사육 시기를 놓치지 않고 기를 수 있도록 전문사육시설을 지었다. 사육시설이 완성되고 나서는 닭의 품종을 선정하여 부화한 병아리를 교통이 불편한 네이멍구 현지까지 운송했다. 장비아오는 산둥과 베이징에서 몸집이 작지만 추위에 강한 토종닭 품종을 선정한 뒤 그곳의 부화장에서 병아리를 싣고 네이멍구 초원까지 운송해 왔다. 병아리는 아직 면역력이 약해 초원에 바로 방목할 수 없어 야외 사육이 가능해질 때까지 약 45일간 실내에서 사육해야 한다. 생산회사는 기술원을 중심으로 양계 경험이 있는 일꾼을 고용하여 실내에서 병아리를 사육했다.

2009년부터 2011년까지는 중국과학원에서 일꾼들에게 직접 일정 수의 닭을 사육하게 하고, 나머지 일정 수는 목축민들에게 분배하여 기르도록 하는 이원체계를 유지했다. 2012년부터는 목축민이 운영하는 바이기리 합작사에서 직접 병아리를 사육하고 닭을 분배하는 체계로 운영하게 되었다.

목축민들은 생산회사와 사육 계약을 맺고 닭을 분배받아 각자 초원에서 방목했다. 이때 생산회사는 목축민들에게 사육 기술을 교육·관리하고 의사소통하며, 중국과학원의 시범 초지에서 닭을 돌보는 일꾼들을 관리하고 감독했다.

그뿐만 아니라 생산회사는 사료를 구입, 운송, 분쇄 및 분배하는 일도 담당했다. 닭은 초원의 풀과 곤충만으로는 충분한 영양소를 섭취할 수 없다. 사료는 옥수수와 콩깻묵으로 만들어졌다. 그러나 교통이 불편한 초원 깊숙한 마을까지 사료를 운송하는 것은 쉽지 않았다. 매번 사료를 기지로 들여올 때마다 도로 사정으로 배송이 지연되고, 기지까지 배송된 대량의 사료를 한꺼번에 신속하게 내릴 일꾼을 구하는 일 역시 쉽지 않았다.

생산회사는 닭 사육을 관리하는 것뿐만 아니라 목축민들이 5월부터 9월까지 사육한 닭을 도살하여 가공하는 일까지 했다. 생산 단계의 마지막인 도살 및 가공은 상품으로 판매될 수 있는 형태로 완성되는 중요한 과정이다.

2011년 필자가 현지조사를 하던 해에 도살·가공을 위해 생산회사의 책임자와 기술원, 연구원들 그리고 목축민들은 9월 초부터 만반의 준비를 했다. 가장 먼저 해결해야 할 것은 닭을 도살할 인력을 구하는 일이었다. 몽골족 목축민들은 닭을 대규모로 도살해 본 경험이 없었으므로 이를 전문적으로 능숙하게 수행할 기술자들을 외지에서 고용해야 했다. 장비아오는 지인의 소개로 네이멍구와 허베이성(河北省) 접경지대인 타이부스기(太蔔寺旗) 바오창(寶昌) 농촌에서 양계업과 도살업에 전문적으로 종사한 경험이 있는 한족 농민을 세 명 데려왔다. 닭 도살에 필요한 화로와 솥, 닭털 뽑는 기계, 닭을 보관할 플라스틱 상자, 용수 공급을 위한 펌프와 호스, 기계 작동과 야간작업을 위한 전기시설의 연결 등 일련의 준비 작업이 9월 초에 이루어졌다. 또한 창고를 개조해

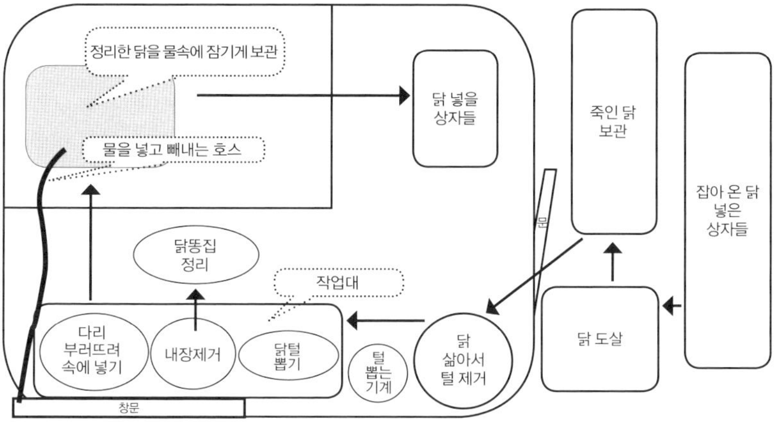

[그림 6-4] 닭 가공 공정도
도살 및 가공과정을 도식화한 그림이다. 작업에 필수적인 물과 전기가 연결되었고, 작업 동선을 고려하여 기계와 작업대, 보관용 수조가 배치되었다(필자가 관찰하여 그림).

뒤편에 닭을 보관할 수조와 솥을 걸 화로, 닭 가공 작업대를 설치했다. 이러한 준비를 마치고는 [그림 6-4]에 표시된 동선에 따라 닭을 도살하고 가공하게 되었다.

[사례 6-1] 닭의 도살

본격적으로 닭을 잡기 시작한 첫날이다. 전날 밤 사람들은 초원에 나가 하루에 도살할 분량만큼 미리 닭을 잡아서 이동식 직사각형 상자에 넣어 준비해 두었다.

먼저 상자에서 닭을 꺼내 칼로 목을 그어 죽인다. 닭털이 뽑히도록 끓는 물에 닭을 잠시 넣었다 뺀다. 그다음 닭털 뽑는 기계(脫毛機)에 넣고 돌리면 닭과 털이 분리된다. 닭을 작업대로 옮겨 덜 뽑힌 털을 제거한 뒤 배를 갈라 내장을 제거하고 간과 닭똥집(鷄胗)을 분리한다. 마지막으로 닭다리를 배 속에 넣어 모양을 정리하고 저장고에 닭을 넣으면 도살 작업은 마무리된다.

바오창에서 온 기술자인 장 씨와 자오 씨 부부 세 사람은 닭을 죽이고, 털을 뽑고, 내장을 제거하는 일을 담당했다. 닭털을 정리하고, 닭다리를 모으고, 간과 닭똥집을 분리·세척하고, 청소하고 정리하는 데는 연구원과 대학원생이 발 벗고 나섰으며, 가을 풀베기가 끝난 마을 사람을 일꾼으로 고용했다. 필자는 작업 시작 첫날 오전에는 작업이 어떻게 진행되는지 살펴보고 사진을 찍고 사람들에게 궁금한 것들을 물어보았다. 그러나 첫날 오후, 빈둥거리는 모습을 볼 수 없다는 장비아오 말에 인력이 부족했던 닭 가공에 투입되었다. 도시에서만 자란 필자에게 닭을 직접 만지고 처리하는 것은 놀라운 경험이었다. 이런 상황을 감안해 사람들은 간단한 공정인 다리 정리 작업을 부탁했다. 방식은 다음과 같다. 양쪽 다리뼈를 망치와 같이 두드릴 수 있는 것으로 쳐서 부러뜨린다. 그다음 구부릴 수 있게 된 다리를 내장을 비운 배 속에 넣고 다리를 엑스자로 교차해 빠져나오지 않도록 고정한 후 작업대 뒤편 저장 공간에 놓는다. 이렇게 물속에서 보관하여 모양을 갖추게 된 닭은 상자에 차곡차곡 쌓여 냉동고로 이동되는 과정을 거치게 된다.(2011. 9. 19. 참여관찰 자료)

2011년 가을, 열흘이 넘는 동안 닭 1만여 마리가 도살·가공되었다. 하루 평균 약 800마리 규모다. 해가 진 뒤에도 일은 계속되었다. 낮에는 도살 가공을 하고, 밤에는 활동이 둔해진 닭을 초지에서 잡아다가 도살장 앞에 쌓아 놓았다.

기술원 장빙은 낮에 바삐 진행되는 도살 작업뿐만 아니라 아직 도살되지 않은 닭들에게 사료와 물을 주는 일을 소홀히 할 수 없었다. 도살 직전의 닭을 잘 관리해야 닭고기 품질이 유지되고, 그래야 지난 수개월 동안 노력한 결과를 제대로 보상받을 수 있기 때문이었다.

그해 장비아오는 마을에서 도살 및 가공 보조인력을 구하는 데 어

[그림 6-5] 닭 도살·가공 작업장
초창기 닭을 사육하던 공간을 닭 도살 및 가공 작업장으로 개조했다. 기술자와 일꾼들이 각자의 공정에서 맡은 역할을 하고 있다.

려움을 겪었다. 외지에서 고용한 한족 기술자 세 명은 공정의 주요한 부분을 담당했지만 닭털 정리, 내장 제거, 다리 모으기 등 단순 작업을 처리할 인력이 여럿 필요했다(그림 6-5).

마을 사람들은 돈을 많이 벌어야 한다고 입버릇처럼 이야기하면서도, 다른 임시직(많아야 80위안)보다 일당(100위안)이 높은 닭 사육이나 도살 작업은 꺼렸다. 도살 작업이 힘들기 때문이었다. 몽골족 주민들에게 그 이유를 물었을 때, 그들은 닭을 도살하는 것은 자신들에게 어울리지 않는 일이라고 대답했다. 또 그들은 닭을 사육하지 않는 이유 역시 닭과 같은 작은 동물을 길러서는 돈이 되지 않기 때문이라고도 했다.

장비아오는 친분이 있는 마을의 한족 부부를 따로 찾아가 일을 해달라고 부탁했지만 거절당했다. 필자가 한족 부부에게 참여하지 않는 이유를 물어보니, 몇 년 전 참여한 경험이 있는 닭 도살 작업이 힘들었고 그 일에 참여하지 않아도 자신들은 젖소를 기르기 때문에 충분히 먹고살 수 있다는 대답을 들었다.

마을 사람들이 도살 작업을 꺼린 이유는 일이 힘들기 때문만은 아니었다. 소, 양, 염소, 말, 낙타 5축(五畜)은 몽골족들의 목축경제와 식생활에서 주요한 부분을 차지한다(김선호·박영선 2002). 몽골족에게 소나 양의 도살은 가족이나 친족 내에서 남성 연장자의 주도로 진행되는 신성한 일이며, 여성은 내장과 창자를 정리하고 피를 모으는 등의 부수적 활동과 이후의 요리를 담당한다. 가축 도살은 몽골족에게 남녀의 역할과 방법이 전통적으로 내려오는 중요한 문화의 일부분이지만, 닭 도살은 그들의 문화와 생활 반경을 벗어나는 예외적인 범주에 속한다. 기존의 문화적 범주와 생활양식을 변화시키는 것은 닭 도살 작업 참여에 대한 몽골족들의 태도와 면담에서 드러나듯이 쉬운 일이 아니다. 이는 부모 대에 이주해 몽골족 자연촌락에서 태어나 목축문화를 그들의 삶 속에서 자연스럽게 받아들인 한족 주민들에게도 마찬가지다.

젊은 몽골족 청년 몇몇은 일하러 왔다가 힘들다며 하루 이틀 만에 도망가기도 했다. 결국 계속 보조업무를 수행한 사람들은 도살장 근처에 사는 우 서기 친척 부녀 둘뿐이었다. 닭을 직접 기르는 우 서기 부부는 남은 닭을 돌보고 사람들에게 식사를 제공해야 했기 때문에 도살 작업에 전적으로 참여할 수 없었다. 장비아오와 장빙은 직접 도살 작업에 나섰으며, 연구원 2명과 대학원생 2명도 열흘 내내 쉬지 않고 일해야 했다. 또한 리용경 연구원의 부인도 도살 작업을 돕기 위해 베이징에서 네이멍구까지 왔다.

생산회사의 책임자 장비아오는 도살 말고도 생산과정에서 발생하는 관련 작업들에서 단기 인력이 필요할 경우 외지에서 일꾼을 데려왔다. 실제로 필자가 조사하는 기간에 옥수수 사료를 대량으로 실어 와 기지 창고에 내려놓는 작업이 세 번 있었는데, 마을 남성들이 작업에 참여했던 처음 두 차례 때는 일의 속도가 매우 더뎠다. 세 번째 작업에서는 경험이 풍부한 읍내의 일꾼들을 데려와서 순식간에 작업이 완료되는 것을 직접 목격하기도 했다.

사실 무거운 사료 포대를 나른 경험이 없었던 마을 남성들보다 장비아오가 불러온 노련한 짐꾼들이, 바오창에서 온 양계 기술자 농민들이 이러한 일들에 능숙한 것은 어찌 보면 당연하다. 아직 '목금(牧禽)'과 그에 필요한 자질들에 익숙하지 않은 마을 사람들은 '목축(牧畜)'에서 '목금'으로 코드를 변환하고 변화해야 하는 생활방식을 일정 부분 수용했지만, 여전히 변화를 쉽게 받아들이지 못하거나 그들의 문화적 맥락 속에서는 생소한 부분도 있다는 것을 도살 작업과 사료 포대 운반에서 발견할 수 있었다.

결국 초원에서 닭의 생산은 한족 과학자와 기술원 그리고 한족 닭 도살업자들 등 목금에 대한 지식과 숙련된 기술을 갖춘 이들의 세계관과 행위가 목축민의 사육 실천과 결합되어야 완성될 수 있다. 몽골족 목축민들은 그들의 생활 세계 밖에 있던 닭 사육을 시작하면서 '닭'을 매개로 한족 농민, 기술자, 관리자들과 조우했고, 그들과 협력해 성공적으로 초원에 닭을 데려올 수 있었다. 닭이 초원에 적응하기 위해 노력했듯이, 목축민 역시 닭의 생태계에 적응하고 익숙해지기 위해 시행착오를 겪어야 했다.

바인후수 마을은 전기나 도로 등 기반시설이 열악하고 시내와 멀리 떨어진 까닭에 도살 가공 작업에서 여러 예기치 못한 어려움을 겪었다. 첫 난관은 사람도 닭도 아닌 기계에서 비롯되었다.

[사례 6-2] 닭털 뽑는 기계에서 문제 발생

첫날부터 도살 작업은 순조롭지 않았다. 새로 구입한 닭털 뽑는 기계가 잘 작동하지 않아서였다. 중국에서는 일반적으로 닭의 머리와 발까지 모두 온전한 닭[10]을 판매한다. 그래서 도살과정에서 닭 모양을 유지하는 것이 중요하다. 닭의 목을 그어 죽이는 도살 방식은 목에 생채기를 만든다. 기계가 정상 속도라면, 닭은 털만 뽑히고 형태가 유지된 상태로 나온다. 그러나 기계는 느린 속도로 돌아갔고, 닭털 뽑는 시간이 지체되면서 목 모양이 흐트러진 닭이 나오게 되었다. 이는 닭의 상품가치를 떨어뜨리는 주요한 요인으로 시급히 해결되어야 했다.

기계는 쉬훙이 인터넷 검색으로 구입했는데, 사람들은 기계를 직접 판매처에서 실물을 확인하지 않고 구입해서 발생한 문제라고 수군거렸다. 도살 기술자들은 왜 다른 모양의 더 편리한 기계를 구입하지 않았냐고 투덜거리기도 했다. 그러나 기계 자체의 문제보다 가공창고에 들어오는 전압이 낮아서일 수도 있다는 사실을 사람들은 깨닫게 되었다. 그들은 더 많은 전력을 받을 수 있는 다른 선을 끌어와 기계에 연결했다. 그러자 기계는 좀 더 빠른 속도로 돌아갔고, 한층 나은 상황에서 닭털을 뽑을 수 있게 되었다. 비록 기대했던 속도에는 미치지 못했지만, 승압을 해서 조금 더 빨라진 기계에 닭을 기존보다 적게 넣고 기계를 돌리는 것으로 문제는 해결되었다.(2011. 9. 19. 참여관찰 자료)

기계 문제로 닥친 난관이 해결되면서 닭 도살 작업은 재개되었다. 일하는 사람들은 첫날보다는 뒤로 갈수록 일에 속도가 붙고 익숙해져 하루 노동시간을 줄이고도 목표량을 채울 수 있게 되었다.

그런데 이번에는 보관 문제가 발생했다. 닭고기는 장기 보존을 위해 냉동을 해야 한다. 기지에 냉동고를 설치하고 싶었지만 전압과 비용 문제 때문에 2011년 당시에는 냉동고 구입이 보류된 상태였다. 그 대신에 장비아오는 마을에서 15킬로미터 정도 떨어져 있는 우르투(烏日

10 중국인은 온전한 것을 좋아한다고 한다. 머리까지 먹는 사람들이 많아서 빠지면 무언가 부족한 것이라고 생각한다고 한다.

圖)의 시장에서 냉동고를 임대해 저장한다는 계획을 세웠다. 그러나 도살 첫날 우르투에 닭고기를 싣고 가 보니, 그곳 냉동고는 상품 형태를 그대로 유지하기 위해 꼭 필요한 급속 냉동을 하기에는 전압과 시설이 미비했다. 결국 그는 급하게 수소문해서 40킬로미터 정도 떨어진 상건다라이진(桑根達來鎮)의 냉동고까지 닭고기를 매일 저녁 지프차에 싣고 운반해야 했다.

기존 계획이 변경되면서 가공에 드는 비용과 노력도 예상했던 것보다 늘어났다. 차량 연료비와 보관고의 임대 비용이 증가했던 것이다. 장비아오는 매일 도살 작업이 끝나면 직접 차를 운전해서 80킬로미터 거리를 왕복했다. 그는 그날 도살한 닭 800여 마리를 상건다라이의 영하 30도 급속냉동고에 보관했다. 그다음 날에는 전날 급속냉동한 닭을 영하 17도의 일반냉동고로 옮기고, 새로 가져온 닭을 급속냉동고에 옮기는 작업을 도살 기간 내내 반복했다.

그러나 연구원들과 장비아오, 장빙은 2009년과 2010년 닭을 사육했을 때 살아 있는 닭을 직접 화물차에 실어 베이징으로 보내 도살하고 가공하는 것보다는 네이멍구 현지에서 도살 작업을 하는 것이 더 낫다고 판단했다. 2009년과 2010년 도살 작업 당시 겪은 어려움과 손익을 계산해 본 뒤 앞으로 지속적인 양계와 가공·판매를 위해서는 초기 비용과 시행착오를 감수하고라도 네이멍구 기시와 마을에서 도살을 진행하는 것이 낫다는 결론을 내린 연구원들은 2011년 네이멍구 현지에서 생산의 모든 작업을 진행하게 되었다.

[사례 6-3] 2009년, 2010년 닭 도살의 어려움

2009년 맨 처음 닭을 잡았을 때는 경험도 없고 지금보다 더 힘들었다. 당시 네이멍구에서 출발한 닭이 오후 1시쯤 베이징에 도착한다고 하여 도살장을 섭외해 놓고 기다렸는데, 차가 밀려 한밤중에 도착했다.

그렇지만 이미 긴 시간 차를 타고 이동한 닭의 도살을 더 미룰 수 없었고, 닭 수만 마리를 수용할 시설도 없었으므로 한밤중부터 쉬지 않고 며칠 동안이나 닭을 도살했다.

그리고 당시에는 닭다리 모으는 작업을 도살장에서 처리해 주지 않아서 장비아오와 장빙, 연구원과 학생들이 며칠 동안 닭다리 모으는 작업을 함께 진행했다. 게다가 2009년에는 도살 예정 닭이 3만여 마리로 2011년보다 세 배 가까이 많았다.

전문가들이 아니라 운송과정에서 도살이 늦어진 닭의 다리를 모으는 작업도 지체되었다. 두 공정 사이에 시간이 지연되면서 닭의 신선도 문제가 제기되었다. 닭고기는 예상보다 늦게 냉동고에 들어갈 수밖에 없었다.

2010년에는 첫해의 경험을 바탕으로 도살장 관계자에게 다리 모으는 사람을 구해달라고 미리 부탁해서 1마리당 5마오(毛)를 주고 일꾼을 썼다. 우리는 사육 규모가 크지 않아서 베이징의 대형 도살장을 예약하는 것도, 다리 모으는 등의 단기 보조업무를 하는 사람을 구하는 것도 쉽지 않았다. 그래서 올해(2011)에는 네이멍구에서 닭을 도살하기로 결정한 것이다.(2011. 9. 21. 쉬훙 면담 자료)

원래 2009년과 2010년에는 살아 있는 닭을 직접 베이징으로 운송하여 베이징의 도살장에서 도살했다. 하지만 네이멍구-베이징 간 도로 사정이 좋지 않은 데다 교통체증으로 운송 시간이 지체되자, 닭의 건강 상태가 급격하게 악화되거나 운송 도중 죽어서 상품으로 출하하지 못하는 일이 발생했다. 게다가 1년 내내 여러 차례 닭고기를 생산하는 대규모 상업적 사육과 달리 1년에 한 번 소규모로 생산되는 초원비계는 베이징 같은 도시나 도시 근교의 대규모 도살장에서 일을 맡아 주지 않아 도살을 맡길 업체를 찾는 일도 쉽지 않았다. 또한 하루 만에 도살할 수 있는 수량은 아니었으므로 베이징에 도착한 수천수만 마리 닭이 도살될 때까지 머물 공간과 물과 사료를 제때 공급하지 못해 닭고기 품질이 떨어질 수 있었다.

이런 여러 문제로 2011년에는 네이멍구에서 직접 도살과 냉동을 거쳐 베이징으로 운송하게 된 것이다. 가공과정에서 기계, 전압, 냉동고 등 여러 난관이 있었지만, 기간 내에 공정이 마무리되고 예년보다 높은 출하율을 기록했다. 가공된 닭고기는 산 채로 대도시로 이동했을 때 발생하는 제약들에서 벗어나 안전하게 판매처로 이동될 수 있었다.

2) 운송

운송은 생산에서 판매에 이르는 과정의 여러 지점에서 중요하다. 첫 번째는 달걀에서 갓 부화한 병아리를 남쪽의 부화장에서 네이멍구 현지까지 운송할 때다. 가금 사육이 보편적이지 않기 때문에 네이멍구에는 전문 부화장이 없다. 베이징과 산둥 같은 원거리에서 병아리를 운송해와야 하는데, 네이멍구와 다른 지역을 연결하는 도로 사정이 좋지 않은 데다 국도에서 마을까지 들어오는 길도 자갈길이라 운송이 지체되기 십상이었다.

병아리는 부화 후 24시간 내에 사육상에 도착하여 돌봄을 받아야 한다. 2009년과 2011년에는 제때 도착했지만, 2010년에는 기지로 오는 과정에서 길이 막힌 데다 길을 잘못 들어 만 하루가 훨씬 지나서야 병아리들이 도착했다. 그 과정에서 병아리들이 제때 물과 먹이를 공급받지 못해 전체 18,000여 마리 중 1,200여 마리가 죽은 채 도착하는 사고가 발생했다. 남은 병아리들도 장시간의 운송 과정에서 쇠약해져 방역과 사료공급에도 불구하고 하루 평균 100여 마리씩 계속 죽어갔다고 한다.

[사례 6-4] 병아리의 떼죽음

오늘 병아리가 또 62마리 죽었다. 정말 걱정된다. 병아리들은 기지에 도착한 지 일주일이 지났는데도 전부 발육이 이루어지지 못한 상태였고, 위장이 비어 있었다. 아마 너무 긴 시간 운송되면서 탈수 증세가 생긴 듯하다. 아… 이번에 들여온 병아리들은 방법이 없다. 올해는 정말 잘 기르고 싶었는데, 모든 방면에서 잘해내고 싶었는데, 병아리가 이 상태라니 근심스럽다. 오후에는 닭장을 소독해야겠다.(2010. 5. 6. 장비아오 작업일지 자료)

2010년의 운송 지연은 가장 중요한 초기 병아리의 건강 밸런스를 해쳤다. 그리하여 초원에 방목되기도 전에 많은 병아리가 사료나 물을 제대로 먹지 못하고 발육이 제대로 되지 못해 죽어갔다. 자라난 닭들도 크기와 중량이 2009년에 미치지 못했다.

연구 활동으로 네이멍구 기지를 오가는 과학자들 역시 불편한 도로 사정을 호소했다. 또한 네이멍구 중에서도 정란기 지역은 인구가 적어 대중교통이 미비했다. 베이징을 연결하는 기차도 없고, 버스는 적었다. 팀장인 리용경은 비용이 들지만 전용차에 기사를 고용하여 네이멍구를 왕복했다. 다른 연구원들은 리용경과 함께 다니지 못할 때에는 버스요금 가격에 불법 영업하는 승용차를 이용할 수밖에 없었다. 필자 역시 현지조사를 진행하면서 베이징과 네이멍구를 오갈 때마다 이 승용차를 타고 다녔다.

불편한 도로 사정은 사료, 용품, 자재의 운송에 많은 어려움을 불러왔다. 화물 기사들은 물웅덩이가 많은 자갈길을 지나다 트럭이 망가질까 봐 운송을 마을 앞 국도변에서 중지하는 사태가 잦았다. 하루는 옥수수 사료의 배송을 의뢰했는데, 비가 와 물웅덩이가 생겨 트럭이 마을 안까지 들어올 수 없다는 연락이 왔다. 장비아오는 급히 마을의 소형 트럭을 수배하여 여러 번에 걸쳐 사료 포대를 옮겨오는 번거로운 작업을 해야 했다. 그밖에 물품의 적재나 하역, 각종 기지 시설의 유지·보수를 위한 건축 기술자를 고용하는 데 따른 어려움도 먼 거리와 불편한 도로 사정 탓이 컸다.

2011년부터는 네이멍구에서 직접 닭을 도살 가공하게 되면서 2009년과 2010년 산 채로 닭을 베이징으로 운송해 도살하는 데서 발생하는 문제들을 해결했다. 1년에 한 번 가을에 한꺼번에 도살되는 닭과 달리, 달걀은 1년 내내 베이징의 대도시까지 운송해야 한다. 달걀은 보통 3-4일에 한 번 수백 개에서 1,000여 개가 모이면 배송을 한다. 달걀은 부피가 작고 비싼 물건이 아니라 따로 화물차를 임대해서 운송하기 어렵다. 게다가 앞서 언급했듯이 사육 기지가 위치한 마을은 버스나 기차를 이용한 운송도 여의치 않았다. 결국 달걀은 연구원이나 학생들처럼 네이멍구-베이징을 운행하는 승용차 트렁크에 실려 도시에 도착하게 된다. 화물운임(100위안)은 사람(260위안)에 비해서 저렴했다. 운전기사는 네이멍구의 사육 기지에서 직접 달걀을 수거해 베이징의 판매점까지 배달한다. 공공 운송 수단보다 높은 가격을 지불해야 하지만, 불편한 도로 사정을 해결할 다른 방법이 없었기 때문에 이것이 유일한 수단이었다.

3) 판매

닭고기와 달걀이 도시에 도착하면 생산회사의 역할은 끝나고 판매회사가 인계받아 판매를 시작한다. 2007년 우 서기가 중국과학원의 지원하에 실험적으로 처음 초원에서 닭 2,000마리를 길렀을 때 가장 문제가 되었던 것은 판로의 부재였다. 그러자 부자(父子)가 함께 쑤무의 중심지에 직접 닭을 싣고 나가 판매했다. 다 팔지 못한 닭은 주변 사람들에게 싼값에 넘기거나 선물했다. 2007년의 실험적 사육은 초원 닭 방목 가능성을 확인한 대신에 판매 방안의 보완이 필수적이라는 점을 명확하게 인식시켜 주었다.

그리하여 중국과학원과 프로젝트 담당 연구원들은 2009년 첫해 초원비계 사육을 시작하면서 네이멍구에는 생산회사를, 베이징에는 판매회사를 설립했다. 판매회사를 책임지고 운영한 사람은 수정푸였다. 그는 2009년 닭고기 출하에 맞춰 베이징에 도착했고, 프로젝트의 지원하에 중국과학원 식물연구소 인근 점포에 초원비계 판매점을 열었다. 2010년 하반기에는 '베이징녹봉위업상무유한공사(北京綠鳳偉業商務有限公司, 이하 '판매회사')'라는 이름으로 회사를 정식 등록하고 닭을 판매하기 시작했다. 판매회사는 상표 등록, 유기농 인증, 광고뿐만 아니라 냉동 보관, 재고 관리, 도소매에 이르기까지 다양한 판매 활동을 벌이고 있다.

초원의 닭을 도시로 가져온다고 바로 판매될 수 있는 것은 아니다. 판매회사는 여러 정보와 가치를 닭과 달걀에 부착하는 과정을 거친 다음 판매를 유도·촉진한다. 닭은 수십 가지 측정 도구—라벨, 상표, 바코드, 무게, 측정기, 상품 목록, 가격, 소비자 저널, 동료 소비자와의 대화, 광고 등(Cochoy, 2007; Latour, 2005)—의 도움을 받아야 시장에서 판매될 수 있다.

상품이 유통될 때 부착되는 가장 대표적인 도구가 라벨 스티커이다. [그림 6-6]은 초원비계의 닭고기와 달걀에 부착되는 라벨 스티커인데, 스티커 상단에 초원비계에 대한 정보를 압축적으로 제시하고, 하단부에는 초원비계와 관련된 자세한 정보를 적어 두었다.

라벨의 왼쪽 상단에는 중국과학원의 로고가 그려져 있다. 그 옆에는 중국과학원의 '"초원목계" 실험시범기지 생산품'이라고 쓰여 있으며, 아래에 작은 글씨로 '네이멍구 정란기 싸인후두가(內蒙古正藍旗賽音

[그림 6-6] 초원비계 라벨
네이멍구 초원에서 생산된 닭고기와 달걀에는 초원비계에 대한 정보가 담긴 라벨이 부착된다. 이를 통해 판매회사는 판매를 유도하고 촉진한다.

呼都嘎)'라는 생산지 위치가 적혀 있다. 이와 관련하여 오른쪽 하단에는 '중국과학원 "초원목계" 프로젝트팀에서 감독 및 제조(中國科學院 "草原牧鷄" 項目組 監制)'되었다는 추가적인 설명이 덧붙었다. 이 라벨은 초원비계 상품의 질과 안전을 중국과학원이라는 기관의 권위를 이용해 보증하는 역할을 한다.

이번에는 상단 오른쪽을 보자. 초원비계의 상표와 닭 형상의 로고가 인쇄되어 있다. 상표와 로고는 초원비계를 다른 상품과 구별하는 주요한 부착물이다. 로고 아래에는 상표명 '조원비계(草原飛鷄)'가 붙어 있고 'free-range chicken', 즉 방목을 한 닭이라는 표시가 되어 있다.

초원비계 상표등록은 판매회사의 주요 과제 중 하나였다. '초원비계'라는 상표명은 여러 사람의 논의를 거쳐 탄생했지만, 상표등록이 지연되면서 수정푸는 골머리를 썩어야 했다. 필자가 현지조사를 진행하던 2011년 가을과 겨울에도 상표등록 문제는 여전히 미해결 상태였다.

[사례 6-5] 상표등록 문제 1

수정푸: 2011년 초 '초원비계(草原飛鷄)' 상표등록을 신청했다. 당시 공상국(工商局)에서는 상표등록이 가능할 것이라고 대답했다. 그런데 이제 와서 등록이 불가능하다는 연락을 받았다. 그 대신 '초원목계(草原牧鷄)'를 등록하려고 했는데, 초원싱파(草原興發)라는 회사에서 수년 전 '초원목계' 상표를 이미 등록한 상태였다. 초원목계는 기 등록상표라 안 되고, 초원비계나 초원계(草原鷄)는 유사상표라 안 된다고 한다.

(인터넷 메신저(qq)로 상표등록과 관련하여 중국과학원 리용경 연구원 및 관련 업종에 종사하는 지인과 문제를 해결하기 위한 상의를 마친 후)

가능하다면 '중과초원비계(中科草原飛鷄, 중국과학원의 초원비계)'로라도 신청하고 싶다. 지인의 말에 따르면, 하급관리들과는 이야기해도 소용없고, 공상국 국장(局長)과 직접 이야기해야 처리가 가능하다고 한다.(2011. 10. 27. 수정푸 면담 자료)

[사례 6-6] 상표등록 문제 2

(필자에게 인터넷 신문기사를 보여주면서)

지난번에 2003년 초원싱파 회사에서 초원목계로 상표를 출원해서 유사상표인 초원비계는 등록할 수 없다고 했다고 말했다. 그런데 신문자료를 검색해 보니 신장(新藏)에서 얼마 전에 봉황초원목계(鳳凰草原牧鷄)가 상표로 등록되었다는 사실을 발견했다. 왜 그들은 상표를 등록했는데 우리는 할 수 없는지.(2011. 11. 8. 수정푸 면담 자료)

[사례 6-7] 상표등록 문제 3

(연구소 일이 바쁜 쉬홍 대신 남편이 포장 업무를 도우러 왔다가 나눈 대화)

A(수정푸): 초원싱파 회사가 2003년 사업을 시작하면서 초원목계

를 비롯해 유사상표를 8개나 등록해 놓았다. 관련 업계 지인 말이 중과 초원비계도 안 될 것 같다고 해서 녹원비계(綠元飛鷄)를 생각했다. 지명이 앞에 붙은 것도 안 된다. 태안비계(泰安飛鷄)처럼 말이다. 그러나 황하비계(黃河飛鷄)처럼 불특정 지명은 될 수도 있다. 인터넷을 검색해 보았는데, 녹원비계는 없었다. 초원비계로는 상표등록이 어려울 것 같다.

B(쉬홍 남편): 요새는 상표 취득하는 게 쉽지 않다.

A: 그래서 로고와 상표 이름을 따로 등록했다. 물론 비용이 두 배로 들지만 같이 하는 것보다 낫다. 로고는 먼저 통과하면 쓸 수 있으니까. 안 그래도 중국과학원 리용정 연구원이 올해 3월에 상표명을 정할 때, 아예 여러 개를 등록하라고 한 적이 있다. 공상국에서 초원비계 상표등록 신청 당시에는 아무 말 안 하다가 1년이 지난 지금 안 된다고 하면 어떻게 하나?

B: 상표명을 바꾸거나 상표 소유자로부터 권리를 구입하는 방법이 있다.

A: 초원싱파 회사도 그들의 상표를 이미 다른 곳에 판매했다고 한다. 어렵다.(2011. 12. 8. 수정푸와 쉬홍 남편의 대화 자료)

2011년 3월 수정푸는 초원비계 상표 허가를 받기 위해 공상국에 상표등록을 신청해 놓은 상태였다. 그런데 그해 10월 초에 초원비계가 유사상표라는 판단이 내려져 상표등록이 이루어지지 못했다. 초원싱파 기업이 2003년에 상표 출원한 '초원목계'와 유사상표로 간주되었기 때문에 '초원비계'와 '초원목계' 두 상표 모두 사용할 수 없게 된 것이다.

수정푸와 중국과학원 연구원들은 이 위기에 두 가지 방식으로 대응했다. 첫째, 인터넷에서 유사상표의 등록 사례를 찾아내 공상국에 반박할 준비를 했고, 둘째, 이러한 근거를 바탕으로 '중과초원비계(中科草原飛鷄)'(중국과학원의 초원비계) 또는 '녹원비계(綠元飛鷄)'와 같은 대안 상표를 제안하려고 했다. 연구원 쉬홍의 남편은 변호사다. 그는 상표를 가지고 있는 사람으로부터 권리를 구입하고, 구입하지 못할 경우에 이름을 바꾸자고 제안했다. 업계에서는 이런 상황이 흔하기 때문에 상표명과 로고를 분리 등록하는 일이 다반사라고 했다. 다행히 포장상자 전면에 인쇄된 로고는 등록을 마친 상태로 사용이 가능했다.

당시에 판매회사는 문제를 해결하지 못한 채 '초원비계' 상표를 붙여 판매했다. 만약 상표 무단 사용에 대한 법률 소송이 들어올 경우, 판매회사는 곤경에 처하게 된다. 필자가 현지조사를 마치던 2012년 초까지 상표문제는 판매회사의 주요 현안으로 해결되지 못한 채 남아 있었다.

초원비계는 유기농 인증을 받은 상품이다. 2010년 가을 처음 소개를 받아 초원비계 판매점을 방문했을 때 초원비계를 선전하기 위해 외국인 연구자에게 보여준 자료는 영어로 쓰인 유기농 인증서였다(그림 6-7, 6-8). "유기농 인증 없이도 상품을 판매할 수는 있다. 인증 비용은 1년에 3만 위안에 이르는데, 이는 사육 규모에 비해 적지 않은 비용이다. 하지만 소비자들이 유기농 인증 상품을 선호하기 때문에 매해 갱신하고 있다"라고 했다(2011. 9. 15. 장비아오 면담 자료). 라벨의 오른쪽 상단에는 정부의 유기농 인증 마크가 새겨져 있다. 오른쪽 가운데에는 큰 글씨로 '초원비계 유기농 토종닭/달걀'이라는 상품명이 기재된다. 그 아래에는 '유기농 인증받은 닭/달걀'이라는 설명과 함께 유기농 인증 등록번호를 기재했다.

최근 중국의 대도시 중산층 소비자들은 점차 무공해 식품이나 유기농 식품을 선호하고 있으며, 배불리 먹는 것을 넘어 먹거리의 품질에 대한 관심이 증가하는 추세이다. 초원비계 생산품이 초원의 무공해 환경에서 유기농 사료와 천연의 약초 및 곤충을 먹고 자랐다고 해도, 닭이 방목되는 현장을 직접 보지 않는 이상 확인하기 어렵다. 문옥표

ORGANIC PRODUCT CERTIFICATE

Registration No.: CNAS C134-O 86101CN1100z1e(GB)

This is to certify that the products from
Beijing Lvfengweiye Trade and Business CO.,LTD
Room-1220, East 4th Ring Way-Middle Rd.no.39,
Chaoyang District, Beijing, 100025,China

Production site: Zhenglan Banner
Saiyinhudugasumubayinhushugacha Baigeli Cultured
professional cooperatives society
Address: Neimenggu Zhenglan Banner Saiyinhudugasumubayinhushugacha

Have been inspected and found to be in conformity with the requirements of
GB/T19630.1-2005 Organic Product Production
GB/T19630.3-2005 Organic Product Labeling and Marketing
GB/T19630.4-2005 Organic Product Management System
Category of Certification: Production

Certified Products please see attachment of CNAS C134-O 86101CN1100z1e(GB)

Issue date: 01.09.2011
Valid until: 31.08.2012
(invalid out of date)

Issued by

[그림 6-7] 유기농 인증서(앞)

CNAS C134-O 86101CN1100z1e(GB) attachment page 1 / 1

Items	Area (ha)	Products Quantity (piece)	Certi. Mark Quantity	Certi. Mark Application
Organic chicken (After 09.07.2011)	N/A	10000	According to actual quantity	Print/Stick
Organic hen (After 10.06.2011)	N/A	3000	According to actual quantity	Print/Stick
Organic hen (After 14.07.2011)	N/A	700	According to actual quantity	Print/Stick
Organic egg (After 14.07.2011)	N/A	19000	According to actual quantity	Print/Stick
Organic egg (After 10.06.2011)	N/A	126000	According to actual quantity	Print/Stick

[그림 6-8] 유기농 인증서(뒤): 사육 수량

(2008)는 식품 유통 체제의 발달로 인해 소비자는 누가 어떻게 식품을 생산하는지를 알 수 없게 되었다고 지적한다. 현대 상품 유통 체제에서 발생하는 정보의 블랙박스를 보완하는 방편으로, 각종 식품에 대한 인증 수단이 증가하고 있다. 오명석(2012b)은 말레이시아의 할랄(halal) 인증이 이슬람 소비자들의 요구와 맞아떨어지면서 확산되었다고 했는데, 그와 마찬가지로 중국에서는 유기농 및 무공해 인증이 식품 안전과 웰빙에 대한 중국인들의 관심과 맞물려 급속하게 확산되고 있다.

이에 발맞춰 초원비계 생산회사와 판매회사는 상품의 품질과 안전을 객관적으로 보증할 수단으로 유기농 인증을 신청하고 그 마크를 상품에 부착한다. 초원비계는 라벨에 기재된 다른 정보들과 더불어 '유기농'이라는 측정지표를 부착하고 상품 시장에 나설 수 있게 되었으며, 소비자들은 유기농 마크와 초원비계에 대한 상품 설명을 관련지어 제품을 선택하는 것이다.

초원비계는 라벨 상단에 표시된 로고 세 개로 '중국과학원'의 감독·관리하에 '자유 방목(free-range)' 방식으로 사육된 믿을 만한 '유기농(organic)' 식품이라는 정보를 소비자에게 전달하고 있다. 왼쪽 하단에는 회사명, 책임자, 연락처, 초원비계 상품의 판매처와 연락처 그리고 식품의 신선도를 확인할 수 있는 생산 및 포장일자가 인쇄되었다.

한편, 닭고기와 달걀은 포장을 거쳐 판매된다. 판매점의 주요 업무는 네이멍구에서 배송된 닭고기와 달걀을 신선하게 보관하고, 주문이 들어오면 그에 맞춰 물건을 포장하고 배송하는 일이다. 10월 초 도살과 1차 가공을 마친 닭은 네이멍구 현지의 생산회사로부터 전달되어 본격적인 판매 활동이 시작된다. 아직 대규모 냉동 보관 시설을 자체적으로 갖추지 못했기 때문에 운송된 닭고기는 시내의 대형 냉동고 일부를 임대하여 보관한다. 판매점에는 소매를 위해 한 번에 100여 마리를 보관할 수 있는 냉동고를 들여놓았다. 도매로 대량 주문이 들어올 경우에는 그때마다 대형 냉동고의 닭을 가져다 포장하여 판매한다.

판매점 앞쪽에는 포장 박스가 가득 쌓여 있고, 뒤쪽에는 냉장고와 진공포장 기계가 놓여 있다. 진공포장이 풀리지 않게 닭의 부리와 발톱을 망치와 가위 등의 도구로 손질한 다음, 기계에 넣고 한 번에 4마리씩 진공포장을 한다. 진공포장한 후에는 비닐 포장지에 넣어 라벨을 부착하고, 선물용 종이상자에 담으면 판매 준비가 완료된다. 달걀은 간단하게 10개짜리 케이스에 넣고 바코드를 부착하여 선물용 종이 상자에 넣으면 된다.

판매회사는 [그림 6-9], [그림 6-10]에서처럼 진공포장, 비닐 포장, 라벨 부착, 박스 포장 과정을 거친 다음에 상품을 내놓는다. 네이멍구에서 1차 가공된 닭은 베이징의 판매점에서 포장 가공 과정을 거쳐 소비자에게 도매 또는 소매로 판매될 수 있다. 비닐 포장 위에는 소비자의 눈에 띄도록 라벨 스티커가 부착된다. 비닐 포장과 라벨에는 소비자에게 전달할 상품 정보가 인쇄되어 있다. 포장의 앞면에는 상표와 판매회사 그리고 간단한 설명이, 뒷면에는 초원비계의 영양 성분과 닭고

[그림 6-9] 초원비계 닭고기의 포장 과정
왼쪽부터 차례로 진공포장(1단계), 비닐 포장 후 라벨 부착(2단계), 종이박스 포장(3단계)을 거쳐 소비자에게 전달된다.

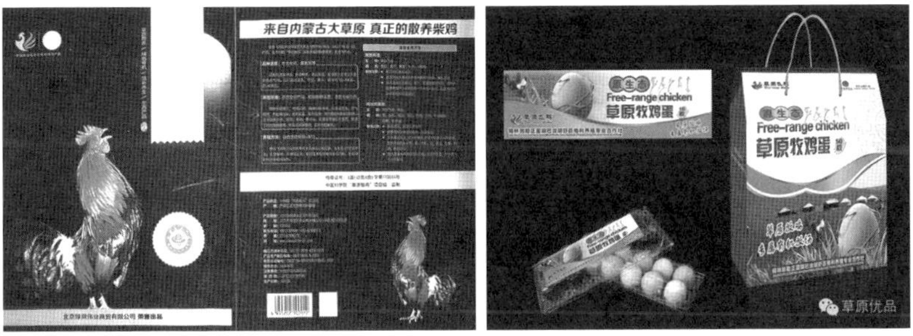

[그림 6-10] 초원비계 상품의 포장 디자인
왼쪽은 2011년 초원비계 닭고기 비닐 포장 디자인이고, 오른쪽은 2014년 달걀 포장 디자인이다.

기 조리법이 기재되어 있다. 일반 상점 등에서 사전 정보 없이 초원비계 상품을 구매하고자 할 때, 이 포장 및 부착물은 소비자의 선택 기준이 되고, 구매를 결정하는 지표가 된다.

광고는 초원비계 판매에서 핵심 부분이다. 라벨 스티커와 포상이 판매 기반을 마련하는 일이라면, 다양한 방식의 선전과 광고는 판매를 촉진하고 소비자들의 구매를 유도했다. 먼저 판매회사는 초원비계를 소개하는 팸플릿을 만들어 소비자들에게 배포하고 선전했다. 온라인에서는 2010년 초부터 초원비계 인터넷 사이트를 운영해 사람들이 초원비계의 생산과정과 상품소개, 판매처 정보를 손쉽게 얻을 수 있도록 했다. 그뿐만 아니라 바이두(百度) 같은 인터넷 검색 엔진에서 '초원비계'를 검색하면 공식사이트로 연결되어 정보를 쉽게 찾을 수 있도록 해놓았다. 중국과학원 식물연구소의 프로젝트인 만큼 중국과학원 산하 다양한 연구소가 함께 보는 BBS 게시판에 초원비계 상품 광고글을 게시했는데, 이는 연구소 네트워크를 이용해 초원비계의 상품을 알리는 기회였다. 연구원들의 동료, 지인, 동향인을 대상으로 베이징 중심의 오프라인 판촉 활동도 실시했다.

이와 더불어 초원비계의 미디어 보도는 베이징을 넘어서 전국적인 광고효과를 가져왔다. 중국과학원에서 진행하는 초원목계 프로젝트의 소문을 들은 방송국의 농업경제 관련 프로그램과 초원 사막화 관련 다큐멘터리 제작자들은 초원비계를 방송에 소개하고 싶어 했다.

초원비계는 2011년과 2012년에 CCTV 농업경제 전문 프로그램들에서 소개되었고, 초원비계 생산 기지가 있는 네이멍구의 바인후수 마을을 배경으로 황사와 관련된 다큐멘터리가 제작되기도 했다.[11] 연구팀장인 리융겅은 각종 촬영과 면담에 자발적으로 응하고 네이멍구를 방문한 촬영 관계자들에게 적극적으로 편의를 제공했다.

[사례 6-8] 초원비계의 텔레비전 프로그램 방영

A(리융겅): 다음과 같은 두 CCTV 프로그램에 방영되었다. 하나는 〈메이르눙징(每日農經)〉이고, 다른 하나는 〈커지위안(科技苑)〉이다. 그 프로그램들은 영향력이 매우 크고 시청률이 상위권을 차지하고 있다.

Q(필자): 일반 사람들이 이 프로그램을 많이 본다는 이야긴가?

A: 맞다. 7시 〈신원롄보(新聞聯播)〉보다 더 많다. 두 프로그램 모두 그렇다. (인터넷에서 검색한 시청률 순위를 보여주며) 여기 〈커지위안〉이 몇 위인지 보이는가? 〈메이르눙징〉은 제4위이고 〈신원롄보〉는 거의 10

11 봉황위성 다큐멘터리, 〈大地寻梦: 重返风沙线〉, 2011.

위권이다. (화면을 가리키며) 바로 여기에 있다.

Q: 시청률이 꽤 높은데?

A: (하하) 적지 않다.(2011. 11. 23. 리용경 면담 자료)

2011년 8월에는 〈메이르눙징每日農經〉[12]이, 11월에는 〈커지위안科技苑〉[13]이 초원비계 관련 내용을 방영했다. 2012년 8월에는 〈성차이유다오生財有道〉[14]가, 2012년 11월에는 전년도에 이어 다시 〈커지위안〉[15]이 초원비계에 대해 보도했다. 리용경은 CCTV 시청률 순위를 직접 검색해 보여주었다. 〈메이르눙징〉은 시청률 4위로, 오후 7시 중국의 모든 채널에서 의무 방영되는 뉴스인 〈신원롄보〉(10위)보다 더 많은 시청자가 보는 프로그램이다. 그는 초원비계가 보도된 여러 농업경제 프로그램이 시청률 상위권에 있으며, 도시와 농촌 구분할 것 없이 대중의 사랑을 받는 영향력 있는 프로그램임을 필자에게 강조했다. 실제로 조사 당시 필자는 CCTV에 방영된 초원비계 프로그램을 보고 판매점을 찾아와 상품을 구매하는 사람들을 여럿 만날 수 있었다(사례 6-8 참조).

여러 CCTV 프로그램 방영을 계기로 초원비계의 명성은 베이징 시내 곳곳으로 확산되었고, 나아가 중국 전역으로 퍼져나갔다. 2009년 첫해에는 직영 판매점에서만 취급했던 초원비계 닭고기와 달걀이 2011년 봄부터 중국농업과학원 내 '중국 녹색식품 및 유기농 식품 베

12 〈草原上的散養柴鷄〉 http://sannong.cntv.cn/program/meirinj/20110831/104823.shtml

13 〈在草原上牧鷄〉 http://sannong.cntv.cn/program/kejiyuan/20111101/107499.shtml

14 〈草原牧鷄〉 http://sannong.cntv.cn/program/lczx/20120822/103545.shtml

15 〈植物學家爲啥要養鷄〉 http://sannong.cntv.cn/program/kejiyuan/20121106/107314.shtml

이징 전시 센터(中國綠色食品有機食品北京展銷中心)'를 통해 온·오프라인에서 동시에 판매되었다.

그뿐만 아니라 CCTV 프로그램을 보고 상하이, 닝보(寧波), 지난(濟南), 안후이(安徽) 등 중국 전역의 대도시에서 유기농 식품업체, 호텔 등에서 판매계약을 제의해 왔다. 2011년 11월에는 상하이 인터넷 유기농 식품 판매업체와 닭과 달걀 판매 계약을 맺었다. 12월에는 저장성(浙江省) 닝보의 업체와 계약을 맺고 닭 1,000마리와 시식용 달걀 400개, 선물용 포장상자를 발송했다. 또 안후이와 지난의 호텔 식품부에 닭을 납품하기로 했다. 2012년 1월에는 리용겅과 수정푸가 지난에서 '초원비계 지난 상륙 기자회견'을 했다. 회견장에서는 산둥의 특급호텔 요리사가 초원비계 닭고기를 이용한 루차이(魯菜)(산둥 요리)를 선보이기도 했다. 이와 같이 초원비계는 베이징뿐만 아니라 중국 대도시들을 중심으로 판매망을 확대해 나갔다.

네이멍구 초원을 날아다니며 자라난 닭은 사육, 도살, 가공과정을 거쳐 베이징으로 운송되었다. 닭고기와 달걀은 유기농 인증 마크를 달고 포장이 완료되어 판매점에서 소비자들을 만날 준비를 완료했다. 온·오프라인에서 판촉 활동을 했으며, 미디어에 방영되면서 초원비계는 도시의 소비자들에게 널리 알려질 수 있었다. 네이멍구와 베이징과 같은 대도시를 연결하는 생산-운송-판매 네트워크는 시행착오를 겪고 난관을 헤쳐나가면서 완성될 수 있었다.

4. 초원목계 네트워크의 완성: 도시민의 유기농 식품 소비

한국에도 떠들썩하게 보도되었던 중국의 가짜 달걀 판매를 기억하는 사람들이 많을 것이다. 중국에서는 연일 가짜 달걀, 가짜 소고기, 가짜 만두 등 몸에 좋지 않은 화학 재료나 쓰레기로 만든 가짜 음식들이 건강을 위협하고 있다는 보도가 끊이지 않고 있다.[16] 그만큼 중국인들 사이에서 식품 안전에 대한 관심은 하루가 다르게 많아지고 있다.

[사례 6-9] 안전한 식품에 대한 소비자의 욕구

어제 저녁 8시쯤, 네이멍구로부터 올해의 첫 달걀 1,400여 개가 도착했다. 수정푸는 고객들에게 달걀 도착 안내 문자를 보냈다. 낮에 판매점 장부를 보니, 이미 오전에 320여 개를 판매한 상태였다. 30대로 보이는 여성이 세 살가량의 아들과 함께 판매점에서 달걀을 구입했다. 그녀는 중국과학원 연구원으로, 동료의 소개로 초원비계 상품을 알게 되었다고 했다. 이곳의 달걀은 믿고 먹을 수 있어 구입했으며, 닭은 한 달에 한 번 정도 구입해서 먹는다고 했다.

오후에 수화 연구원이 포장지 디자인 시안을 논의하기 위해 판매점을 방문했다. 그녀는 맛을 보면 차이를 느끼기 때문에 달걀을 먹어 본 아이들은 다른 달걀은 먹지 않으려 한다고 웃으며 자랑스레 이야기했다. 다음 날에는 필자가 방문학자로 소속되어 있는 중국사회과학원의 연구원 부부가 판매점에 들렀다. 필자가 소개한 손님이다. 부인은 임신 5개월로, 음식에 주의를 기울이고 있었다. 그녀는 영양 섭취를 위해 매일 달걀을 2개씩 먹으니 금방 다 먹을 수 있겠다고, 닭고기는 국물을 내서 탕을 끓여 먹으면 좋을 것 같다고 했다. 남편과 함께 찾아와서 달걀 100개와 암탉과 수탉 각 한 마리씩을 구입하여 돌아갔다.(2011. 11. 7-8. 초원비계 판매점 참여관찰 자료)

16 중국 국영방송 CCTV 1은 가짜 달걀 특집을 방영하기도 했다. 〈焦點訪談: 假蛋真相〉(2010. 12. 26), http://news.cntv.cn/china/20101226/104669_1.shtml

초원비계의 상품은 2011년 조사 당시 소매로는 베이징의 도시 중산층으로부터, 도매로는 다른 지역의 판매상들로부터 안전하고 믿을 수 있는 상품으로 평가받아 관심이 높아지고 있었다. 중국의 소비자들은 어린아이, 임산부, 노인 등이 특히 건강의 위협에 가장 취약한 사람이라고 생각했으며, 특히 임신부는 태아에게 나쁜 음식을 먹어서는 안 된다고 여겼다. 사람들은 어린아이는 성장을 위해, 노인은 건강을 위해 좋은 음식을 먹어야 한다고 생각했다.

개혁개방 이후 세대는 계획생육 정책으로 특히 도시에서는 한 가구당 아이를 1명만 낳을 수 있게 되면서 모든 방면에서 아이가 가장 우선시되었다. 아이들의 영양과 건강, 웰빙은 식품 소비에서도 중요한 선택 요소가 되었다(Croll, 2006). 징쥔(Jing, 2000) 역시 변화된 소비문화에 따른 '아이들의 음식'이 중국 가족생활의 주요한 부분으로 등장하고 있음을 지적했다. "나는 먹지 않아도 우리 아이는 아침에 달걀을 한 개씩 꼭 먹여요"라고 말한 30대 여성의 면담 내용은 많은 것을 함축한다. 한 개에 2위안으로 한국 물가와 비교해 봐도 비싼 가격인 초원비계 달걀을 아이들에게 사 먹이는 것은 아이의 건강에 대한 관심이 적극적으로 실천된 결과이다. 그러나 웰빙 식품이나 유기농 식품은 가격이 비싸기 때문에, 중국의 도시 중산층 가족 구성원 모두의 먹거리로 보편적으로 소비되지는 못하고 있다. 유기농 달걀이나 닭고기는 어린이, 임산부, 노인들에게 우선적으로 제공되곤 한다.

닭고기보다는 달걀이 인기가 많았다. 닭고기는 마리당 98위안으로 한 근에 20여 위안 정도인 다른 고기들에 비에 비싼 편이다. 사람들로부터 닭고기는 집에서 자주 먹어야 한 달에 한 번 정도 먹는다는 답변을 들을 수 있었다.

닭고기는 중국인들이 가장 즐겨 먹는 돼지고기 그리고 쇠고기나 양고기같이 유사한 것으로 간주되는 대체품이 있다. 그러나 달걀은 완전식품으로, 아이들은 물론 가족들의 영양을 위해서 매일 섭취해야 하는 품목이다. 그 때문에 달걀이 들어오는 날에는 수정푸가 사람들에게 안내 문자메시지를 보내는데, 이를 보고 구매하러 오는 사람들이 끊이지 않았다. 닭고기는 뒤에서 다시 상술하겠지만 선물용으로 주로 판매되었다.

필자가 만난 베이징 소비자들의 구매 결정은 다음의 두 가지가 주를 이루고 있다. 첫째, 사람들은 주변인들의 입소문을 전해 듣고 상품을 구매하러 왔다. 그들은 출처가 불분명한 정보보다는 믿을 만한 사람들로부터 얻은 정보를 바탕으로 소비하는 경향을 보인다. 2009년 첫해에는 아직 판매 체계가 제대로 갖추어지지 않았기 때문에 중국과학원 동료들과 지인들, 동향인들을 중심으로 개인 네트워크를 바탕으로 판매되었다. 고학력에 안정된 직장을 가진 도시 중산층에 해당되는 연구소 교직원들은 식품 안전과 맛에 대한 정보를 듣고 판매점을 방문하여 닭고기와 달걀을 구입해 갔다. 그들의 동료가 직접 네이멍구에서 기획하고 생산한 식품이라는 확신이 있기 때문에 의심할 여지없이 닭고기와 달걀을 구매했고, 재구매로 이어졌다.

판매점에서는 베이징 시내일 경우 주문량에 따라 직접 배달도 해준다. 판매점에서 20킬로미터 이상 떨어진, 한국인 주재원들이 많이 살기로 유명한 왕징(望京)의 대규모 아파트 단지 지역에서 주문이 들어오면 일주일의 주문량을 한꺼번에 모아 닭고기와 달걀을 배송한다.

판매회사 책임자인 수정푸는 고향인 산둥의 동향회 모임 사람들 100여 명을 초원비계 제품 생산과정을 보고 체험할 수 있도록 네이멍구 기지로 초청했다. 네이멍구 현지에서 생산회사의 장비아오와 마을 사람들, 그리고 연구원들은 협력하여 방문 프로그램을 기획했다. 도시에서 온 사람들은 바인후수 마을에서 직접 닭을 친환경적으로 방목하여 기르는 모습을 접하고, 초원의 아름다운 자연경관과 이국적인 몽골족의 음식과 문화를 체험하고, 유기농 닭고기와 달걀로 만든 요리들을 맛볼 수 있었다. 이와 같이 동떨어진 것처럼 보이는 초원과 유기농 식품 간의 연계를 재구성하는 실천들은 소비자들에게 더욱 믿고 먹을 수 있는 신뢰를 제공하는 밑거름이 되었다.

둘째, 미디어에서 방영된 초원비계 소개 프로그램을 보고 알게 되어 구매로 이어진 경우이다. 앞 절에서 언급했듯이 2011년과 2012년에 초원비계는 CCTV 시청률 상위에 랭크된 농업경제 전문 프로그램들에 네 차례나 소개되었다. 이 프로그램들의 재방송 횟수까지 따진다면 훨씬 더 많을 것이다. 2011년 조사 당시 만났던 소비자들 중에서 몇몇은 실제로 이 프로그램을 보고 초원비계를 인터넷으로 검색하여 찾아내 구매로 이어진 경우가 있었다. 다음 사례의 지 씨도 마찬가지다.

[사례 6-10] 미디어의 영향력

A(지(計) 씨): 나는 발전소에서 근무한다. 쓰후이(四惠)[17] 근처에서 살고 있다. 4시 반에 퇴근하자마자 운전해서 왔지만 차가 밀려서 두 시간 가까이 걸렸다.(수정푸에게 미리 늦는다고 전화 연락이 왔다.) 6시 폐점 시간에 맞춰 오지 못해 미안하다.

(그는 달걀을 40개들이 선물용 세 상자, 100개들이 가정용 포장 두 상자를 구입하고 640위안을 지불했다.)

Q(필자): 어떻게 초원비계를 알게 되었나?

A: CCTV 〈메이르눙징〉 프로그램을 보고 알게 되었다. 이후 초원비계 홈페이지를 찾아보았고, 직접 판매점까지 방문하게 되었다. 당시에 구입한 닭을 먹어보니 맛있었다. 마침 국경절(國慶節)이 다가올 때여

17 판매점은 베이징 서쪽 끝이라면 쓰후이는 베이징 동쪽 끝으로, 먼 거리를 운전해야 한다.

서 다시 3마리를 구입하여 주변 친구들에게 선물했다. 그때는 달걀이 없어서 구입하지 못했는데, 입고된다는 소식을 듣고 달걀을 구입하러 왔다.

Q: 닭고기를 먹어보니 어땠나?

A: 기름이 적다. 일반 닭고기는 살이 푸석푸석한데, 초원비계 닭은 고유의 식감[口感]이 있다. 국물 맛도 좋고 냄새도 좋다. 그런데 구입하러 오기가 너무 멀다.(2011. 11. 8. 지 씨, 남, 40대 중반(1967년생), 면담 자료)

또한 중국의 소비자들은 초원비계의 닭고기와 달걀을 선물용으로 구매한다. 10월 닭고기 가공이 완료되고, 11월부터 달걀의 본격적인 판매가 시작되면, 설 선물용으로 초원비계 상품을 구매하기 위해 판매점에 연락하거나 방문하는 사람들이 부쩍 늘어난다. 베이징의 무공해·유기농 식품센터와 상하이·닝보 등 도매계약을 체결한 도시에서도 설날에 맞춰 닭과 달걀 그리고 선물용 포장 상자를 함께 배송해야 했으며, 판매점에서는 음력설 전까지는 계속 주문 물량을 포장하고 배달하는 일로 바쁜 하루를 보내야 했다.

선물문화가 발달한 중국에서는 개별 소비자들이 일상적으로 구매해 먹기에는 비쌀지라도 동료, 친척들에게 선물하기 위해 구매하는 경우가 많다. [사례 6-10]의 지 씨도 자신이 먹을 것과 선물용을 함께 구입했다. 판매회사에서도 이러한 중국인들의 선물문화를 잘 알고 있기 때문에 비닐 포장지말고도 선물용 종이박스와 포장을 따로 만들었다. 크롤(Croll, 2006)은 중국에서 사회관계를 형성하고 유지하는 데 선물 교환이 중요하다고 말한다. 실제로 건강과 웰빙을 상징하는 초원비계의 닭고기와 달걀이 대도시에서 사람들 사이에 고마움을 표시하고 사회관계를 유지하는 중요한 물품으로 활용되고 있었다.

초원비계의 선전 포스터에는 '대초원의 원생태(原生態)로부터 온 유기농 식품'이라는 문구가 있다. 도시 소비자들은 건강을 위해, 또는 맛이 좋아서 초원비계의 닭고기와 달걀을 구입했다. 그들의 식품 구입 의도와 관계없이 그들은 초원비계 상품을 소비함으로써 궁극적으로는 초원생태계 보호와 사막화 방지에 기여하게 된다.

그러나 클라인(Klein, 2009)은 아직까지 중국에서 일어나고 있는 윤리적 소비는 환경문제에 대한 신념을 실천하는 행동의 변화나 사회변혁을 주도하는 의식적인 노력에는 도달하지 못했다고 지적한다. 필자가 만난 사람들도 자신들의 소비를 의식적으로 환경보존과 연관 지어 적극적으로 해석하는 경우가 거의 없었다. 이들은 자신들이 구입한 재화가 초원의 무공해 사육 환경에서 생산된 건강에 좋은 유기농 식품이라는 점에는 공감했지만, 환경보존이라든가 생태문제 등으로 설명의 연쇄를 확장하지는 않았다.

중국의 소비자들은 이와 같이 건강한 먹거리나 식품 안전 등 개개인의 일상생활 속에서 직접적인 이해관계가 연관된 변화들을 추구하는 데 주력해 왔다고 볼 수 있다. 앞으로 그들은 먹고사는 문제를 넘어서 더 나은 환경 속의 삶을 추구할 것이며, 더욱더 환경과 먹거리, 환경과 생활과의 관계에 관심을 가지게 될 것이 자명하다.

초원과 도시를 연결하는 네트워크는 도시민들의 삶 속에서 초원비계 식품의 소비로 완결된다. 그리고 소비가 지속되는 과정에서 수정되거나 증가된 아이디어와 자본의 피드백이 다시 네트워크를 따라 초원으로 흘러 들어갈 것이다. 과학자들의 제안, 실험과 시범사업의 실행, 생산·운송·판매의 설립과 연계 그리고 소비에 이르기까지 초원비계의 네트워크가 구축되지 않았다면 도시 소비자들은 안전한 유기농 닭고기와 달걀을 먹을 수 없었을 것이다. 그들의 소비는 목축민들의 소득 증대 및 과학자들의 실천적 지식 생산과 연관되며, 궁극적으로는 초원의 생태계와 연결되어 한 사람의 소비 행위가 생태를 위한 윤리적 소비로 연결되는 과정을 볼 수 있게 한다. 또한 대량화·산업화로 생산과 소비의 관계가 단절되어 버린 중국의 현대사회에서 초원비계 식품의 확산과 증대는 생태계와 소비를 연결하는 관념의 변화에도 일조할 수 있을 것이다.[18]

5. 초원-도시 동맹: 윤리적 소비와 사막화 방지

> "초원은 고기의 생산을 가능하게 했지만, 포장된 채로 팔리게 될 때는 소비자가 그들의 식품과 초원을 동떨어지게 느끼도록 만든다." (Cronon, 1991: 257)

초원비계는 초원과 도시를 어떤 방식으로 연결하는가. 마트에서 가공 포장된 닭고기를 집어든 소비자가 '초원비계' 마크를 발견한다고 해서 바로 자신이 먹을 음식과 초원의 연관성을 떠올리기란 쉬운 일이 아니다. 그러나 직접적인 연관 관계가 없는 것처럼 보이는 초원과 도시는 상품의 생산, 운송, 판매 네트워크를 통해 확실하게 연결되고 있었다.

크로논(Cronon, 1991)은 19세기 후반 미국 시카고 도시와 식품 유통 체계 발전에 관한 연구에서 자연이 시장으로 이동하는 과정을 기술했다. 그는 통합체로서 도시와 시골의 개념을 제시하면서 생태계와 경

18 거슬러 올라가 보면 초원에서 소와 양 같은 가축 사육이 급격하게 증가한 것 그리고 그로 인한 사막화나 초원 식생의 파괴가 가중되고 있다는 점은 현대사회 도시민들의 고기 섭취 욕구 및 소비의 증가와 별개로 생각할 수 없다. 목축민들이 가축의 사육 마릿수를 늘리는 것은 그들의 경제적 이익 추구와 직결되는 도시의 소비구조 변화와 상관관계가 있다.

제가 밀접하게 연관되어 있으며, 도시 발전은 그 배후에 놓인 시골과의 특별한 관계 속에서만 이해가 가능하다고 지적했다. 중국에서도 초원비계뿐만 아니라 식품 전체의 유통과정을 살펴본다면, 마치 독립적인 것처럼 보이는 도시는 배후지에 해당하는 농촌으로부터 여러 자원이 공급됨으로써 유지·운영되고 있음을 발견할 수 있다.

초원비계의 닭이 네이멍구 초원에서 생산되는 것만으로는 사막화를 방지할 수 없다. 닭은 생산, 운송, 판매 네트워크가 갖춰져야만 비로소 목축민의 경제적 수익으로 이어지고, 초원비계의 생산이 반복, 지속될 수 있는 기반을 구축할 수 있기 때문이다.

생산은 사육뿐만 아니라 도살을 거쳐 판매 가능한 상태로 가공되는 변형과정을 포함하므로 초원비계 가공은 생산의 마지막 단계이자 핵심 요소이다. 전기와 교통 등 기반시설이 부족한 네이멍구 초원지역에서 닭고기 가공은 중요한 네트워크의 결절점을 구축하는 핵심적인 작업이었다. 교통이 불편한 작은 초원 마을에서 대도시로 연결되는 달걀의 공급은 버스와 기차 같은 공식 노선이 아니라 비공식적으로 운영되는 여객 승용차 화물칸을 빌려서 이루어졌다.

네트워크의 가장 마지막 단계에서는 대도시의 판매회사가 전문적으로 광고와 판매에 관한 사항들을 담당하고 있다. 판매가 원활하려면 네트워크가 끊어지지 않고 대도시의 판매점까지 도달해야 했다. 그리고 판매회사 역시 상표등록, 선전, 도매 계약 체결, 소매 등 판매에 요구되는 사항을 충족하기 위해 외부의 제도나 집단들과 끊임없는 상호작용과 협상을 하고 있다. 초원비계는 이렇게 여러 행위자 집단에 의해 구축, 유지, 보수되는 네트워크 위에서 변형·운송되어 소비자에게 연결되었다.

도시에 도착한 초원비계는 윤리적 소비자의 생활양식 변화에도 영향을 미치고 있다. 근래 중국에서 식품 안전 담론의 급격한 확산은 소비자들이 초원비계를 더욱 찾도록 하는 요인으로 작용했으며, 이는 유기농 식품 시장의 혁신을 이끌어냈다. 중국 CCTV 농경 프로그램에서 초원비계의 우수성이 소개되면서 미디어의 선전과 입소문을 타고 초원비계 판매량은 점차 증가하고 있다.

초원비계를 구입하는 소비 행위는 몽골족들로 하여금 목축의 열악한 판매 구조에서 벗어나 새로운 수익을 창출하도록 하고, 초원의 사막화 방지에도 기여하는 것으로 여겨진다. 동시에 소비자는 유기농 식품을 섭취해 '웰빙'을 추구할 수 있다. 결국 전혀 연관성이 없는 듯 보이는 초원, 대도시 그리고 닭이 긴밀한 동맹 관계 속에서 사막화 방지에 기여하는 것이다.

초원목계의 생태계는 이렇게 초원비계를 중심으로 재편된 행위자들의 네트워크 속에서 만들어지고, 유지되고, 보수되고, 다시 피드백 과정을 거쳐 재생산되고 있다. '생태정치'는 이러한 네트워크 속에서 드러나고 있다. 생태보존과 경제발전은 상반된 것이 아니라 서로 긴밀하게 연결되는 에코로 함께 나타난다고 이야기할 수 있다.

"사람들이 자기 삶의 생태적 결과들(consequences)을 이해하기를 원한다면, 즉 그 결과들에 대한 정치적이고 도덕적인 책임을 지기를 원한다면, 그들은 경제 상품들과 생태계 자원들 간의 연결을 재구성해야만 한다"(Cronon, 1991: xvii)고 이야기한 크로논의 주장은 19세기 후반 미국의 상황을 넘어서 중국, 나아가 현대사회 전반에 보편적으로 적용될 수 있으며, 초원목계는 초원과 도시의 동맹 그리고 윤리적 소비의 관계를 보여주는 사례가 될 수 있다.

제7장

초원의 생태정치

필자의 첫 번째 질문은 네이멍구 초원의 사막화 방지를 위해 제안된 초원목계 프로젝트에 관여하는 행위자에 어떤 변화가 있었는지 그리고 새로운 행위자의 등장에 따라 사막화 방지 논쟁이 어떻게 전개되어 왔는지에 관한 것이었다. 필자는 황막초원이 위치한 네이멍구 바인후수 마을에서 연구를 진행하며 사막화 위기에 대한 쟁점이 이동함에 따라 초원의 사막화를 구성하는 행위자들이 달라지고 있음을 발견할 수 있었다. 중국과학원 생태학자의 제안으로 시작된 초원목계 프로젝트는 몽골족의 경제적 이득, 이산화탄소 발생 감소, 초원퇴화 방지를 동시에 이루어내는 데 초점을 맞춤으로써 셋 중 하나에 편중된 기존의 사막화 방지 노력의 한계를 극복하려 했다. 이를 위해 초원의 사막화 논쟁에서 이전에는 논의되지 않았던 새로운 행위자로 닭이 제시되었다. 닭이 과학자, 목축민, 풀, 가축 등과 같은 기존 행위자들과 관계를 맺으면서 사막화를 방지하고 몽골족의 경제적 소득을 올리며 이산화탄소 배출을 줄이는 역할을 하는 중요한 행위자로 등장했다.(제2장)

다음으로 필자는 초원비계가 연구되고, 개발되고, 상품화되어 학계와 시장에 등장하게 되기까지 과정을 기술하면서 초원목계가 다양한 행위자의 관계로 그 네트워크를 확장하고 공고히 해가는 과정을 분석했다. 생태학자는 초원 목축민 마을에서 닭을 방목하기 위해 생태실험시범기지를 짓고 과학적 실험을 진행했으며, 목축민들에게 닭을 기르는 방법과 시설을 제공하여 자신이 주장하는 초원목계 프로젝트에 관심을 갖고 참여하도록 했다. 그 과정에서 초원목계에 연루된 행위자들은 닭의 등장으로 재편된 관계 속에서 시행착오를 하며 초원목계의 네트워크를 공고히 하는 과정을 거치게 되었다. 이 과정에서 과학자는 새로운 과학적 지식을 생산하기 위한 실험을 진행했고, 닭은 초원이라는 환경에 맞추어 습성이 변화되었으며, '목축민'은 '목금민'으로 변모하여 새로운 생활양식을 습득하고 변화된 생활양식을 가지고 초원에서 살아가게 되었다.(제3장)

과학자와 목축민은 이해관계의 충돌과 갈등에도 불구하고 묵인하기와 감수하기로 초원목계의 생태 모델을 전시하고 공동의 이익을 추구할 수 있었다. 과학자와 목축민 그리고 닭 사이에 충돌과 갈등이 반복되는 상황에서도 외부 방문객에게는 초원목계가 하나의 생태 모델로 전시될 수 있었다. 방문하는 순간 모든 연관된 행위자가 조화롭게 초원의 경관을 구성하는 데 공모했고 초원목계의 생태 모델은 하나의 체계적 모델로 방문객에게 전시된다. 그 결과 초원목계의 생태 모델은 미디어 등의 매체를 통하여 다른 지역으로 변형 없이 이동이 가능해지고 소개될 수 있었다. 이 글은 이상적인 모델 이면에 숨겨진 갈등을 찾아내기보다는 일상에서 갈등과 충돌에도 '불구하고' 관련 집단들이 협상과 타협으로 공통의 목적과 이익을 추구하는 과정을 그려내는 데 초점을 두었다.(제4장)

생태학자는 표본을 채취하고 측정하여 풀, 토양, 닭 등과 같은 초원을 구성하는 행위자들을 이동 가능한 형태로 변형시켜 실험실로 옮겨올 수 있었다. 그 실험실에서 초원은 다른 연구들과 비교 가능한 표와 그래프 형태로 재현되고 형식화되었다. 이런 생태학자의 실험과 연구는 초원을 연구하는 다른 생태학자, 식물학자, 동물학자, 곤충학자, 경제학자의 연구소에서 만들어진 지시체와의 동맹을 통해 초원목계에서 주장하려는 바가 강화되는 기회를 얻기도 했다. 생태학자가 직간접적으로 계산해 낸 초원의 다양한 수치와 주장은 탄소고정과 경제적 이익을 산출하는 공식으로 그 관계를 명확하게 했다. 문제를 해결하는 가정이나 진리인 것처럼 보이는 공식은 실제로는 초원과 사막화를 구성하는 행위자들이 필드로부터 실험실 그리고 논문 지면으로 변형되는 과정을 거쳐 생성된, 그들의 관계를 설명해 주는 결과이다. 나아가 과학자는 이전까지는 긴밀한 관계를 맺지 않았던 행위자들을 연결해 공식을 만들고 과학자가 원하는 초원목계의 세계상을 청사진으로 제시할 수 있었다.(제5장)

마지막 질문인 '초원의 생태정치를 실천 속에서 어떻게 기술할 것인가'에 대한 답은 다음과 같다. 초원의 닭은 학술대회에서 발표되고 출판으로 과학지식에 등록되었다. 그리고 정부정책 제안과정에서 모범사례로 제시되었다. 그뿐만 아니라 생산-가공-운송-판매의 네트워크가 초원에서 도시로 확장되면서 초원비계는 도시 소비자에게까지 도달했다. 이 글은 이처럼 초원비계를 매개로 사막화 방지가 윤리적 소비로 연결되는 과정을 기술함으로써 초원목계를 계기로 초원뿐만 아니라 도시적 삶의 양식이 변화되는 모습을 발견할 수 있었다. 초원비계를 매개로 한 초원과 도시 동맹의 유대가 탄탄해질수록 초원목계가 사막화 방지에서 차지하는 의의는 더해질 것이다. 이는 초원목계라는 과학적 실험이 현실세계 일상생활의 실천 속에서 삶의 생태계를 변화시키는 역할에 이르는 실천적 함의를 보여준다.(제6장)

초원 위의 닭으로 시작한 사막화 방지 노력은 중국 내 초원과 도시의 동맹을 구축하는 데까지 그 네트워크를 확장해 왔다. 하지만 사막화 방지는 동아시아의 국경을 넘는 황사와 초미세먼지 문제와도 연관되어 있다는 점이 최근 동아시아의 대기문제와 관련해서 쟁점으로 부각되고 있다. 사막화되는 초원에 나무 한 그루를 심는 행위가 동아시아의 대기 환경오염을 줄이는 일과 연계되기 위해 여러 국제기구, 환경단체, 정부, 환경윤리, 과학지식 등이 동원되었다는 점을 우리는 알고 있다. 초원목계가 사막화, 지구온난화 그리고 동아시아의 황사와 초미세먼지의 쟁점까지 연계되고 이 문제들을 풀기 위한 새로운 행위자들의 네트워크가 구축되는 잠재력을 지니고 있다는 것을 알 수 있다. 초원목계가 황사와 초미세먼지 그리고 한국과 일본을 포함하는 동아시아의 문제 해결에서 실마리로 그 네트워크를 확장하는 계기가 되듯이 이 글이 하나의 매개자가 될 수 있다. 바로 이 점에서 초원목계에 대한 참여관찰로 작성된 민족지가 초원목계를 또 다른 쟁점과 지역에까지 연장하는 또 하나의 참여가 될 수 있다. 이와 같이 중국 정부의 정책 실행과 동아시아의 초국가적 협력 차원에서 네이멍구 지역의 초원목계 프로젝트는 사막화 방지에 실천적 함의를 제공할 수 있다.

필자가 여기서 밝혀낸 결과를 바탕으로 서론에서 제시한 생태정치의 특징을 요약하면 다음과 같다.

첫째, 생태정치에서 에코는 문화생태학이나 정치생태학의 기존 생태인류학에서 다루는 제한적 에코의 범주에 그치지 않고 다음과 같이 재정의된다. 에코는 이미 주어진 자연적 생태만도 아니고 인간생활로 구성된 경제만도 아니다. 필자는 이 두 측면을 다 포괄하는 에코라는 것을 연구하고 기술하는 것이 가능하다는 점을 제시한다. 재정의 과정에서 에코는 기존의 경제학과 생태학의 구속에서 벗어나 새로운 의미를 구성해 냈다. 이는 이 글에서 과학자들이 진행한 초원목계 프로젝트를 기술하면서 찾아낸 것으로, 인간과 비인간이 상호 연합해서 동등한 자격으로 함께 거주(서식)하는 세계로서 에코를 의미한다.

둘째, 이 글에서 자세하게 논한 바와 같이, 생태정치에 참여하는 행위자들은 몽골족 목축민, 한족과 같은 인간뿐만 아니라 초원을 구성하는 풀과 나무, 가축 등 비인간까지를 포괄한다. 이 글에서 주목한 닭은 초원생태계의 외부에서 등장해 생태정치의 새로운 행위자가 되었다. 새로운 생태계를 구성하는 데 앞장서는 과학자, 유통과정에 참여하는 행위자들, 초원비계를 소비하는 도시민도 생태정치의 행위자로 닭과 함께 등장했다는 점 역시 주목할 만하다. 이 글로 밝혀진 것은 외부로부터 온 비인간 행위자인 닭이 어떻게 기존에 있던 초원의 다른 인간과 비인간 행위자들을 다시 모이게 하고, 새로운 방식으로 이해관계의 네트워크를 구성하도록 이끌었는가 하는 점이다.

생태정치는 새롭게 포함된 이해관계 당사자들의 관계를 재배치하려는 시도이며, 관계의 재배치로 만들어진 새로운 삶의 양식과 생태계가 만들어지는 과정이다. 이러한 새로운 삶의 양식은 인간 행위자뿐만 아니라 비인간 행위자들에게도 해당된다. 양이나 소를 목축하던 목축민들은 닭과 새로운 관계를 맺으면서 목금민으로서 삶의 양식을 발현하게 되었다. 과학자들은 닭 방목 연구에서 새로운 초원 회복 생태의 방식을 주장할 수 있게 되었다. 도시민들은 초원 회복을 위해 길러진 유기농 닭을 소비함으로써 윤리적 소비자가 되었다. 닭들은 초원의 환경에 적응한 영리한 닭이 되어 살아가게 되었다. 이처럼 인간과 비인간의 관계가 재배치되면서 새로운 지식, 생활양식, 윤리가 생성되었다. 이는 닭을 통해 재구성되고 재배치된 초원의 식생, 목금민과 윤리적 소비자 그리고 이를 증명하는 생태학자가 함께 만들어가는 새로운 생태계이다.

대상을 재정의하고, 이해관계 당사자들을 모으고, 이들 간의 협의와 진단으로 새로운 타협안과 혁신을 만들어내고, 새로운 지식과 윤리에 따라 타인과 자신들의 삶의 양식을 바꾸어 나가는 것이 바로 '정치'의 과정이다. 생태와 정치는 불가분의 관계인 것이다.

마지막으로, 이 민족지를 쓰는 과정에서 발견한 초원목계의 생태정치에 대한 아이디어로 이미 오래전에 다산이 제시한 글을 소개한다.

"네가 양계(養鷄)를 한다고 들었는데 양계란 참으로 좋은 일이긴 하지만 이것에도 품위 있는 것과 비천한 것, 깨끗한 것과 더러운 것의 차이가 있다. 농서를 잘 읽어서 좋은 방법을 골라 시험해 보아라. 색깔을 나누어 길러도 보고, 닭이 앉는 홰를 다르게도 만들어 보면서 다른 집의 닭보다 살찌고 알을 잘 낳을 수 있도록 길러야 한다. 또 때로는 닭의 정경을 시(詩)로 지어보면서 짐승들의 실태를 파악해 보아야 하느니, 이것이야말로 책을 읽는 사람만이 할 수 있는 양계다. 만약 이(利)만 보고 의(義)를 보지 못하며 가축을 기를 줄만 알지 그 취미는 모르면서, 애쓰고 억지 쓰면서 이웃의 채소 가꾸는 사람들과 아침저녁으로 다투기나 한다면 이것은 서너 집 사는 산골의 못난 사람들이 하는 양계다. 너는 어떤 식으로 하고 있는지 모르겠구나. 이미 닭을 기르고 있으니 아무쪼록 앞으로 많은 책 중에서 닭 기르는 법에 관한 이론을 뽑아내어 차례로 정리하여 '계경(鷄經)' 같은 책을 하나 만든다면 육우라는 사람의 『다경(茶經)』, 혜풍 유득공의 『연경(煙經)』과 같은 좋은 책이 될 것이다. 속사에 종사하면서도 선비의 깨끗한 취미를 갖고 지내려면 언제나 이런 식으로 하면 된다."

– 학유에게 부침(寄遊兒)

(다산 정약용, 『유배지에서 보낸 편지』, 1991: 90)

이 글은 계경(鷄經)이다. 단, 확장된 계경이다. 닭을 기르는 방법을 기술하는 것을 넘어서 초원의 사막화 방지와 몽골족의 경제적 이익, 과학지식의 생산, 소비윤리로 확장된 민족지이다. 이 글은 몽골족의 경제적 이익을 추구한다는 점에서 '이(利)'이며, 초원과 대기로 이루어진 생태의 협치(協治)를 추구한다는 점에서 '의(義)'다. 그래서 이 글은 품위 있게 닭을 기르는 법에 대한 민족지라고 할 수 있다.

다산은 아들에게 보내는 편지에서 닭을 기르는 데도 시험이 중요하다고 말했다. 우리는 네이멍구 초원지역에서 닭을 기르면서 진행된 실험과 시범을 살펴보았다. 실험과 시범에서 나타나는 표본, 표, 그래프, 수식, 일기, 세계상과 같은 지시체들의 연쇄를 볼 수 있었는데, 이러한 장치들이 정약용이 말한 닭을 기르는 좋은 방법을 강구하는 현대판 '시(詩)'라고 할 수 있다. 초원목계의 계경은 소와 양의 목축을 유지하고자 하는 몽골족과 금목을 강제하려는 정부 간 다툼이 목금이라는 타협점으로 화해될 가능성을 보여준다. 계경을 읽는 사람들은 양자의 다툼이 피할 수 없는 것이 아니라는 사실을 알게 된다. 초원에서 목금함으로써 목축민은 '초원에서 놓아기르기(牧)'를 계속할 수 있고 정부는 초원의 퇴화를 늦출 수 있다. 우리는 초원목계의 계경으로 '서너 집 사는 산골의 못난 사람들'의 다툼에서 벗어나 '속사에 종사하면서도 선비의 깨끗한 취미를 갖고 품위 있게' 살게 된다.

이 초원목계의 계경에서 우리는 무엇을 얻었는가? 해러웨이는 "닭을 따라가면 세계가 보인다"라고 이야기했다.[1] 필자는 "닭을 길들이면 세계가 만들어진다"라고 바꿔 말하겠다.[2] '닭이 초원을 난다'는 행위는 인류학 연구에 시사하는 바가 크다. 닭은 과학자들의 시험과 실험으로 초원에서 살 수 있는 습성이 발현되었다. 농촌에서 풀어놓아 키우는 닭과 초원에서 방목하는 닭은 차이가 있다. 농촌에서 농민들이 마당에 풀어놓아 키우는 닭은 집에서 잡아먹거나 장날에 산 채로 들려나가 판매된다. 그러나 초원의 닭은 과학자들이 설치한 장치, 즉 소형 이동식 닭장 속에서 산다. 몽골족 목축민들이 소시계에서 닭시계로 그들의 생활양식을 바꾼 후에 닭은 초원에서 살아남을 수 있다. 도시 소비자들이 초원비계 상표와 상품에 의미를 부여해야만 닭은 초원에서

1 "Follow the chicken and find the world."(Haraway, 2008: 274)

2 "Habituate the chicken and compose the world."(필자)

방목되는 습성을 획득(habituation)하게 된다. 양계장 닭과는 물론이고, 농촌 닭과 초원 닭은 상이한 네트워크로 그 존재가 구성된다는 점에서 존재론적 의미가 다르다.

초원의 닭이 구체적으로 기존의 닭과 무엇이 다른지는 다른 가축들에 대한 기존의 연구들로 명확해진다. 흔히, 닭은 영리하지 못한 동물의 대명사로 여겨진다. 초원비계가 초원에서 살아남을 수 있을 만큼 영리한 닭이 된 이유는 무엇일까? 아래에서 '영리한 말'과 '양 같지 않은 양' 사례는 초원을 나는 닭 역시 '닭 같지 않은 닭', '영리한 닭'이 될 수 있음을 보여준다. 데스프레(Despret, 2004) 연구에서 서커스의 말은 답을 아는 사람이 의식하지 못한 채 보내는 미묘한 몸의 움직임을 알아차리고 신호들을 해석하고 문제의 답을 맞혔다. 그러나 답을 모르는 사람이 들고 있는 문제는 맞히지 못했다. 인간의 감정과 몸의 표현에 따라 말의 영리한 습성은 발현되었다. 역으로, 인간 역시 말의 감정과 몸의 표현을 이해해야 서커스의 쇼를 무사히 마칠 수 있었다. 말은 조련사의 몸이 보내는 신호를 알아챌 만큼 영리해졌다. 그런데 이런 몸의 신호를 보내려면 조련사의 몸짓 역시 말과의 소통에 맞게 체화되어야 한다. 그러므로 말과 인간 조련사는 서로 길들이기를 했음을 알 수 있다. 이 길들이기 과정에서 말이 영리한 말이 되는 동시에 조련사는 훌륭한 조련사가 된다.

서구에서는 양도 영리하지 못한 동물의 대명사이다. 양의 본성은 먹이와 번식을 위한 숫양 중심의 경쟁과 위계로 설명되어 왔다. 동물 행동학자 델마 로웰(Thelma Rowell)은 양 집단에 기존과는 다른 습성이 발현될 기회를 제공하는 실험을 실시했다(Despret, 2005). 양 집단은 한정된 먹이 대신 양 숫자보다 하나 더 넉넉한 수의 먹이그릇을 제공받았다. 이 실험의 양들은 먹이를 향해 돌진하거나 다른 양을 밀치고 먹이그릇을 빼앗는 모습이 발견되지 않았다. 과학자는 실험에서 기존에는 인지하지 못했던 양의 습성을 발견할 기회를 제공했다(Despret, 2005). 실험환경을 변화시키자 양의 행동양식이 변했음을 알 수 있다. 데스프레는 경쟁과 위계의 '자연본성'을 가진 양과 '실험조작으로 얻게 된' 호혜적인 모습을 보이는 양의 구분이 흐려짐을 지적했다. 우리가 자연적 본성이라고 생각한 양의 습성은 과학자가 세운 '경쟁위계가설'에 따라 관찰 시기와 조건이 연중 1개월만 나타나는 짝짓기 시기에만 제한된 결과였다. 여기에서 실험과 자연의 구분은 무의미해진다.

'영리한 말'과 '양 같지 않은 양' 이야기에서 우리는 닭과 같은 비인간도 행위자성을 발휘하도록 하는 시험과 실험의 중요성을 알게 된다.

닭도 점차 영리해졌다. 닭은 초원에서 살아갈 수 있는 다양한 습성을 생태학자의 실험과 시범으로 찾아 나가는 여정을 거쳐 왔다. 닭은 초원에서 먹이를 찾아 섭취하고, 보금자리로 돌아가게 되었다. 닭은 초원에서 적절한 방목 밀도하에서 취식과 배설을 해서 과도한 방목에 비해 초원 식생을 덜 파괴하면서도 배설물로 금목 초지에서는 얻을 수 없는 양분을 초원에 공급하게 되었다. 초원 방목 닭은 옴짝달싹 못하는 양계장 닭과 달리 자유로이 활동하며 건강한 몸으로 유기농 마크를 달았다. 그리고 목금민들이 닭을 도살하기로 결정하기 전까지 닭은 자신의 긴 수명을 누리며 살 수 있는 시간을 제공받았다.

이러한 '닭 같지 않은 닭'은 초원의 추위, 야생동물 습격의 예방과 같은 환경 적응에서부터 과학지식의 생산, 가공, 유통을 거쳐 윤리적 소비자에게 도달해 이윤을 창출하여 다시 닭 사육으로 돌아오는 네트워크의 결절이 끊어지지 않고 이어질 때만 가능하다. 이 네트워크 위에서 '초원비계'가 사육, 유통을 반복하며 순환될수록 닭은 점점 영리해졌다. 닭은 초원에서도 살아남아 몽골족들이 목금을 하며 경제적 이득을 얻게 하고, 도시 소비자들이 윤리적 소비를 하게 하며, 생태학자들이 논문을 써내고 정부에 제안서를 내도록 할 만큼 영리해졌다.

우리는 닭을 따라와서 세계를 발견했다. 정확히 말하면, 닭을 길들이는 과정에서 하나의 세계, 즉 새로운 생태계가 출현하는 것을 지켜보았다. 생태계를 만든다는 것, 이것이 필자가 말하고자 하는 생태정치이다. 여기서 세계는 세계관과 같은 관념이 아니라 초원비계를 길들이는 데 동원된 실천들이다. 실천 속의 세계이다. 그리고 세속적인 세계이다.

참고문헌

1. 국문

김광억, 2000, 『혁명과 개혁 속의 중국 농민』, 서울: 집문당.

김선호·박영선, 2002, 「몽골과 중앙아시아의 식문화비교」, 『비교민속학』 22: 133-159.

라투르, 브루노 외, 2010, 홍성욱 편, 『인간·사물·동맹』, 서울: 도서출판 이음.

로빈스, 폴, 2008, 권상철 옮김, 『정치생태학: 비판적 개론』, 서울: 한울(Robbins, P., 2004, *Political ecology: A critical introduction*, Oxford: Wiley-Blackwell).

문옥표, 2008, 「"안전한 식품"의 신화와 현실: GM 콩에 대한 한국인의 반응」, 『비교문화연구』 14(1): 5-41.

박충환, 2014, 「따자이(大寨) 모범촌의 공간적 변용과 모델의 정치학」, 『한국문화인류학』 47(1): 3-47.

벡, 울리히, 2010, 박미애·이진우 옮김, 『글로벌 위험사회』, 서울: 도서출판 길(Beck, U., 2007, *Weltrisikogesellschaft: Auf der Suche nach der verlorenen Sicherheit,* Frankfurt am Main: Suhrkamp).

소병천·손희두, 2007, 『사막화방지협약과 국내의 활용방안에 관한 연구』, 서울: 한국법제연구원.

양한순, 2007, 「모범노동자가 된 부자들: 시장권력의 성장과 현대 중국사회 모델의 변천」, 『국제지역연구』 16(3): 125-167.

오명석, 2010, 「선물의 혼과 신화적 상상력: 모스 『증여론』의 재해석」, 『한국문화인류학』 43(1): 3-46.

______, 2012a, 「지식의 통섭(通涉)과 인류학」, 『비교문화연구』 18(2): 175-222.

______, 2012b, 「이슬람적 소비의 현대적 변용과 말레이시아의 할랄 인증제: 음식, 이슬람법, 과학, 시장의 관계」, 『한국문화인류학』 45(3): 3-62.

윤영수·채승병, 2005, 『복잡계 개론』, 서울: 삼성경제연구소.

이강원(李康源), 2003, 「롭노르 논쟁과 신장 생산건설병단: 중국 서북지역 사막화의 사회적 과정」, 『대한지리학회지』 38(5): 701-724.

______, 2005, 「중국 네이멍구 동부지역의 토지이용 변화와 사막화: 커얼친 사지(沙地)의 사례」, 『대한지리학회지』 40(6): 694-715.

______, 2007a, 『사막중국: 중국의 토지이용 변화와 사막화』, 서울: 폴리테이아.

______, 2007b, 「황막화(荒漠化), 사막화(沙漠化), 사화(沙化): 중국의 사막화 관련 용어의 정의와 그 면적」, 『국토지리학회지』 41(1): 67-82.

이강원(李康元), 2012, 「지구를 연구소로 들여오기: 일본 방재과학기술에서 지진의 재현과 지정학」, 『비교문화연구』 18(2): 129-172.
______, 2014, 「지진은 세계의 수를 늘린다: 일본 방재과학기술과 지진재해의 상연」, 『한국문화인류학』 47(3): 9-64.
______, 2017, 『재난과 살다: 대지진에 대비하는 일본 방재과학의 집합실험』, 서울: 서울대학교출판문화원.
이강원·임소연·하대청, 2013, 「민족지 연구의 실험장으로서의 '위로의 연구'(Studying up): 세 현장 연구 사례를 중심으로」, 『한국문화인류학』 46(2): 3-44.
이선화, 2012, 「중국 네이멍구 초원의 위기와 사막화 논쟁」, 『대한지리학회지』 47(6): 836-852.
이현정, 2001, 「조선족의 정체성 형성과정에 관한 연구」, 『비교문화연구』 7(2): 63-105.
임소연·하대청·이강원, 2013, 「민족지 연구의 장치로서의 '반대': 세 현장 연구 사례를 중심으로」, 『한국문화인류학』 46(3): 123-164.
정약용, 1991, 박석무 편역, 『유배지에서 보낸 편지』, 서울: 창작과비평사.
칼롱, 미셸, 2010, 「번역의 사회학의 몇 가지 요소들: 가리비와 생브리외 만의 어부들 길들이기」, 『인간·사물·동맹』, 서울: 도서출판 이음, 57-94(Callon, M., 1986, "Some elements of a sociology of translation: domestication of the scallops and the fishermen of St Brieuc Bay," in John Law (ed.) *Power, action and belief: A new sociology of knowledge?* London: Routledge Kegan & Paul, pp. 196-233).
홍성욱, 2010, 「7가지 테제로 이해하는 ANT」, 『인간·사물·동맹』, 서울: 도서출판 이음, 15-35.

2. 중문

葛根高娃·烏雲巴圖, 2004, 「論東北亞内陸草原文明的内涵、特征与意義」, 『黑龍江民族總刊』 78: 96-100.
蔣高明, 2007, 『以自然之力恢複自然』, 北京: 中國水利水電出版社.
盧俊德·楊進·周毛措·史連魁·卓瑪吉, 2006, 「興海縣草原牧鷄治蝗試驗報告」, 『四川草原』, 2006年 01期.
李文軍·長倩, 2009, 『解讀草原困境: 對於幹旱半幹旱草原利用和管理若幹問題的認識』, 北京: 經濟科學出版社.
劉美玲·蔣高明·李永庚·高雷明·於順利·牛書麗·李凌浩, 2003, 「渾善達克退化沙地草地生態恢複試驗研究」, 『生態學報』 23(12): 2719-2727.
馬京·金海, 2004, 『蒙古族內蒙古正藍旗巴音胡舒嘎查調查』, 雲南: 雲南大學出版社.
苗旭, 2013, 「牧鷄與牧羊對渾善達克沙地植物群落和生產力的影響及其機制」, 中國科學院植物研究所大學碩士學位論文.
史勝南·於占源·曾德慧·韓興國, 2013, 「牧鷄密度與取樣時間對砂紙草地土壤氮素有效性的影響」,『生態學雜志』32(8): 2120-2125.
荀麗麗, 2009,「失序的自然: 一個草原社區的生態、權力與道德」, 中央民族大學民族社會學博士論文.
蘇本營, 2011,「沙地草地散養柴鷄取食規律及其對草地生產力影響研究」, 山東農業大學碩士學位論文.
王建革, 2006,『農牧生態與傳統蒙古社會』, 濟南: 山東人民出版社.
王曉毅, 2009,『環境壓力下的草原社區: 內蒙古六個嘎查的調査』, 北京: 社會科學文獻出版社.
乌雲塔娜·李玉靈·蔣高明·李彩虹·李勇·吴光磊·張璐, 2010,「"鷄-玉米-小麥"有机模式與"玉米-小麥"常規模式生產力之比较研究-以弘毅生態農场爲例」,『河北農業大學學報』33(4): 10-16, 42.
新吉樂圖, 2005,『中國環境政策報告-生態移民』, 呼和浩特: 內蒙古大學出版社.
朱立博·曾昭海·趙寶平·王旭·胡躍高·海棠, 2008,「春季休牧對草地植被的影響」,『草地學報』16(3): 278-282.
朱震達, 1989,「中国沙漠化研究的进展」,『中國沙漠』1: 4-16.
______, 1997,「全球變化與荒漠化」,『地學前緣』4(1): 213-219.
______, 1998,「中國土地荒漠化的概念, 成因與防治」,『第四紀研究』1998(2): 145-155.

보고서

韓興國, 2009a,「2009年度工作總結」, 中國科學院沈陽應用生態研究所.
______, 2009b,「中國北方草地"以禽代畜"生態經濟示範工程」, 中國科學院沈陽應用生態研究所(2009. 12. 5).
李永庚, 2011a,「渾善達克沙地牧鷄增彙潛力研究與試驗示範」(2011. 4. 25).
______, 2011b,「渾善達克沙地草原牧鷄固碳增彙技術試驗示範2011年度課題工作進展報告」(2011. 12. 12).
李永庚 等, 2008,『中國科學院知識創新工程重要方向項目可行性研究報告』, 中國科學院植物研究所.
蘇本營, 2011,「渾善達克沙地"草原牧鷄"的生態與經濟效益」(2011. 9. 23).
蘇華·李永庚·許宏, 2009 「2009年度工作總結」.
______, 2011,「草原生態恢複新思路-草原牧鷄」,『科技傳播』2011年 23期.
張彪, 2010,「草原散養柴鷄: 生產過程介紹」(2010. 1. 23).
「正藍旗科技扶貧專項資金項目可行性研究報告」(2010. 11. 4).
「內蒙古正藍旗生態草業規劃方案」, 中國科學院植物研究所(北京, 2011. 12).

간행물

『生命世界』(2010. 11, 11期).
『科技導報』(2011, 第29卷 25期).

신문

葛劍雄, 2005. 7. 27,「三北防護林: 我們還要交多少學費」,『東方早報』.

蔣高明, 2006. 6. 22,「恢複草原新思路: 畜南下, 禽北上」,『人民網環保頻道』.

인터넷사이트

www.caoyuanfeiji.com 〈草原飛鷄〉

http://www.ibcas.ac.cn/xueshu/201109/t20110921_3352288.html

http://www.ibcas.ac.cn/News/201203/t20120305_3449068.html

www.sdxnw.gov.cn

www.xlgl.gov.cn/zwgk/xmgk/zrdl/

3. 영문

Abel, N.O.J. and P.M. Blakie, 1990, "Land Degradation, Stocking Rates and Conservation Policies in the Communal Rangelands of Botswana and Zimbabwe," *Pastoral Development Network* 29(a): 1-23.

Ali, KO, 1995, "A Study on Comparative Performance of Indigenous, Exotic and Crossbred Chickens under Deep Litter and Semi Confinement Rearing Systems," M. Sc. Thesis, Sokoine University of Agriculture, Tanzania.

Archer, E.R.M, 2004, "Beyond the "Climate versus Grazing" Impasse: Using Remote Sensing to Investigate the Effects of Grazing System Choice on Vegetation Cover in the Eastern Karoo," *Journal of Arid Environments* 57: 381-408.

Barry, Andrew, 2001, *Political Machines: Governing a Technological Society*, London and New York: The Athlone Press.

Bartels, G.B., B.E. Norton, and G.K. Perrier, 1993, "An Examination of the Carrying Capacity Concept," in R.H. Behnke, I. Scoones, and C. Kerven (eds.) *Range Ecology at Disequilibrium: New Models of Natural Variability and Pastoral Adaptation in African Savannas*, London: Overseas Development Institute.

Blaikie, P.M. and H.C. Brookfield, 1987, *Land Degradation and Society*, London and New York: Methuen.

Botkin, D.B., 1990, *Discordant Harmonies: A New Ecology for the Twenty-first Century*, New York: Oxford University Press.

Bromley, D.W. and M.M. Cernea, 1989, "The Management of Common Property Natural Resources: Some Conceptual and Operational Fallacies," World Bank Publications.

Bulag, Uradyn E., 1999, "Models and Moralities: The Parable of the Two 'Heroic Little Sisters of the Grassland'," *The China Journal* 42: 21-41.

Cochoy, Franck, 2007, "A Sociology of Market-things: On Tending the Garden of Choices in

Mass Retailing," *The Sociological Review* 55(2): 109-129.

Coppock, D.L. (ed.), 1994, *The Borana Plateau of southern Ethiopia: Synthesis of Pastoral Research, Development, and Change, 1980-91,* Addis Ababa: International Livestock Center for Africa.

Croll, E., 2006, *China's New Consumers: Social Development and Domestic Demand*, New York: Routledge.

Cronon, William, 1991, *Nature's Metropolis: Chicago and the Great West*, New York: W.W. Norton & Company.

______, 1996, "The Trouble with Wilderness: Or Getting Back to the Wrong Nature," *Environmental History* 1: 7-28.

Descola, Philippe, 1994, *In the Society of Nature: A Native Ecology in Amazonia*, Cambridge: Cambridge University Press.

Descola, Philippe and Gisli Palsson, 1996, *Nature and Society: Anthropological Perspectives*, New York: Routledge.

Despret, Vinciane, 2004, "The Body We Care for: Figures of Anthropo-zoo-genesis," *Body & Society* 10: 111-134.

______, 2005, "Sheep Do Have Opinions," in B. Latour and P. Weibel (eds.) *Making Things Public: Atmospheres of Democracy*, Cambridge, Mass.: MIT Press, pp. 360-368.

Dyson-Hudson, R. and J.T. McCabe, 1985, *South Turkana Nomadism: Coping with an Unpredictably Varying Environment,* Human Relations Area Files.

Ellis J.E., M.B. Coughenour, and D.M. Swift, 1993, "Climate Variability, Ecosystem Stability, and the Implications for Range and Livestock Development," in R.H. Behnke, I. Scoones, and C. Kerven (eds.) *Range Ecology at Disequilibrium: New Models of Natural Variability and Pastoral Adaptation in African Savannas,* London: Overseas Development Institute.

Ellis, J.E., K. Price, F. Yu, L. Christensen, and M. Yu, 2002, "Dimensions of Desertifications in the Drylands of Northern China," in D. Smith (ed.) *Global Desertification: Do Humans Causes Deserts?*, Berlin: Dahlem University Press, pp. 167-180.

Escobar, A., 1999, "After Nature," *Current Anthropology* 40: 1-30.

Evans-Pritchard, E.E., 1940, *The Nuer*, Oxford: Clarendon Press(권이구·강지현 옮김, 1994, 『누어인』, 서울: 탐구당).

Fernandez-Gimenez, M. and B. Allen-Diaz, 2001, "Vegetation Change along Gradients from Water Sources in Three Grazed Mongolian Ecosystems," *Plant Ecology* 157: 101-118.

Forsyth, T., 2003, *Critical Political Ecology: The Politics of Environmental Science*, London and New York: Routledge.

Fratkin, E., 1997, "Pastoralism: Governance and Development Issues," *Annual Review of Anthropology* 26. 235-261.

Galvin, K.A., 2009, "Transitions: Pastoralists Living with Change," *Annual Review of Anthro-*

pology 38: 185-198.

Gill, M., P. Smith, and J. M. Wilkinson, 2010, "Mitigating Climate Change: The Role of Domestic Livestock," *Animal* 4(3): 323-333.

Gilley, Bruce, 2001, *Model Rebels: The Rise and Fall of China's Richest Village*, Berkeley: University of California Press.

Gould, Stephen Jay and Niles Eldredge, 1977, "Punctuated Equilibria: The Tempo and Mode of Evolution Reconsidered," *Paleobiology* 3: 115-151.

Haraway, D.J., 1991, *Simians, Cyborgs, and Women: The reinvention of nature*, New York: Routledge.

______, 2008, *When Species Meet*, Minneapolis and London: University of Minnesota Press.

Hardin, G., 1968, "The Tragedy of the Commons, The Population Problem Has no Technical Solution; It Requires a Fundamental Extension in Morality," *Science* 162: 1243-1248.

Hare, F.K., R.W. Kates, and A. Warren, 1977, "The Making of Deserts: Climate, Ecology, and Society," *Economic Geography* 53(4): 332-346.

Holling, C.S., 1973, "Resilience and Stability of Ecological Systems," *Annual Review of Ecology and Systematics* 4: 1-23.

Howell, S., 1996, "Nature in Culture or Culture in Nature? Chewong Ideas of 'Humans' and Other Species," in P. Descola and G. Pálsson (eds.) *Nature and Society: Anthropological Perspectives*, Cambridge: Routledge, pp. 127-143.

Hviding, E., 1996, "Nature, Culture, Magic, Science: On Meta-languages for Comparison in Cultural Ecology," in P. Descola and G. Pálsson (eds.) *Nature and Society: Anthropological Perspectives,* Cambridge: Routledge, pp. 165-184.

Ivakhiv, A., 2002, "Toward a Multicultural Ecology," *Organization & Environment* 15: 389-409.

Jiang, G., X. Han, and J. Wu, 2006, "Restoration and Management of the Inner Mongolia Grassland Require a Sustainable Strategy," *AMBIO: A Journal of the Human Environment* 35(5): 269-270.

Jiang, H., 2006, "Decentralization, Ecological Construction, and the Environment in Post-Reform China: Case Study from Uxin Banner, Inner Mongolia," *World Development* 34: 1907-1921.

Jing, Jun, 2000, *Feeding China's Little Emperors: Food, Children, and Social Change*, California: Stanford University Press.

Jodha, N.S., 1987, "A Case Study of the Degradation of Common Property Resources in India," in P. Blaikie and H. Brookfield (eds.) *Land Degradation and Society*, London and New York: Methuen, pp. 196-207.

Klein, Jakob, 2009, "Creating Ethical Food Consumers? Promoting Organic Foods in Urban Southwest China," *Social Anthropology* 17(1): 74-89.

Lamprey, H.F., 1976, "The UNEP-MAB Integrated Project in Arid Lands: Phase III," Reg. Proj. Doc. FP/1101-77. Nairobi: UNEP.

______, 1983, "Pastoralism Yesterday and Today: The Overgrazing Problem," in F. Bourliere (ed.) *Ecosystems of the World, 13: Tropical Savannas*, Amsterdam: Elsevier, pp. 643-666.

Latour, Bruno, 1987, *Science in Action: How to Follow Scientists and Engineers Through Society*, Cambridge, Mass.: Harvard University Press.

______, 1988, *The Pasteurization of France* (translated by Alan Sheridan and John Law), Cambridge, Mass.: Harvard University Press.

______, 1993, *We Have Never Been Modern* (translated by Catherine Porter), Cambridge, Mass.: Harvard University Press(홍철기 옮김, 2009, 『우리는 결코 근대인이었던 적이 없다』, 서울: 갈무리).

______, 1999, *Pandora's Hope: Essays on the Reality of Science Studies*, Cambridge, Mass.: Harvard University Press.

______, 2004, *Politics of Nature* (translated by Catherine Porter), Cambridge, Mass.: Harvard University Press.

______, 2005, *Reassembling the Social: an Introduction to Actor-Network-Theory*, Oxford: Oxford University Press.

Latour, B. and S. Woolgar, 1979, *Laboratory Life: The Construction of Scientific Facts*, Princeton: Princeton University Press.

Law, J. and A. Mol, 2002, *Complexities: Social Studies of Knowledge Practices*, Durham and London: Duke University Press.

Little, M.A. and P.W. Leslie, 1997, *Turkana Pastoral Nomads: Biobehavioral and Ecological Conditions of Their Lives*, Oxford: Oxford University Press.

Little, P.D., 1994, "The Social Context of Land Degradation in Dry Regions" in L. Arizpe, M.P Stone, D.C. Major (eds.) *Population and Environment: Rethinking the Debate*, Boulder: Westview Press, pp. 209-251.

______, 1996, "Pastoralism, Biodiversity, and the Shaping of Savanna Landscapes in East Africa," *Africa* 66: 37-51.

Little, P.D., H. Mahmoud, and D.L. Coppock, 2001, "When Deserts Flood: Risk Management and Climatic Processes among East African Pastoralists," *Climate Research* 19: 149-159.

Lowe, Celia, 2006, *Wild Profusion: Biodiversity Conservation in an Indonesian Archipelago*, Princeton and Oxford: Princeton University Press.

Marcus, G.E., 1995, "Ethnography in/of the World System: The Emergence of Multi-sited Ethnography," *Annual Review of Anthropology* 24: 95-117.

McPeak, J. and P.D. Little, 2005, "Cursed If You Do, Cursed If You Don't: The Contradictory Processes of Pastoral Sedentarization in Northern Kenya," in E. Fratkin and E.A. Roth (eds.) *As Pastoralists Settle: Social, Health, and Economic Consequences of Pastoral Sedentarization in*

Marsabit District, Kenya, New York: Kluwer.

Mearns, R., 2004, "Sustaining Livelihoods on Mongolia's Pastoral Commons: Insights from a Participatory Poverty Assessment," *Development and Change* 35: 107-139.

Milton, K., 1997, "Ecologies: Anthropology, Culture and the Environment," *International Social Science Journal* 49: 477-495.

______, 1999 "Comments about 'After Nature'," *Current Anthropology* 40: 20-21.

Mol, A. and J. Law, 2002, "Complexities: An Introduction," in J. Law and A. Mol (eds.) *Complexities: Social Studies of Knowledge Practices*, Durham and London: Duke University Press, pp. 1-22.

Nelson, D.R., W.N. Adger, and K. Brown, 2007, "Adaptation to Environmental Change: Contributions of a Resilience Framework," *Annual Review of Environment and Resources* 32: 395-419.

Nothnagel, D., 1996, "The Reproduction of Nature in Contemporary High-energy Physics," in P. Descola and G. Pálsson (eds.) *Nature and Society: Anthropological Perspectives*, New York: Routledge, pp. 256-274.

O'Leary, M.F., 1984, "Ecological Villains or Economic Victims: The Case of the Rendille of Northern Kenya," *Desertification Control Bulletin* 11: 17-21.

Ostrom, E., 1990, *Governing the Commons: The Evolution of Institutions for Collective Action*, New York: Political Economy of Institutions and Decisions(윤홍근·안도경 옮김, 2010, 『공유의 비극을 넘어』, 서울: 랜덤하우스).

Panatico, Ann, 1998, *Sustainable Chicken Production: Livestock Production Guide*, Fayetteville, Arkansas: Appropriate Technology Transfer for Rural Areas (ATTRA).

Papagaroufali, E., 1996, "Xenotransplantation and Transgenesis: Im-moral Stories about Human-animal Relations in the West," in P. Descola and G. Pálsson (eds.) *Nature and Society: Anthropological Perspectives*, New York: Routledge, pp. 240-255.

Parajuli, P., 1998, "Beyond Capitalized Nature: Ecological Ethnicity as an Arena of Conflict in the Regime of Globalization," *Cultural Geographies* 5: 186-217.

Rapp, R., 1997, "Real-time Fetus: The Role of the Sonogram in the Age of Monitored Reproduction," in G.L. Downey and J. Dumit (eds.) *Cyborgs & Citadels: Anthropological Interventions in Emerging Sciences and Technologies*, Santa Fe: School of American Research Press, pp. 31-48.

Robbins, P., 2001, "Tracking Invasive Land Covers in India, or Why Our Landscapes Have Never Been Modern," *Annals of the Association of American Geographers* 91: 637-659.

Sandford, Stephen, 1983, *Management of Pastoral Development in the Third World*, Chichester: Wiley.

Scoones, I., 1999, "New Ecology and the Social Sciences: What Prospects for a Fruitful Engagement?," *Annual Review of Anthropology* 28: 479-507.

Simpson, J.R. and P. Evangelou, 1984, *Livestock Development in Subsaharan Africa: Constraints, Prospects, Policy*, Boulder: Westview Press.

Simpson, J.R. and G.M. Sullivan, 1984, "Planning for Institutional Change in Utilization of Sub-Saharan Africa's Common Property Range Resources," *African Studies Review* 27: 61-78.

Smil, Vaclav, 1987, "Land Degradation in China: An Ancient Problem Getting Worse," in P. Blakie and H. Brookfield (eds.) *Land Degradation and Society*, London: Methuen, pp. 214-222.

______, 1993, *China's Environmental Crisis: An Inquiry into the Limits of National Development*, New York: An East Gate Book.

Sneath, David, 2000, *Changing Inner Mongolia: Pastoral Mongolian Society and the Chinese State*, New York: Oxford University Press.

Spooner, B. and H.S. Mann, 1982, *Desertification and Development: Dryland Ecology in Social Perspective*, New York: Academic Press.

Strathern, M., 1991, *Partial Connections*, Savage: Rowman & Littlefield Publishers.

Swatson, HK., J. Tshovhote, E. Nesamvuni, and I.V. Nsahlai, 2003, "Optimizing Free Ranging Village Chicken Production by Increasing Knowledge of the Scavengeable Protein Feed Resource Base in Limpopo Province, South Africa," *The Potential of Free-Ranging Poultry Development in Improving the Livelihoods and Food Security of Rural Households.* Proceedings of the 1st National Workshop on indigenous poultry development, Pietermaritzburg, South Africa, 29-30 October 2003, pp. 84-89, Nature and Development Group of Africa.

Swift, J. and R. Mearns, 1993, "Mongolian Pastoralism on the Threshold of the Twenty-first Century," *Nomadic Peoples* 33: 3-7.

Thompson C., 2002, "When Elephants Stand for Competing Philosophies of Nature: Amboseli National Park in Kenya," in J. Law and A. Mol (eds.) *Complexities: Social Studies of Knowledge Practices*, Durham and London: Duke University Press, pp. 166-190.

Tresch, John, 2007, "Technological World-Pictures: Cosmic Things and Cosmograms," *Isis* 98(1): 84-94.

Tsing, A.L., 2005, *Friction: An Ethnography of Global Connection*, Princeton and Oxford: Princeton University Press.

UNCCD, 1994, "United Nations Convention to Combat Desertification", https://www.unccd.int/resource/convention-text.

Vayda, Andrew P. and Roy A. Rappaport, 1968, "Ecology, Cultural and Noncultural," in James A. Clifton (ed.) *Introduction to Cultural Anthropology: Essays in the Scope and Methods of the Science of Man*, Boston: Houghton Mifflin, pp. 477-497.

Verran, H., 2002, "A Postcolonial Moment in Science Studies: Alternative Firing Regimes of

Environmental Scientists and Aboriginal Landowners," *Social Studies of Science* 32: 729-762.

Wang, X., F. Chen, and Z. Dong, 2006, "The Relative Role of Climatic and Human Factors in Desertification in Semiarid China," *Global Environmental Change* 16: 48-57.

Wang, X., F. Chen, E. Hasi, and J. Li, 2008, "Desertification in China: An Assessment," *Earth-Science Reviews* 88: 188-206.

Wiens, J.A., 1977, "On Competition and Variable Environments," *American Scientist* 65: 590-507.

Western, D., 2001, *In the Dust of Kilimanjaro*, Washington, D.C.: Island Press.

Williams, D.M., 2002, *Beyond Great Walls: Environment, Identity, and Development on the Chinese Grasslands of Inner Mongolia*, Stanford: Stanford University Press.

Xu, D.Y., X.W. Kang, D.F. Zhuang, and J.J. Pan, 2010, "Multi-scale Quantitative Assessment of the Relative Roles of Climate Change and Human Activities in Desertification-A Case Study of the Ordos Plateau, China," *Journal of Arid Environments* 74: 498-507.

Xu, Hong, Hua Su, Benying Su, Xingguo Han, Dilip K. Biswas, and Yonggeng Li, 2014, "Restoring the Degraded Grassland and Improving Sustainability of Grassland Ecosystem through Chicken Farming: A Case Study in Northern China," *Agriculture, Ecosystems and Environment* 186(2014): 115-123.

Yang, Han-sun, 2006, *Celebration of Wealth and Emulation of Modernity: The Politics of Model Tourism in China's Richest Village*, University of Illinois at Urbana-Champaign Ph.D. Dissertation.

Zimmerer, K.S., 2000 "The Reworking of Conservation Geographies: Nonequilibrium Landscapes and Nature Society Hybrids," *Annals of the Association of American Geographers* 90: 356-369.

찾아보기

ㅍ

ㅎ

발간사

다가오는 미래가 아시아의 시대가 될 것이라는 인식은 이제 우리에게 그리 새롭지는 않습니다. 그렇다면 우리에게 주어진 과제는 한국인과 한국사회는 어떤 존재로서 아시아의 시대를 살아가고자 하는가 하는 질문을 통해 우리와 남의 모습을 상상하고, 우리와 남의 관계에 대한 그림을 그리고, 그것들을 실천하는 일일 것입니다.

그러나 아시아의 시대가 온다고 해서 아시아 사람들이 저절로 잘 살게 되는 것도, 아시아가 저절로 평화롭고 정이 넘치는 공동체가 되는 것도 아닐 것입니다. 그러므로 우리는 아시아 지역을 살아가는 사람들이 어떤 공동체를 만들어 가고 싶은가, 아시아 공동체가 잘되면 인류에게 무슨 도움이 되는 것인가 하는 질문을 해야 하지 않을까 싶습니다. 오히려 아시아의 시대가 왔다고 생각하기 시작한 지난 20여 년간 아시아 내부의 갈등과 적대, 민족주의와 인종차별 등은 더 심해지고 있다는 착각이 듭니다. 그것을 착각이라고 생각하는 까닭은 외양으로 보면 그렇게 보이지만, 실제 내부에서 일어나는 현상을 찬찬히 살펴보면 아시아 내부의 상호이해와 교류가 느리지만 거대한 규모로 일어나고 있다고 믿기 때문입니다. 지표면에서 보면 날씨 변화도 심하고 지진도 자주 일어나지만, 땅속 깊은 곳에서 아시아의 시대를 만들어 가는 지하수의 물줄기가 형성되고 있는 것 아닌가 싶습니다.

20세기 유럽과 미국이 축적한 자연과학과 인문·사회과학 등 근대의 학문적 지식은 인류 문명의 새로운 길을 열었고, 인류의 행복과 안정에 커다란 기여를 했습니다. 물론 제국주의 지배와 전쟁, 차별과 빈곤을 동시에 가져다주기도 했습니다. 아시아의 세기는 서양의 근대를 넘어서서 새로운 '근대 이후'를 만들어 나가는 일이어야 합니다.

지식의 생산과 공유, 인재 양성을 책임지고 있는 대학이라는 공간에서 아시아에 대한 어떤 지식을 생산하고, 아시아에 대해 무엇을 어떻게 가르칠 것인가 하는 문제의식이야말로 서울대학교 아시아연구소에 주어진 책무일 것입니다. 서울대학교 아시아연구소는 2009년 9월 출범한 이래 지역과 주제의 결합에 기초한 아시아 연구의 세계적 허브 구축을 목표로 아시아 연구 기반 구축과 우수 연구활동 지원 등의 다양한 학술 활동을 진행해 왔습니다. 특별히 아시아에 대한 지식 생산의 기반을 다지는 작업으로서, 우수한 기초 연구 활성화를 위해 노력해 왔습니다.

서울대학교 아시아연구소총서는 바로 이러한 학문적 노력의 결실입니다. 앞으로도 서울대학교 아시아연구소는 국내외 연구자들의 우수한 연구를 지원하여 그 결과물을 지속적으로 발간해 나갈 것입니다. 이러한 아시아연구소총서가 아시아의 시대를 열어 가는 데 필요한 기반을 만드는 중요한 지적 자산이 되기를 기대합니다. 이를 바탕으로 아시아 시대를 만들어 가는 지하수를 실증적으로 드러내고, 아시아 내부의 상호 이해와 교류를 넓혀 갈 수 있길 바랍니다.

서울대학교 아시아연구소